社会科学哲学译丛　殷杰 主编　（原书第二版）

本书受教育部重点研究基地山西大学科学技术哲学研究中心、
山西省“1331 工程”重点学科建设计划资助

理解社会科学

社会科学哲学导论

〔英〕罗杰・特里格（Roger Trigg）◎著
殷　杰　孟　辉◎译

科学出版社
北　京

图字：01-2016-4574 号

图书在版编目（CIP）数据

理解社会科学：社会科学哲学导论：原书第二版 /（英）罗杰·特里格（Roger Trigg）著；殷杰，孟辉译. —北京：科学出版社，2018.11

（社会科学哲学译丛）

书名原文：Understanding Social Science：A Philosophical Introduction to the Social Sciences，2nd Edition

ISBN 978-7-03-059177-7

Ⅰ.①理… Ⅱ.①罗… ②殷… ③孟… Ⅲ.①社会哲学 Ⅳ.①B0

中国版本图书馆 CIP 数据核字（2018）第 238938 号

丛书策划：侯俊琳　牛　玲　邹　聪

责任编辑：邹　聪　刘　溪　刘巧巧 / 责任校对：邹慧卿

责任印制：李　彤 / 封面设计：有道文化

编辑部电话：010-64035853

E-mail: houjunlin@mail.sciencep.com

科学出版社 出版

北京东黄城根北街 16 号

邮政编码：100717

http://www.sciencep.com

北京厚诚则铭印刷科技有限公司印刷

科学出版社发行　各地新华书店经销

*

2018年 11 月第　一　版　开本：720×1000　B5

2024年 8 月第五次印刷　印张：20

字数：260 000

定价：118.00 元

（如有印装质量问题，我社负责调换）

总　　序

社会科学是以社会现象及人的群体行为为研究对象的科学，其所从事的是对人类社会进行理性的、系统的研究；而社会科学哲学则是对社会科学的逻辑、方法和说明模式进行研究的学科，并以社会科学实践的理性重建为基本旨趣。实质上，二者之间呈现出科学与哲学的内在关系。作为人类知识的两种不同形态，自科学脱胎于哲学伊始，其与哲学就不分轩轾，但科学往往以其革命性的动力推动着哲学的发展甚至转向，科学发现为哲学困惑提供了新的出路，同时也使哲学面临着新的问题。

一方面，社会科学哲学的发展，从社会科学和自然科学的发展中获得了新的动力，这也是面向科学实践的社会科学哲学发展的基本路径。作为社会科学较为成熟的分支学科，经济学所描述的是，凸显社会状态而非物理状态的人类行为，其方法论被逐步扩展到政治学、社会学、人类学等其他社会科学当中，并且成为社会科学的普遍方法论，比如，理性选择理论依然是当今社会科学哲学所关注的热点之一。自社会学从哲学中分离出来之后，实证方法业已成为社会科学研究的基本方法，由此也开启了社会科学研究的实证主义哲学思潮，当然，实证主义在哲学中的兴盛与当时科学方法论的成功密切相关。时至今日，一系列科学新成果的出现，不断引发社会科学的深刻变化，特别是，人类学与社会学、心理学与认知科学之间的学科交叉发展愈益明显，这更有利于社会科学的“科学性”建设，也有助于社会科学哲学传统问题的实质性求解。比如，用互惠利他理论可以细化囚徒困境的说明，用竞争学习理论来说明跨文化异同，以认知科学中的联结主义来研究社会实践中的“共享”现象，等等。由此，可以看出，社会科学哲学正逐步“参与”到社会科学中来。

另一方面，从本质上讲，作为一种对科学进行的反思性实践活动，社会科学哲学就是要对社会理论的所有内容从根本上进行哲学层面的考察，进而寻找到各种理论性和纲领性的思想。作为哲学学科的分支，社会科学哲学的具体形态必然与一定时期的哲学形态相关联。在当代社会科学哲学中，无论是实证主义到后实证主义的相继出现，还是大陆社会科学哲学与英美社会科学哲学的区分，都与其所在的哲学传统有关。此外，社会科学哲学的历史发展，恰恰是哲学与社会科学互动的历史，也是社会科学不断通过自己的理论和实践表达，阐释和建立自己学科特征的历史。虽然当今社会科学有自觉摆脱哲学形而上瓜葛的倾向，但是社会中价值等规范性现象的合理性，却难以完全依靠经验事实来说明，诸如此类的问题，客观上就要求引入哲学的反思，这就使得社会科学哲学与哲学的发展总是同步进行的。20 世纪相继发生于社会科学哲学中的逻辑转向、语言转向、历史-文化转向和知识转向便印证了这一观念。

综上可见，不能孤立地理解社会科学哲学的发展，因为如果仅按流派来描述其发展理路，则有许多具体的焦点问题得不到应有的关注，这些问题恰恰是哲学与社会科学实践最直接相关、理论最中肯的地方。然而，如果只以具体问题的求解来呈现社会科学哲学现实状况，则有可能在整体语境的缺失下，难以周延问题的全部方面。因此，对于社会科学哲学整体研究的概观性图景的把握，就需要将二者统一起来，点线面结合，同时关注问题的历时性与共时性，这也是社会科学哲学的特殊性为研究者提出的根本要求。

国外社会科学哲学研究可谓方兴未艾。当前的社会科学哲学不能仅仅被视为科学哲学的分支，而是呈现出一种对社会研究实践进行反思的元理论研究。这是一种以社会科学的独立学科建制为基本定位的观点，它把社会科学哲学的研究视为在社会科学本身中进行的事务。可以说，社会科学哲学新的理论定位，直接以具体社会科学的研究对象为目标，不只限于为社会科学提供哲学认识论和方法论意义上的普遍指导，而且更专注于反思社会科学学科当中的社会科学实践，以及寻求具体学科本身的普遍原则和理论。也就是说，社会科学哲学面向科学实践的发展路径正在成为主流。特别是，在当前科学社会学和科学、技术与社会（STS）研究的推动下，社会科学家有组织的社会行为、认知劳动的组织模式、研究者的社会责任、研究共同体的制度化等方面，也正成为社会科学哲学自我反思的重要内容，这也使得社会科学哲学的理论和实践价值得到前所未有的认同。

近 30 年来，国内社会科学哲学研究基本上在各个问题域都有所展开，但是总体上看：一方面，在具体问题研究方面有所深入，在研究范式的形成方面却尚在起步；另一方面，社会科学哲学研究所涵盖的领域并没有形成统一的理解。事实上，这两方面的问题是相互联系的，研究领域的模糊，导致很难形成用以对话交流的明晰问题，于是也就难以形成所谓的范式。这个现状是国际性的，社会科学哲学近一个世纪的发展，其本身特质使研究触角无往弗届。以新康德哲学为代表的大陆社会科学哲学，通过其解释学、系谱学和批判理论传统几乎可横贯整个西方哲学史，特别是，自狄尔泰系统探索用“精神科学”来区分自然科学始，到韦伯时形成了比较成熟的解释主义的社会科学哲学理论。而以语言哲学为代表的英美社会科学哲学，则与分析哲学交织在一起，比如，温奇秉承了维特根斯坦的后期思想，将“语言维度”引入社会科学哲学的研究当中。此外，当前的社会科学哲学又不可避免地与认知哲学、心灵哲学等分支联系在一起。实际上，科学社会学、STS 在一定程度上也被认为是广义社会科学哲学的一部分。更为复杂的是，传统哲学分支中还包括社会哲学、政治哲学、法哲学等，这些哲学分支与相应的具体社会科学哲学关系的界定一直存有分歧。在此，需要特别指出的是，从当前学科建制上来看，社会科学哲学的研究“散落”在外国哲学、科学技术哲学、马克思主义哲学等学科领域当中。虽然这些领域都在研究社会科学哲学，但整体上缺乏一种具有统一性的研究范式，如此一来，各个领域的研究共同体就很难形成相应的学术认同感，由此也导致了学术规范的缺失，使得社会科学哲学也难以作为一门学科持续发展。

当然，我们迫切希望社会科学哲学成为一门学科，而不是以一种跨学科的、边缘化的研究状况来呈现，因为它有自己的核心问题，即社会科学的科学地位问题。社会科学哲学学科的建立将有助于其研究范式的形成，而范式的形成更需要学术积累与进步。从近 30 年国内社会科学哲学发展的状况来看，其积累有一定的成就，但是与研究范式的形成还有距离，至少在与该学科相关的学术资料特别是国外学术资料方面的丰富程度还不够。因此，我们启动“社会科学哲学译丛”的初衷就是，致力于为社会科学哲学研究范式的建立做一些推动性的工作。事实上，只有对国际学术进展有深入细致的了解，并具备广阔的学术视野，才能建立起自己的合理的学术规范乃至学术话语格局，进而做出理论与实践层面的创新。本译丛总体上出于学科建设的需要，遴选代表西方社会科学哲学最新进展的优秀著作，突出学术观点间的异质性，反映一个时期观点间的对话与交锋，重点关注原创性的作品，同时在国内同行已做好的工作基础上，力求呈现社会科学哲学近半个世纪以来的发展图景，为其学科建设做一份厚实的基础性积累。这将是一项艰巨的任务，所以我们把本译丛设计成开放的体系，徐图渐进，以期虑熟谋审，争取力不劳而功倍。

本译丛的整体框架由四个部分组成。第一部分的内容以史为主，包括社会科学史、社会科学思想史和社会科学哲学史，如《社会科学的兴起 1642—1792》《1945 年以来的社会科学史》《社会科学的历史与哲学》。社会科学是社会科学哲学研究的对象，是哲学依赖的事实基础；社会科学发展的规律和本质的研究离不开对历史的审视与重构；社会科学思想史介于科学与哲学之间，是社会科学范式转换发展的呈现；社会科学哲学史是社会科学哲学教学与科研倚重的方面，一门学科的建立首先是其学科历史的建立，有史才有所谓的继承与发展，有史才有创新的基础。第二部分的内容体现为具体社会科学哲学，如《社会科学与复杂性：科学基础》《社会科学的对象》。当今社会科学的发展从深度上讲专业化程度越来越高，从广度上来看交叉发展是不可逆转的趋势，呈现出学科间协作解决问题的态势，学科间的大一统越来越不可能，学科间的整合则时有发生。因此，对社会科学的哲学批判与反思已不能完全是一种宏大叙事，而需要参与到具体社会科学中来。第三部分的内容聚焦于社会科学哲学专论，主要包括名家名著、专题文集、经典诠释等，旨在呈现某一时期学界关注焦点、学派特色理论、哲学家思想成就等，如《在社会科学中发现哲学》《卡尔·波普尔与社会科学》。第四部分的内容专注于与社会科学哲学相关的教材，如《社会科学哲学：导论》《社会科学哲学：社会思想的哲学基础》。教材建设是学科教学建设的重中之重，成熟教材的译介，为我们编写适合实际情况的教材提供了重要的参照。对此，我们从两个方面来展开：一是社会科学哲学通识课教材；二是其专业课教材。总之，本译丛的规划框架兼顾史论，点线面结合，从科研与教学两方面立意，以期能满足社会科学哲学研究范式建设在著作和教科书方面的需要。

山西大学科学技术哲学研究中心一直以积极的姿态推动中国科学技术哲学的学科建设，以促进中国科学技术哲学的繁荣与发展为己任，在译介西方哲学优秀成果方面形成了优良的学术传统、严谨的学术规范和强烈的学术责任感，曾做过大量而富有成效的工作，并且赢得了国内同行的广泛认可。21 世纪初我们陆续推出“山西大学科学技术哲学译丛”，2016 年我们组织翻译的大型工具书《爱思唯尔科学哲学手册》9 部 16 册已陆续出版发行。我们将一如既往地秉承传统、恪守规范、谨记责任，以期本译丛能够实质性地推动我国社会科学哲学的教学与科研迈上新的台阶。由于本次翻译工作时间紧迫，翻译和协调难度大，难免在某些方面会不尽如人意，我们诚盼学界同人不吝指教，共同推动这一领域学术研究的进步。

在译丛即将付梓之际，作为丛书的组织者，有许多发自肺腑的感谢之言。首先我谨向各著作的原作者致谢，他们的原创性的成果为我们提供了可珍鉴的资源；其次，感谢科学出版社科学人文分社侯俊琳社长，他的远见卓识和学术担当，保证了本译丛的成功策划和顺利出版，他为此付出了难以言表的辛劳；再次，感谢每一部书的责任编辑，他们专业高效的工作保证了译著能够以更好的质量呈现出来；最后，还要感谢诸位译者，他们克服种种困难，尽最大可能保质保量地顺利完成了翻译工作。总之，我希望我们的工作最终能够得到广大读者的认可，以绵薄之力推动国内社会科学哲学事业的蓬勃发展。

"哲学社会科学是人们认识世界、改造世界的重要工具，是推动历史发展和社会进步的重要力量，其发展水平反映了一个民族的思维能力、精神品格、文明素质，体现了一个国家的综合国力和国际竞争力。"[①]社会科学哲学是哲学，同时是社会科学发展必不可少的思想前提，为社会科学澄清基本概念，以理论模式提供合法化辩护的工具性手段等；社会科学哲学的繁荣必将有力推动社会科学的发展。社会科学哲学译丛的长远意义也正在于此，"安知不如微虫之为珊瑚与蠃蛤之积为巨石也"[②]。谨序。

殷　杰

2017年10月10日于山西大学

---

① 习近平. 2017-10-10.（新华网授权发布）在哲学社会科学工作座谈会上的讲话（全文）. http://news. xinhuanet.com/politics/2016-05/18/c_1118891128.htm.

② 蠃，通"螺"。出自：章太炎. 1981. 译书公会叙//朱维铮，姜义华，等编注. 章太炎选集. 上海：上海人民出版社：36.

第二版序言

在本书首次出版至今的15年里，世界在许多重要方面都发生了很大变化。社会科学也随着人们对其本质的反思有了巨大发展，看起来已经到了对旧版本进行修订的时机了。为了避免混淆，我没有改动第一版的前九章，只是用新写的三章代替了第一版的最后一章，并且只保留了一些关于伽达默尔（Gadamer）和福柯（Foucault）的注记，以方便继续讨论。特别是，我希望对当今社会科学哲学中对立的两种思想模型进行考察，它们分别是批判实在论和被统称为“后现代主义”的运动。前者强调作为理性活动的社会科学的地位，反映了社会实在的本质；后者则对我们从启蒙运动继承的整个理性概念进行了猛烈攻击，它强调我们的每条道路都嵌入在了历史的情境中。那么，社会科学的作用变得模糊不清也不是不可能。

在这些矛盾背后体现的是对个体与社会关系的持续争论。这些争论已经影响到了一些政局的变化，其中有些影响是深远的，特别是1989年的东欧剧变，导致了有关市场地位的争论、个体和社群之间的平衡变得更加紧张。可以肯定的是，政治安排（arrangement）自身不可避免地依赖哲学关于社会的作用和个人社会地位的假设，这点比以往都更加清楚。唯一的问题在于，我们能够在多大程度上清晰地说明这些假设。这才是社会科学哲学应该关注的任务。

非常感谢那些与我深入讨论本书相关主题的人。尤其是，我必须提到参加哲学和社会理论研究生研讨班的人，特别是十多年来华威大学（The University of Warwick）社会学系同人的指导。我特别要感谢玛格丽特·阿彻（Margaret Archer）教授多年来和我一起的研讨。我还要特别感谢詹姆斯·贝克福德（James Beckford）教授最近所做的贡献。我从两位教授那里学到了很多，也很享受每年在研讨会上令人兴奋的讨论。

一如既往地感谢我的妻子茱莉亚（Julia）和我的女儿艾莉森（Alison）一直以来对我的帮助和鼓励。

本书作者

于英国斯特拉特福

2000年5月

致　　谢

本书的写作得到了英国社会科学院的资助，我非常感谢他们的支持。

第八、第九章有关生物社会学的材料来自 1983 年的两份讲稿，分别是：我在奥地利萨尔茨堡（Salzburg）第 7 届逻辑、方法论和科学哲学国际会议上宣读的《社会科学和生物学》，以及在苏塞克斯大学（University of Sussex）英国科学促进协会年会上宣读的论文《人的社会生物学》。

目　录

第一章　科学的本质

第一节　经 验 主 义

什么是社会科学？这是一个典型的哲学问题，是对人类活动领域中假设和预设的一种检验。列出应该属于社会科学的学科清单看起来并不是一件难事。社会学和社会人类学肯定属于社会科学，当然社会科学也包括那些与政治和经济相关的学科。虽然人们通常不认为历史学是社会科学，但它还是宣称自己是社会科学的一部分。历史学的确是研究社会中人们之间相互作用（interaction）的学科，但与其他学科的主要区别是，它把自己限制在了过去。与在一个群体中的个体相比，心理学，甚至社会心理学也可能不属于社会科学，因为它太过关注单个的个体，而不关注更大群体中个体的地位。

显然，社会科学的概念并不像我们开始想象得那样清晰。大多数人接受心理学属于科学，但对其作为一种社会科学的资质表示怀疑。历史学的研究对象包括社会和个人，但它更像文学，似乎不应该被归结到科学中去。有时，比起化学中的重复实验，它对个体动机的想象式重构更像是在写一部小说。

所有这些假设都认为，“社会的”用与“物理的”或者“自然的”

一样的方式限定了“科学”。当物理科学和社会科学都在承诺它们的学科集合是科学时，这种问题就特别突出。物理学家研究的是自然世界，而社会学家研究的是社会世界。按道理说，社会科学和物理科学
2 并不是同一类型。相同的科学方法正在应用于不同的领域。但这并不是说，神学可以被归类为科学。有时它还被称为一种科学，甚至偶尔被宣称为“科学的皇后”，然而没有人建议神学要按照物理学家所做的那一套来发展。的确，神学试图用系统化的方法研究上帝的本质，但它不是经验科学。恰恰相反，神学的大部分功能在于研究超越人类经验的那些事物。

社会科学认为自己是有经验的。现代物理科学对操控世界取得的巨大成功充分表明，它的方法是人类知识在所有领域延伸的关键。因此，在面对物理学那种严肃的“科学”时，任何知识学科都有很大压力，否则就有可能认为它们对真正的知识不会有任何贡献。

社会科学是否是“恰当”的科学，这个问题并不是一个术语上的诡辩。现代政府为科学研究提供资金支持，是否应该像物理学家、工程师那样平等对待社会科学家却被认为是一个政治问题。当在控制公共支出时，政府会考虑社会科学到底有多“科学”，而一些社会科学家非常想表明社会科学所具有的科学资历。1983 年，英国的社会科学研究协会（Social Science Research Council）决定将其名称改为英国经济与社会研究理事会（Economic and Social Research Council）。这显然受到了来自政府官员的压力，而且他们大概对与哲学有关的问题不感兴趣。公众对社会“科学”的认识决定了公共开支的方向。

然而，随着犬儒主义更加关注科学进一步增进人类福祉的能力，让所有学科都符合同一模式的压力开始减弱。曾经将人类进步全部寄予科学的那种辉煌希望，现在看来只是一种幼稚的乐观主义。现在可以很容易重新审视这种科学世界观的预设。所有科学并不都像物理学，而且至少从经验

主义的角度看，物理学自身不一定能够提供一种经典科学的好范例，事实上，经验主义已经受到审判，并且已经被很多哲学家所抛弃。

社会科学是否应该按照自然科学的方法并有与其同样的假设，这方面存在很大争论。它们真的能够揭示约束人类行为的规律并说明其原因吗？如果是这样的话，就必须假设在某些重要方面，社会世界和 3
自然世界没有什么不同，而且社会还有可能还原为自然。许多哲学家，特别是受到欧洲诠释学传统影响的哲学家指出，社会世界是由理性个体的意义和目的构成的。由此，社会科学的功能就是解释和提供这种可理解性，而不是寻找原因。和物理对象不同，人必定有不同的理解。与那些采用自然科学作为模型的“自然主义”进路相对照，这种方法被称为“人文主义”。这些被认为是，每一方都代表了一部分真理。比如说，两个作者在谈到社会科学时说：

> 这些科学是*社会的*，也就是说它们研究的现象是一种意向性现象，也就必须根据它们的意义来确定。其次，这些科学是*科学的*，在于它们试图发展一种系统性的理论来解释在一种广大不同种类现象下潜在的因果相互作用（causal interactions）。因为它们一次只能抓住这些特征中的一个，所以自然主义和人文主义都不能对社会科学给予充分考虑。[1]

在各种伪装下，自然主义已经对社会科学产生了最深远的影响。虽然自然主义的假设可能受到越来越多的质疑，但是对社会科学的任何考察必须从它们开始。社会科学的科学特征也强调，被科学定律排除掉的一定不能被包含进来。人类经验的标准就是能够被检验，这是经验主义的部分观点。超越经验的事物必须被抛弃。表述这个观点最著名的哲学家群体就是维也纳学派。20 世纪 20 年代和 30 年代在维也纳召开的学术会议上，维也纳学派提出了让他们引以为傲的词项“科学的世界概念”。他们主张这就是经验主义和实证主义，并且在宣言中解释了这些词项：“知识只能来源于直接所予的经验。这就设定了合法科学内容的界限。”因为他们认为知识依赖于经验，所以他们是经验主义者；因为他们认为科学方法是通向真理的唯一路径，所以他们是实证主义者。他们继续说道：

> 科学探索的目的，就是要通过对经验材料进行逻辑分析达到
> 4 统一科学的目标。因为每种科学陈述的意义必须通过还原为已知的陈述才是可陈述的，同样对于任何概念的意义，无论它属于科学的哪个分支，必须能够分步式地向下还原为其他概念而变得可陈述，这些概念必须是直接给予的最底层次的概念。[2]

维也纳学派明确把社会科学视为科学分支之一，并且以历史学和经济学作为例证。[3]他们持有这样一种观点，那就是所有科学必须和谐相处形成统一的科学，当然也包括社会科学。科学必须建立在所予经验的牢固基础之上。“感觉材料”（sense-data）经常作为一个术语来表示这种联系。这类材料被认为是主体间性的，也就是说，不同的人可以领会相同的东西。这意味着科学应该明确去追求一种固定标准，并且能够通过重复试验获得理论所估计的结果。因为看起来这些材料是“原始”的，所以这些材料独立于特定理论，从这个意义上看，它们并不包含解释的成分。任何理论必须符合这些材料以达到经验的充分性，同时无论采用什么理论，观察词项的意义都必须是相同的。

虽然这种径路在细节上已经有所改进，但哲学家们在反击这种观点时，维也纳学派的阴影还是笼罩在科学哲学之上挥之不去。重点仍然是理论的经验内容。对于经验主义者而言，所予的经验信息和它的解释能力之间并没有什么区别。对可观察事实的描述和预测成了科学

的目标。对于经验主义者来说，*为什么*可观察规律如此这般并不是最基本的问题。重要的是，理论实体的实在性不可观察但理论假设中又需要，这成了经验主义的一个问题。一个前后一致的经验主义不得不坚持用那些非真实的实体，通过它们进行虚构来帮助对那些可观察的事物进行预测。特别是在处理电子和亚原子时这个问题尤其突出。如果原则上这些是不可观察的实体，那么量子力学意味着什么？经验主义者只能说这是对亚原子系统观察和测量描述、预测的一种尝试，而不涉及任何系统的内禀（intrinsic）性质。因为不可观察的就不能感知（be there），所以测量范围之外也就没有所谓的内禀性质。这就导致问题的重点从实在的本质变成了对科学家及其行为的质疑。[4] 只有用经典 5
力学的术语才能谈论亚原子粒子，这就意味着被测量的实体原则上不能与测量本身相分离。即便必须提及一个人类的观察者，观察也必须给理论提供基础。始于对物质基本组成的描述似乎最后被人类的观察终结。

对经验的强调，使得经验主义招致了人类中心主义的责难。它把人们的注意力从经验是什么或者什么是可以当作经验的转向了单纯的经验事实本身。根据定义，超越人类经验的部分可以随意被去除。一致的经验主义者不可以谈及宇宙的另一边、黑洞内部，同时谈论一个电子的位置*和*动量，或者是科学家可能需要想象（envisage）的其他众多可能的事态（states of affairs）。于是，那些坚持认为存在独立于人类观念的实在论者，看到了经验主义中回荡的观念论就不奇怪了。观念论者认为，存在逻辑上依赖于心灵（mind）知觉到的事物，通常是指一个人的心灵。尽管经验主义者认为，能够经验到的并不依赖于被经验事物本身的实在，但是仍然将实在限定在了能被经验到的范围内。因此，不可观察的实体这种说法就是自相矛盾的。这就从根本上改变了科学说明的特征。理论实体不能够说明我们知觉到的事物。知觉到的事物本身变成了理论的基础。事实和可能的观察变成了自身的终点。科学也许能够预测它们，但却失去了说明它们的资源。不再需要使用任何其他的基本性质。

许多人可能反对实在逻辑上依赖于人类观察可能性的世界图景。另外，对经验主义的批判主要集中于观察事实本身。我们关于世界的知识依赖于“原始”的感觉材料已经被看作一个残酷的事实。正因如此，经验主义者的认识论经常被称为一种“基础主义”的认识论。这种认识论只把它的基础视为可信赖的。无论经验主义者如何努力说明感觉材料是经验剥离所有解释后的东西，即便就是一块简单的色块，也阻止不了人们不断增加的质疑。这种观点意味着，对于经验而言，心灵是一个被动的容器，而非一个主动的搜索器。我们希望心灵能够支配我们之所见。事实上，经验非但无法支配我们如何解释它，反而
6 我们的解释还能影响我们的经验。如果我们在等一辆红色的公交车，轻轻摇摆的微红树叶会让我们误认为公交车要进站了。当我们认出它们是树叶时，我们甚至会发现我们看到的颜色是有差异的。树叶的颜色可能比之前看到的更偏向橙色。

维特根斯坦（L. Wittgenstein），20 世纪最有影响的哲学家之一，经常运用这种类似的变化来研究问题。[5]最著名的例子之一是“鸭-兔”图，一幅看起来既像鸭子又像兔子的图。一个人可能将线条看作鸭子的嘴巴，另一个人可能将相同的线条解释为兔子的耳朵。维特根斯坦不能最终确定，视觉表述是否随着我们的解释而改变。[6]但事实是，这个问题会明确导致感觉材料理论的终结。按照该理论，被动的经验是心灵理解的基础，所以后者不能改变前者。一旦接受我们所见的思考会影响我们所看的结果，所有以经验为基础知识的理论都会处在非常危险的境地。“感觉材料”被假定为预先给定的，并不是我们创造的，我们也无法改变。与在解释过程中带来的任何错误相比，我

们从经验中获得的知识被认为是绝对无误的。一旦接受我们的解释能够支配材料的本质，这样解释中的错误就很容易被认为是材料自身受到了污染。结果就是，经验主义知识看似“坚如磐石”的基础和人类推理的其他部分一样都陷入了沼泽。

经验主义思想的一个重要原则就是，事实可以和价值完全分离。感觉材料就是感觉材料，而且事实仅仅是我们对感觉材料的所知情况而已。人类评价（human evaluation）是一个完全不同的事物。18 世纪的经验主义哲学家大卫・休谟（David Hume），坚决禁止“*是*什么”的断言转向“*应该是*什么”的断言。[7]描述和评价仍然是有区别的，比如牛津大学的道德哲学家黑尔（R. M. Hare）就持这种观点。结果就是，被认为是用典型的经验主义风格给予一种优先地位的事实，却在某种程度上无法评价是对还是错。将评价从随意专断中拯救出来，并说明我们可能的价值判断如何还在受理性的约束，成了经验主义者面临的挑战。假如经验主义者一旦认为价值不能够被经验验证而事实却可以的话，那么他们将面对这样一种可能，那就是人类逻辑上可以在不犯 7
任何错误的情况下评价任何事物。

对于社会科学而言，“价值无涉”的科学观念无疑是十分重要的。社会科学家想用物理学家或者化学家揭开事实的同样方法去建立关于社会的“事实”。但是他们并不想被看作某种意识形态或者特殊的世界观，因为这样会使得他们的研究成果变得可疑而无人愿意分享。比如说，“保守派”或者“自由派”的观点似乎会破坏社会科学的观念。大多数马克思主义者并不赞同经验主义关于价值和事实区分的哲学预设。我将会表明这是个主要的问题。当前我只是强调，基于经验主义对“价值”和“事实”的区分的假设，会给科学可验证事实的观念以非常优先的地位。

第二节　理论的作用

通过经验进行检验的可能性是经验主义最为强调的重点，并且由此形成了它的客观性观念。美国科学哲学家亨普尔（C. Hempel）在谈到科学时说："在经验的基础上发展一种具有清晰逻辑方向的世界概念，并由此获得了客观检验的能力，这些都是非常值得关注的。"[8]我们可以看出，这种方法依赖于一种"中立"经验的观念，而这种经验并没有预设需要某种特殊理论的支撑。亨普尔发展了一种科学说明的观念，能够将孤立的现象纳入统一模式中。于是，科学定律仅被理解为可观察的规律（observable regularities），可以将我们想说明的一切都包含在内。这种观点来源于休谟把因果性作为恒常联系（constant conjunction）的分析。所以，可知觉的规律构成了我们因果观念的基础，而说明就是让我们的经验符合这种规律模式。亨普尔说："说明就是将被说明的现象纳入一种一致的模式中，并且在给定特殊定律和相关的特定环境下，现象能够按照所预期的那样发生。"[9]

8 亨普尔提出了一个称为"演绎-律则"的说明模型。该模型取自演绎的论证形式，演绎的前提不仅包含了一般定律，也包含了特殊观察的陈述。他给出了一个有效演绎推理的例子：

> 任何一种钠盐，将其放到本生灯的火焰中燃烧时，火焰会变为黄色。
>
> 一块岩盐是一种钠盐。
>
> 因此，将这块岩盐放入本生灯时，火焰会变为黄色。[10]

这种说明形式难以被认可的原因是，并不是所有的普遍情况都具有一般因果律。当风越来越大时，气压可能真的会下降，但不能说风会造成气压下降。因为风和气压下降都有着相同的根本原因。其他事例中也并不全是真正的联系。在一个城市中，一家工厂的汽笛声无论如何也不会对 100 英里[①]以外的工厂造成影响，即使每次汽笛声响起时 100 英里以外的工厂工人恰好停工。反事实条件（涉及假如必然发生的事实发生改变时会发生什么）的引入能够帮助我们区分偶然一般性和因果定律。于是问题变成了，如果一家工厂改变其工作时长，汽笛和停工之间是否还存在同样明显的联系。

有时候对于某些事情而言，到底是偶然的还是一种因果关联，其实很难弄清楚。曾经有这样一个笑话，当一个英国城市被特别糟糕的交通状况折磨时，在最拥堵的路段中间一定有一名警察正在当值。说它是一个笑话，是因为每个人都认为，假如没有警察实际上交通会更加拥堵。但是，作为实验，当我们撤回这些警察后，交通实际上会变得更加顺畅，不再那么拥堵了。这些被证明的因果联系仅仅被看作一种经验性的规律。

将特殊的事例纳入由经验建立的规律网络中符合一些说明的理想，但是问题仍然存在。仅仅是经验主义者希望一切止步于观察，使得想从偶然中筛选出“真正”的经验规律变得十分困难。他们的理想 9
解释是，在不同的偶然性基础上联合（association）不同的经验。但是*为什么*要进行这些联合？即便是通过反事实条件来发现真正的因果关联，也仅仅是将问题返回到了上一个层次。是什么使得一种关联成为真正的因果联系？许多哲学家仍然跟随在 18 世纪哲学家休谟的身后，希望拒绝隐形力量的存在和必然性联系。通过*经验方式*确定两个事件的因果联系是不可能的。我们仅仅能观察到一个随着另一个发生。假如一个理论有更多要求的话，就必须假定不可观察的实体作为相关因果力量的来源。这似乎不可避免地陷入了形而上学，因此，对于真正

① 1 英里≈1.6 千米。——译者注

的经验主义者来说并不是一个好消息。他们并不想看到在可观察的结果背后还需要假定神秘的原因，尽管他们对成功的预测观察感到满意。说明仅仅成了事实和可能观察的概括，而这些事件之间为什么有如此联系却变成了一个不可能解决的问题。

另一个令经验主义担心的问题是亨普尔关于演绎推理的例子。一个人如何能够观察到“一块岩盐是一种钠盐”？我们已经远远背离了简单感觉材料的层次。如果最简单的色块问题都无法从解释中挣脱出来，那么在科学实验室中所做的复杂观察必定会走向“理论负载”（theory-laden）。对物质“岩盐”的认知，当我们单独将它作为一种钠盐分类时，其绝不是一种“原始”经验这么简单。一个训练有素的化学家瞥一眼可能就知道这个物质是什么，而一个学校的小学生在没有被告知的情况下，也能立即判断这种物质是钠盐就是天方夜谭了。钠盐涉及更多的问题，并且已经预设了一种科学理论。

即使在那些相当简单的层次上，分类也是一种理论意义下的结果。这并不是中性观察构成理论基础的问题。我们正在进行的观察，对这些观察进行分类的方法，甚至那些算是非常有意义的观察，仍然可能被我们的理论所支配。一旦理解了这点，重点就必然会从感觉材料转向理论作用，或者从更为一般的意义上来讲，我们需要用概念图式来理解周围世界。当然，很多情况下这取决于“理论”的含义，也许，在我们的整个图式内，不同的理论仍然会相互竞争。尽管如此，一个理论仍然会被看作一个整体而主张一种优先性，却不是它的每个
10 层次最终会还原为维也纳学派所认为的那种已然给予的陈述。这就意味着在每一个层次，无论是对颜色的观察还是对复杂社会现象的研究，“事实”都将变为一种次要的东西。在没有理论的指导分类和选择下，事实将不会被顺利地识别出来。

一位研究马克思主义的学者，用一种怀旧的语气抵制感觉材料：

> 没有“无理性”的事实，即描述事实但是无涉任何与之相关利益的描述……只有与一些生成知识探索相关的知识对象才是客观的。对于“客观”来说，其成为一些探究“事实”的，基于一些描述之下的某种事件或者事物状态，而问题中的描述是由研究所控制的利益决定的。[11]

在马克思关于资本主义社会类型多种可能描述的解释中，他提道：

> 任何资本主义的社会也必须是一个“工业”社会，任何一个模仿资本主义的现代工业社会，从根本上看，无论怎么说，只要与市场相关的，都可以称为一个“市场”社会。绝大多数市场社会在政治上是“自由-民主”的。[12]

显然，事实不是在世界中被发现的，对存在什么的描述总是受我们自身利益和目的所支配。人类知识不仅是关于现实的一种积极反应，自身的一部分也由人类利益所组成。一旦物理科学能够部分地从经验现象分离出来，那么社会科学也必然会向这种趋势发展。当代科学哲学家一再强调理论的关键作用，而忽视了经验可以是中立的观念。看起来一切都是“理论负载”的。即使是曾经参加过维也纳学派会议的美国当代哲学家奎因（W. V. Quine），仍然强调把感觉刺激作为理论出发点的重要性，他表明即使最平常的经验也包含了解释的元素。拿他的一个著名例子来说，一位语言学家在国外遇见一个土著居民，这个土著居民看着一个快速奔跑的兔子说“Gavagai”，但是我们在翻译的过程中会出现很多困难。[13]奎因假定土著居民和语言学家具有相同的“视觉光线”（ocular irradiations），但是这些属于物理状态，与那 11
些被认为是属于思想范畴的感觉材料还有较远距离。关于这种感觉基础，奎因认为，我们不得不建立自己的理论，但是根本无法确保土著居民和语言学家具有相同的理论。当我们看一只兔子时，土著居民看见的可能是“兔子之诸阶段”或“兔子之诸部分”。奎因坚持认为，即使感觉输入是相同的，但总存在一种不确定性的翻译。对大部分基本经验的解释可能会有差异，实际上基本经验的这种观念已经被看作是经验主义者的一种偏见。我们在说世界是什么的时候，总会超出所能够获得的感觉材料，因此，所有理论都是不完全决定的。奎因写道：

> 实际上，甚至可用常识语言表述的关于日常事物的真理本身也远超过任何可利用的经验材料。因此，确定日常事物的分子行为的不完备性只是更基本的不确定性的一个附带的方面：这两类（无论是日常的还是分子的）事件*都*不是我们的表面刺激所能确定的。[14]

对“表面刺激”的坚持说明经验主义的幽灵一直伴随着奎因。它们仍然被看作所有理论的一个出发点。然而奎因说，真正的事实是，甚至我们关于世界最普通的经验自身也是理论化的结果，普通的物理对象和绝大多数理论实体具有同等地位。与电子和质子相比，桌子和椅子并没有什么优先的地位。它们全部是一种理论的设定。奎因认为：“从描述理论建构过程的立场看，一切承认其存在的东西都是理论的设定物。”[15]然而，如果所有理论都是由感觉材料不完全决定的，不同理论从它们自身角度看就是同等有效的。奎因给出了一个例子，当我们看见水面上有三个成团的物体在向前移动时，我们可能设想这是一群海豚或者是一个尼斯湖水怪。他认为在很多情况下，我们在选择理论时倾向于一种更简单或更熟悉的说明。更进一步的观察有时可能会解决这一问题，但即便能够确定所有可能的观察结果，奎因还是坚持不同理论仍然是可能的。经验上等价的理论仍然可能存在很大差异。奎因在这方面及对理论实体的全面赞同，说明他不是一个经验主义者。

奎因赞同作为一种设定的理论实体，并没有将理论实体提升到类似物体的层面，而且他还怀疑后者的客观实在性。他坚持认为："把一个设定物称为设定物，并不是要贬低它。"[16]他说："因为我们永远只能 12
使用这样或那样一种理论观点，即我们此刻所能得到的最佳的理论观点。"如果所有实体都是理论实体，那么，我们抱怨理论实体"只能"是理论的就没有意义了。可是，如果像这样坚持彻底的理论优先又会引起很多担忧。按照奎因的看法，我们只能谈论我们的理论视为真的东西。他认为，我们更进一步提及实在并没有什么意义。我们只能想象（conceive）我们能够想象的。[17]因此，客观实在的概念变成了我们当前理论所说的才是实在。奎因的论点要求像"世界""实在"以及所有类似的概念必须是理论化的，同时，理论不能简单地被看作对一个相对独立已存在世界的描述。不再是理论反映了世界，而是世界变成了理论的映像。这就是为什么翻译对于奎因来说变成了一个问题，因为他不能假定不同理论所指的是同一个世界。他不得不试图将一种理论的词汇和另外一些没有假定同一实体的理论关联起来。他不能假定土著居民看见的就是兔子，更不能假定，当只有兔子时，如果土著居民没有意识到这个事实就是一个错误。从*我们*当前的立场出发，只能如此。对于奎因来说，基本的联系不是词汇和物体的联系，而是词汇和词汇之间的联系。离开任何特殊理论的仲裁，根本没有什么东西可被看作是对象。因此，不可能存在对世界的唯一描述，不同的理论总是可能的，因为这些理论是由材料不完全决定的。

如果理论既不是预测现象的手段，也不是从现象中推断出来的，那么，在某些方面理论经验内容的重要性就会变得无足轻重。这不只意味着我们可以自由地运用不可观察的实体来解释经验，而且，作为理论选择的一种约束，对经验的放松可能会让我们在其他方面出现问题。经验主义的基础主义认识论为哪些能够被理性所获得给出了限制。如果这样一种可能的认识论是一种幻觉，那么理性自身的地位就会受到怀疑。当我们去问之所以成为理性的原因时，可能看起来就十分可疑，但是，如果问我们的理论来自哪里或者其基础是什么，就没有这种感觉。顺便说一下，形势变得如此令人绝望，就像理查德·罗蒂
13 （Richard Rorty）所说的，"随着认识论的死去，只剩下了文化空间"[18]。

相同的问题出现在了层次的多样性上。一旦经验主义紧绷的约束变松，作为学科认识论就会破产。不管它是不是关于外部世界最普遍的理论，对于科学实践及科学内坚持的特殊理论，或者是社会理论等各领域而言，我们似乎都不知道该去哪儿寻找辩护（justification）。上述情况也适用于我们可能自认为构成知识的其他众多的信念形式。

物理科学的实践必须经过严格审查，因为经验主义已经由观察获得了足够的储备，显然现代科学是建立在观察和实验的基础之上的。科学史在逻辑上不同于科学哲学是科学原则中获得承认的一部分。对一个理论的理性辩护可能与理论的实际作用方式不一样。历史表明了实际是如何发生的，而哲学家则揭示了科学的哲学基础。这样的观点其实预设了科学*曾经有*一种认识论基础。然而，一旦科学理论与其经验基础割裂开来，无论哲学家是否脱离了历史，科学理论都会变得不再清晰。我们可能没有办法对科学发展的应然和实际情况进行区分，但是，其他的问题仍然需要能够回答。如果科学不再是对经验领域观察和预测更为精确的搜索，那么，科学的目的又是什么？为什么科学家应该改变他们的理论？或者，实际上什么构成了科学进程？

第三节 库恩和费耶阿本德的观点

库恩（Kuhn）的工作是现代科学哲学剧变的主要原因之一。严格来说，他是一位科学史家。他提出了一种支配科学家世界观的概念：

科学“范式”。科学思想的主要变化涉及了范式的改变，一个典型例子
就是经典物理学到量子力学的转换。库恩的理论是，当科学家在一个
范式下工作的时候，科学家试图解决他们所坚持理论中出现的问题，
库恩把这部分工作称为“常规科学”。然而，我们经常会发现，当证明
已有范式无法处理出现的异常情况时，就会发生科学革命。库恩关注 14
的重点是，当科学共同体从一个范式转向另外一个范式时发生了
什么：

> 科学史家可能会惊呼：范式一改变，这世界本身也随之改变了。科学家由一个新范式指引，去采用新工具，注意新领域。甚至更为重要的是，在革命过程中科学家用熟悉的工具去注意以前注意过的地方时，他们会看到新的不同的东西。[19]

显然，经验主义的蓝图规划（scheme of things）出现了反转。按照库恩的说法，是理论决定了观察，而不是观察决定了理论。事实上，他似乎比这个说法走得更远，他认为是新的理论告诉我们如何留意那些以前我们并不留意的事物。他似乎是在主张，不同的理论就有不同的世界，在一个范式下是实在的事物，在另外一个范式下就不再是了。科学家曾经认为有一种物质叫作燃素，但现在认为不存在燃素这一物质。科学家曾经认为原子是不可分割的，但是现在他们又在寻找亚原子粒子。可是，像这种说法，还存在很多模棱两可的地方。每个人都同意科学改变了我们对实在概念的看法，问题在于，是否真的有一种观念能够改变实在。这个难题似乎回避了一个问题，因为它预设了我们可以独立于实在的概念来直接谈论实在。然而，这正是奎因所拒绝的，而库恩也只是在谈到世界可以自己变化时才走到这一步。世界被科学家设想为是可以改变的，但是世界自身能够变化吗？对于绝大多数哲学家来说，这两者的区别是非常重要的。有关这种区别是否

可行的争论已经非常激烈。库恩则提出了科学理论到底是什么的问题。科学理论是否能够用外在于自身的事物来衡量，或者至少原则上去判断正确或错误，真或假。我们只剩下了不同理论或者世界概念的交替这样一种选择，而没有办法判断这其中到底哪个更好。

库恩用“鸭-兔”图的类比说明科学家的观点在范式转换后发生
15 改变的路径。他重点关注了理论如何影响我们所看到的事物。他说，一个学生看一个气泡室的图片时，只看到了混乱和破碎的线条，但是一个受过训练的物理学家实际上*看*到的是一次亚核事件的记录。他说：

> 大家熟悉的视觉格式塔转换实验很有启发性，我们可以把它当作一个用以说明科学家世界的转换的基本原型。革命前科学世界中的鸭子在革命后就变成了兔子。[20]

在科学家的视野中，这些根本转换的结果之一就是，在不同范式下工作的科学家具有不同的概念，并进行着不同的观察。他们不可能要求任何理论中立的观察，库恩排除了一个客观世界支撑所有范式的可能性。因为“世界”只能通过范式才能被看见，但还有一个问题是，忠于不同范式的人们如何讨论他们之间的理论。经验主义者可能会不同意这种观点，因为他们认为所有理论应该共享同一种经验。库恩显然不会这么做，他考虑引入一种“毫无希望”的中性观察语言。[21]他不再谈论不同理论之间的“不可通约性”。发生革命时，科学家会发现在他研究的世界里到处是“与曾经的研究无法相比的不可通约性”[22]。这里存在一个重要而又令人担忧的结论。因为科学家将看见由各自范式组成的世界，这些忠于不同范式的科学家将会在彼此相反的目的下进行对话。实际上，他们一定会涉及不同的实体，同时他们的理论既没有一个共同的基础，也不会是关于同一个世界的。库恩甚至不会像奎因那样，把我们感官世界的物理影响作为一个出发点。这样反而在不同的世界观之间形成了一种竞争，它们中的一些还能发生重叠，但又不能用任何共同语言来系统表达它们之间的差异。

那么，为什么科学家要改变他们的范式？科学史证实了这种情况会经常发生，而库恩试图去描述这个过程。到底是哪一点对给予了已经存在的理论如此巨大的压力，使其变得让人不可忍受？库恩几乎没有给出什么好的办法来回答这个问题。它应该不是因为对实验的诉求，因为所有的一切都被范式所支配；也不应该是存在原则性错误的缘故，因为范式决定了哪些才是对的。发现所谓的原则性“错误”，事实上等同于改变了我们选择看待世界的方式。库恩指出，个别科学家 16
会“由于各种各样或通常的几个原因”而立即去支持新的范式。库恩继续说道：

> 其中有些理由完全不属于科学领域，例如太阳崇拜帮助开普勒成为一个哥白尼信徒。其他理由则与科学家个人特有的经历和个性有关。甚至理性或者革命者和其老师之前良好的声誉也发挥了很重要的作用。[23]

对于科学家的理性决定过程来说，这并不是一个非常鼓舞人心的纲领。库恩接着强调说，他的兴趣主要是在科学危机之后重新涌现出的一类共同体。他提到了坚持新范式的科学家不能被认为是错的，实际上，他甚至都找不出一种判断其为错的标准。他在谈到历史学家时说：“他可能最希望说的是，那些在他全部职业生涯之后继续坚持的人，*事实上*已经被改造成不再是一名科学家了。”[24]

因此，科学哲学不再需要提供一种关于理论在逻辑上如何相互依靠和辩护方式的理性重构。那么，只剩下“科学实际上是如何发展的”这样一个问题了。由此，再没有什么发生的事情需要理性批判，科学哲学变成了科学史。科学成了一些共同体偶然做的事情，不再是人类心灵深刻的理性创造。在科学社会学领域，人们对库恩思想所设定的路径越来越感兴趣，这点并不稀奇。这是因为，他给出的范式转换迫切需要一种社会学说明。社会学家对理解共同体的行为突变充满自信，特别是如果这些在理性基础之上不可能发生的时候。通过谈论科学家的相互交流，库恩把焦点放在了科学共同体的思想上，他研究了共同体所主张的思想标准。一个明显的事实是，对一个问题，一个特殊的社会群体可以接受一种解决方案而拒绝另外一种解决方案，或是将一种论证看作一种辩护但拒绝其他的论证，这些都迫切需要进行社会学分析。因此，至少对于科学社会学家来说是主张这一点的。科学判断的一般特征似乎已经被揭示，社会学家关心的是向我们表明习
17 俗惯例是如何运行和变化的。正如一位社会学家所写的：

> 科学自身的标准是一种特殊文化形式的一部分；维持这种形式合理性的感觉需要权威和控制。因此，如果库恩是对的，科学就应该像其他知识和文化形式一样，有义务用基本相同的方式进行社会学研究。[25]

库恩对科学理性基础（也就是说实际上它是什么）的攻击并不孤独。这种反经验主义已经和时代气息相一致，并为进一步的发展打下了良好基础。可是，那些认为知识有坚固经验基础的思想有非常极端的反应。一方面，我们说理论可以支配我们如何看待和经验这个世界；另一方面，这让我们不再可能关涉世界。一方面我们质疑经验是否是人类知识的唯一来源，另一方面又说知识只是一种习俗约定。后者的意思是说，社会或者传统决定了哪些可以算作知识。如果是这样的话，我们对实在的理解将变得极其贫乏。我们所相信或者声称所知道的，仅仅可能是那些极端愚昧社会力量的产物。

科学哲学家费耶阿本德（Feyerabend）明确指出，在某种程度上，实在其实依赖我们的选择。他直截了当地说："生活各个方面的偏好对我们决定哪些事物应该是实在的，起着非常重要的作用。"[26]他认为，关于实在，除了我们属于一种特别传统之外，不再有什么终极道路。至少在某些方面看起来，不是实在控制着我们的信念，而是一种传统决定着哪些事物是实在的。存在无数的传统，每一种都可以告诉我们哪些算作实在。在任何一个传统中，我们可能得到一种幻觉，那就是我们可以并且已经取得了知识。然而，一旦看到许多冲突的传统有着相同的幻想，我们就会认识到，所谓对真理的判断只是相对有效的。这种判断只是在我们所依恋的传统中适用，在此之外则不行。

费耶阿本德这种观点令人不安的地方在于，这种论证类型可以运用于任何领域。科学实践，甚至理性运用都可以被看作是对它们自身历史传统的揭露。他说道：

> 科学实践，甚至自然科学实践，是一张历史传统紧密编织的
> 网……这意味着，一般关于科学的陈述，包括逻辑陈述，如果和 18
> 科学实践一样的话，就不会再有更多的麻烦。[27]

伴随理性辩护理想的科学哲学观念再次受到攻击。剩下的仅仅是科学家已经做的或者正在做的，而这些形成了社会学研究的合适材料。科学标准"不是由外界强加给科学的"[28]。取而代之的是，费耶阿本德坚持认为，这些标准是科学家在自己研究的过程中产生的。他特别强调了能够在相互冲突的理论中进行选择的重要性，提倡"什么都行"的原则（或者反原则）作为科学方法的一个基础。因为他看到了在这之中的西方科学传统，他想要在这个或者其他选项中有选择的自由。他也谈到了把理性自身的运用（他称之为理性派）作为一种传统：

> 每一种传统，每一种生活形式，都有各自评价人类行为的标准，并且这些标准都是按照传统所必须解决的问题来改变的。理性主义并不是传统的一个边界条件：它自身也是一个传统，且并不总是成功的传统。因此，存在一种多重的标准，就像存在一种多重的个人。然而，在自由的社会中，一个公民会使用他自己的标准：如果他是霍皮人，那就是霍皮标准；如果他是基础主义者，那就是基础主义的新教标准。[29]

这是相对主义的一个经典陈述。那里有多种不同和独立的传统和生活方式。每一个都会产生自己的标准。没有谁需要被理解，让它们通过植根于不同传统的标准各自去判断。很多人发现，将这些原则应用到人类习惯甚至道德领域时会变得非常有吸引力。一个哲学版本的说法可能是这样的："在罗马，就要像罗马人一样行事。"不同社会有着不同的做事方式，有时候仅仅是一点小区别，从实践看并不见得哪个更好或者更差。我们开车时沿道路的方向就是一个最明显的例子。没有人会说，沿道路左侧开车要比右侧更好，或者相反。我们自然倾向于喜欢我们曾经使用过的，只需要在一个国家每个人有足够长时间来按照这种相同的约定来做事就足够了。有个故事，有一个新的独立国家
19 决定将沿道路左侧行驶的规则变为右侧行驶，但是要逐渐实施。显然，快速实施肯定会引起交通混乱，因此存在很多社会约定。在一个给定的社会中，满足特定个人的需求对于这个社会的功能来说是必需的，但一个多样的社会可以满足所有不同的个体。

道德标准层面的相对性问题变得更加充满争议。然而，费耶阿本德走得更远。他不但不接受科学作为一种恰当的理论模型，也不认为理性自身可以作为一种普遍理想，他把这些都贬低为众多传统中的一个。在谈到科学家时他说："他们并不是在判断真理和错误，他们只是思想和一些小玩意儿的推销员。"[30] 这并不是一种歇斯底里的胡说，而

是把经验知识的基础排除之后造成空白，从而对经验主义形成攻击的必然结果。最终，有关知识、真理、实在和理性的问题全部被丢弃了。我们从知识退回到了信仰，从什么是真的退回到了什么是我们该坚持的真，从实在退回到了人们对实在的信念，从对理性标准的拷问退回到了人们实际号称理性的全部特有方法。我们从辩护迈向了描述，从哲学或者至少是认识论迈向了社会学。这些事情都基于费耶阿本德和库恩提到的理论的不可通约性，发展到了理论或者传统有着自己的理性标准，并且不受外界批评的影响。

费耶阿本德急切地想利用维特根斯坦关于概念的意义是通过实践使用获得的观点。[31] 概念并不是事物的标记，而是以活动方式为基础的。我稍后将会回到这点，但是费耶阿本德提出了一个非常重要的结论。如果我们是在与一个特殊行动的关联中使用一个词语时，才理解其意义，那么，学习这个词汇意义的唯一方法就是参与到这个行动中。词汇不是与一个客观世界或者一种可被分享为主体间性的经验相关，而是植根于维特根斯坦所谓的一种“语言游戏”或者是一种“生活形式”之中。两种表述的目的都是将注意力吸引到一个事实内，就是语言和行动存在一种亲密的关系。它不能像建议的那样，从本就属于生活的一部分中剥离出来，并理解它。但这样就意味着，非参与者不能理解任何实践中所说的内容。这种学说如果是真的话，对于社会科学来说将有重大的意义。对于社会科学哲学而言，理解（*Verstehen*）的问题实际上是最古老的课题之一。可是很显然，从费耶阿本德的观点看，所有科学都面临着同样的困难。到目前为止，社会科学发现要 20
达到自然科学那样的标准是非常困难的，后者似乎想要溶解社会科学家提出的理解和诠释社会群体的问题。

这可能是反对费耶阿本德的一个点，但不幸的是，费耶阿本德却非常支持这个点。他已经拒绝了那种认为哲学家可以通过科学进程揭示基本理性原则的思想。他拒绝一种客观的、理论之外的实在思想，其结果是每个事物只有在一个特殊理论的限定下才是有效的。一个科学实践只对参与科学的实践者才是有效的。费耶阿本德明确提到，传统的科学方法论立场，即“历史学家通过‘理解’来研究遥远的文化，而物理学家是通过明确的抽象概念来‘说明’的”[32]。

费耶阿本德认为，社会科学家的解释和自然科学家的说明之间并不存在二分法。事实上，他认为，后者没有任何材料来支撑一种对于非物理学家而言可以理解或有关的说明方式。说明仅仅能够满足那些物理学家。通过坚持物理学自身也是一种社会实践或者传统，费耶阿本德已经消除了任何终极答案，或许这是与其他学科相比具有的一种特权地位。他鲜明地跟随了库恩的脚步，并且赞同地说道：“库恩提出了一种引起广泛兴趣和革命性的建议，即*物理学是一个历史传统，因此需要和理解一样具有历史的恰当性*。”[33]因此，一个当代物理学家的理论对于诠释和理解的需求，可能和一个古希腊人的需求是一样的。物理学不再被看作一种其他科学可以还原的基础科学，只是众多传统中的一个，它只有依靠社会学方法才能被研究。

我们已经得到了一个令人困惑的结论。按照当代科学哲学的主流发展趋势，科学不再是通往真理之路，只剩下科学自己。有时看起来有些哲学家在说“真理是不存在的”。如果我们意识到，他们主张的“真理是不存在的”这一命题是真的的话，那么，这就暴露了其中的不连贯性。费耶阿本德意识到，他可能需要对其“一个传统和其他传统一样，会或多或少地宣称自己处于舞台中心”[34]的观点给出一些理由。好多时候，看起来他把在不同传统和理论之间选择的机会看作追求真
21 理的一个良好策略。拒绝一种严格方法论的约束可能成为所有方法论自身的最后归宿。在其他时候看来，他对相对主义的煽动，几乎造成我们对任何一种观点会比其他观点更好，或者任何理性比其他更有效

的否定。剩下的问题是，在不破坏人类理性的情况下，有没有可能废黜自然科学的至尊地位。社会科学真的能够采用新的说明模式吗？

注　释

1 B. Fay and J. D. Moon, "What Would an Adequate Philosophy of Social Science Look Like?", *Philosophy of the Social Sciences*, 7, 1977, p. 227.
2 "The Scientific Conception of the World: The Vienna Circle", in M. Neurath and R. S. Cohen (eds.), *Otto Neurath: Empiricism and Sociology*, 1973, p. 309.
3 Ibid., p. 315.
4 对量子力学和实在性的进一步讨论，见我的著作 *Reality at Risk*，1980，ch. 6.
5 Ludwig Wittgenstein, *Philosophical Investigations*, 1958, II, xi.
6 见我的著作 *Pain and Emotion*, 1970, pp. 81ff.
7 David Hume, *A Treatise of Human Nature*, Book III, reprinted in *Hume's Ethical Writings*, ed. A. MacIntyre, 1965, p. 196.
8 Carl Hempel, *Philosophy of Natural Science*, 1968, p. 47.
9 Ibid., p. 50.
10 Ibid., p. 10.
11 D. Turner, *Marxism and Christianity*, 1983, p. 104.
12 Ibid., p. 104.
13 W. V. Quine, *Word and Object*, 1964, p. 29.
14 Ibid., p. 22.
15 Ibid.
16 Ibid.
17 关于奎因的更多的讨论，见我的著作 *Reality at Risk.*
18 Richard Rorty, *Philosophy and the Mirror of Nature*, 1980, p. 315.
19 T. S. Kuhn, *The Structure of Scientific Revolutions*, 1962, p. 110.
20 Ibid., p. 110.
21 Ibid., p. 125.
22 Ibid., p. 111.
23 Ibid., p. 151.
24 Ibid., p. 150.

22 25 Barry Barnes, *T. S. Kuhn and Social Science*, 1982, p. 10.

26 P. Feyerabend, *Philosophical Papers*, vol. I, *Realism, Rationalism and Scientific Method*, 1981, p. xiii.

27 Ibid., p. 4.

28 Feyerabend, *Philosophical Papers*, vol. II, *Problems of Empiricism*, 1981, p. 27.

29 Ibid.

30 Feyerabend, *Philosophical Papers*, vol. II, p. 31.

31 Ibid., p. 129.

32 Ibid., p. 237.

33 Ibid.

34 Feyerabend, *Science in a Free Society*, 1978, p. 8.

第二章 客观性和知识社会学

第一节　知识的社会特征

在分析理论时，传统的科学哲学总是严格区分“内部”理性和“外部”理性。某个相关的成功实验被看作是一种内部理性，相反，基础主义者因为相信《创世纪》而拒绝进化理论，这就属于一种外部理性。换句话说，一些理性被认为以科学方法为基础，即在可重复观察上的理论建构，而其他一些则会直接跳过它。这就意味着追求知识的标准就是科学方法，而且事实上这也是实证主义者坚持的唯一方法。

一旦科学方法的可能性受到挑战，那么，内部理性和外部理性的区别就没有意义了，我们只能研究科学家实际做了什么。这样，我们就不能假定拒绝现代科学理论的新教徒基础主义者一定是错的。正如费耶阿本德指出的那样，基础主义者仅仅属于一种与科学家们有着不同标准的传统而已。

像这样将不同的观点放在各自的独立空间中会产生非常奇怪的结论。真实生活中的事物变得更加复杂，空间之间的差别也变得模糊不清。一个人既可能是一个科学家，又可能是一个基础主义者；还有在周末可能是一种信念，而在实验室的一周又是另外一种信念。我们必

24 然要面对到底哪一套标准是正确的这一问题。相对主义者则想让我们相信不会出现这个问题。他们认为，西方科学的大厦仅仅是一种社会学事实，并不能判断它就一定比占星术、巫术或者其他的实践好或者不好。科学前面如何轻易地冠以“西方”这个问题非常重要。至少我们知道它一定是在某个特定的时间和地点发生的，所以，西方科学也仅仅是社会实践中的一个特殊类型而已。

科学经常被吹捧为知识的源泉，科学方法也被当作客观性的一个范例，能够脱离参与者的兴趣和偏见。由此，科学家被抬高为智慧的化身。他们十分擅长操控世界，给了我们像不粘锅和彩色电视机这些事物。然而，现在我们被告知，要像对待原始部落的求雨舞一样，科学家的活动也要被审查。那么，我们还会真的认为科学家是在发现世界或者是拓展我们的知识吗？一个真正的相对主义者或许会说，有关“世界”之类的这些观念在这方面总是理论性的。它们只能在一些所持信念的语境下获得理解。如果脱离了那些相信实在的人群，“实在”就会变得没有意义。一个彻底的客观世界的概念，如果独立于所有观点，其本身也会被消解。*在*科学范围*内*，实在可能是一种非常方便的思想，但是它不能用于科学和其他活动之间的仲裁。因此，本体论变得需要依赖认识论。这些都只能作为我们在发现事物时采取策略的产物。如果我们的认识论发生了变化，也就是我们从一种世界观变为另外一种世界观，我们关于什么是实在的信念也会发生变化。

费耶阿本德在总结他的这种观点时说：

> 我们不需要再假设一个不受我们认识活动影响的客观世界，除非我们只是在一个特定观念的范畴内变动。必须承认我们认识活动有决定性的影响，即使是宇宙哲学中最肮脏的部分：他们可能让上帝消失，并让一个空间中成堆的原子来代替他们。[1]

这种观点可能与我们的日常感觉相悖。但这也明确拒绝了实在客观性这种实在论的哲学信条，这种信条认为，实在独立于所有关于实在的信念。对于实在论者而言，至少在原则上，存在一种评判所有人类社 25
会和他们信念的标准：他们可以拥有关于世界原本就是错误的信念。

拒绝实在论让我们更加关注信念事实本身，而不是相信什么的问题。它让我们用知识社会学家的经验主义描述，代替了传统认识论试图去表明的通往实在的路径。我们在不同时空中寻找那些真正被采纳的策略，而不是尝试寻找永恒和抽象原则。对于社会科学家来讲，哲学和自然科学本身变成了研究的对象。社会科学家不再需要用“科学”来显示自己的尊严，而是将自然科学摆在了它应该在的位置上。

这样做的主要原因之一是进一步强调一般意义上知识的*社会*特征，特别是科学。事实上，科学已经被看作一种社会制度，在这个制度下，客观性的观念由这个制度的结构所决定，这意味着对于社会科学家而言，科学是一个合适的研究对象。这一点对于攻击经验主义来说尤为重要。假如知识是通过感觉获得的，那么这显然是一种个体事物（individual matter）。每个人在隔离状态下都能获得知识。但从另一方面看，知识又是一种共同体的产物，它被定义为只有通过共同体教育的方式才能获得。类似地，经验主义似乎认为，知识是零零碎碎获得的。这种原子论的观点与认为知识是深深嵌入生活并且属于生活的一部分是不同的。这种特殊的链条不能从更大的整体中撕裂出来。玛乔丽·格雷（Marjorie Grene）在表述这类观点时写道：

> 科学是实践的一部分……实践因为其本质而深深植根于共同体中，同时只有在这个范围内才允许交流。每一种科学从萌芽开始就需要一个漫长而艰辛的学徒期……因此，只有那些从一开始就接受人类本性是社会性的哲学方法，从最初就能开始充分地处理科学的认知要求，更不要说它与包含它的文化的其他承诺关系。[2]

26

第二节　维特根斯坦和规则

至少维特根斯坦在后期工作中，提供了这类哲学方法的一个例子。他强调了我们实践的规则支配（rule-governed）本质。作为孤立的个体行动，人类行动是无法被理解的，除非在一个更为广阔的语境内，否则我们无法理解任何人。正因为如此，特别是在社会人类学领域内，这类观点有时被称为"语境论"，它起源于维特根斯坦关于等式的意义和使用。词的意义之所以如此，是因为在语境中的用法。意义并不能被私下授予，举例来说，意义也不与内在的感受表述相关。维特根斯坦关于"私人语言"可能性的反驳已经众人皆知[3]，虽然这方面的讨论主要出现在心灵哲学里面。我们是如何学习"疼痛"这个词语的？我们可以和其他每一个人交流疼痛，并教会他这个词，但是显然这个词关系到了一种私人感受。维特根斯坦重点在于表明，这样一个词语的意义，是如何植根于公共语言之中并能够通过公共检查而被正确使用的。他在寻找一种"正确标准"[4]，并认为不存在使用一个词的私人规则。在这种情况下，我有一条自己持有的规则，以及我认为自己持有一条规则而事实上我没有，这两者之间并没有区别。私人语言的规则并不能成为规则的*效果*（*impressions* of rule）。[5]

这显然仅仅涉及了有关我们感觉本质的交流问题，但是维特根斯坦指出，这关系到了*所有的*概念及它们的使用。这个有关私人语言的讨论引发了对遵守规则更长时间的争论：所有规则是如何植根于公共实践的。他提出一点："我们称为'服从规则'的一些事物，有没有可能仅仅是一个人做的，同时在他的生命中只做过一*次*？"[6]他的答案是否定的，因为所有实践，无论是否是语言的，都植根于生命的全过程，并且在孤立情况下是无法理解的。它们通过其语境获得其意义，并且通过分享意义、公共标准来传递。他说："服从规则，或做一个报告，或发出一个命令，或下一盘棋，其实都是一种*习俗*。”[7]他在词语的使用、人们的习俗和社会的制度之间建立了一种逻辑联系。词语脱 27
离了它们嵌入的实践就不能被理解，而这些实践就是社会制度。

在一段最先明了讨论“私人语言”的论证中，他说：

> 因此，“遵守规则”也是一种实践。而认为自己在遵守规则并不就是遵守规则。因而，人们不可能“私人地”遵守规则；否则，认为自己在遵守规则和遵守规则就成为一回事了。[8]

如果没有办法发现任何错误，就不能说我是在服从规则，在过程中我甚至会无意识地改变规则。如果正在做的和严格遵守我自己设定的规则之间没有区别，那我们就无法谈论规则。

就像他的“语言游戏”一样，维特根斯坦非常喜欢用游戏来类比。如果每个男孩都按照自己的规则来玩，那么，一群男孩是不会去玩板球的。一个能够决定“打了就跑”游戏的人，如果他拒绝跑，那么即使他打到球而不防守，他也会说他已经改变了规则。这样的话，对于他来说，有规则和完全任意的游戏风格之间将不会有任何区别。况且，在他没有告知他人的情况下改变规则和忘记维护规则这两者之间的区别是什么呢？维特根斯坦或许会说，这恰恰体现了规则自然的公共属性（nature public）。有人可能会很好奇，维也纳学派在可验证（verifiability）重要限制上对维特根斯坦的影响到底有多大。可是，即便他自己放弃相信经验作为知识的一种来源，但他强调公共检测（checking）的重要性显然来源于意义的验证理论。按照该理论，意义的归属依赖于公共检测的可能性，因此不可验证的就是无意义的。从这一点我们也可以论证说，个体私人的意识进程自身是不可验证的，自称“它们”的语言必须植根于公共领域。那么，意义和私人进程就没有什么关联了。

这似乎是维特根斯坦非常精确的结论，尽管他对私人语言自身的反驳，明显对维也纳学派的经验主义构成了挑战，这点看起来有几分讽刺的意味。后者对私人经验的严重依赖已经到了无可救药的地步，
28 而维特根斯坦用社会实践的公共规则取代了这一点。他寻求富有意义基础的社会标准，使得他自己必须强调思想和经验的社会起源。我们之所以是我们，是因为我们浸入了实践和制度之中。知识并不是来源于个人的原子经验，而是受规则支配的公共和社会活动的产物。板球游戏对于个人球员的私人意向而言是不可理解的。他们可以从参与游戏的规则中感知他们在做什么。男孩围绕一块场地用球拍狠击球并不是板球比赛中必需的。除非他们的活动受规则控制，他们只需用一个球拍击球。

那么，规则又是从哪里来的呢？它们已然嵌入了社会中，而且也的确构成了一个社会。规则决定了社会应该是什么。不同的规则和制度已经定义出一个不同的社会。维特根斯坦的观点号召社会学家去描述一个社会的实践和规则。看起来，认识论的基础再次被拒绝，只有社会研究才会给社会的本质带来光明。

在知识方面，维特根斯坦的观点为社会学家强调知识的社会特征提供了灵感，这其实并不稀奇。即使有很多不同的起源，他的概念还是非常契合库恩的理论的。然而，真正的问题是，这不仅仅是一个关于知识认识论或者知识社会学的问题。与个人相比，维特根斯坦的观点明显支持社会的优先地位。如果个体行动只能通过社会实践的参与获得感知，那么，我们不得不将社会实践看作说明的来源。

嵌入社会的规则并不能对它们的起源给出最终答案。关于维特根斯坦后期的观点是否会导致相对主义的争论已经风起云涌。如果规则只能在一个特殊的社会语境下才能获得辩护，那么，当我们问作为一个整体，在评价这个社会是对或不对，正确或错误的时候，会发生什么呢？随之而来是一种绝对相对主义观点，即一切事物都是“语境”

的，我稍后会研究其带来的后果。

在说到个体不是选择一个规则而是“盲目”[9]服从它时，维特根斯坦表明了规则如何成为一种起点。我们并没有选择或者抛弃规则的任何余地，因为规则自身为选择提供了一种语境。这使得维特根斯坦认为，要求辩护是不可能的：“如果我穷尽了那些可作为辩护的理由，我 29
就到达了一个坚实的基底，我的铁锹就挖不动了。在那种情况下，我就会说：‘我就是这样行事的’。”[10]这就留下了一个没有回答的问题，是什么组成了基底。看起来，我们似乎非常容易找到例子说明，维特根斯坦所建议的是基底在不同社会或者思想体系中是各不相同的。[11]比如，他似乎会认为，让那些相信先知而不相信科学的人明白物理学家对物理学的任何理性判断是不可能的。[12]然而，他在讨论规则的过程中，也向相对主义者提出了一个很基础的困难问题，而答案完全是在与相对主义者进行争吵：

> 假设你来到一个未知的国家，语言也完全陌生。在什么样的环境中，你可以说人们在发布命令，理解他们，服从他们，或者反抗他们等？
>
> 人类的一种普遍行为是我们翻译这种未知语言的一种参照系统。[13]

维特根斯坦致力于表明语言是如何植根于行动中的，因此在发出声音的人们和他们所做之间必然会有一种规律性的联系。至少在本段中，他强调的重点在于，尽管它们具有多样性，但在“人类共同行为”方面语言游戏还是存在着一种共同基础。在没有某些参照点的情况下，理解其他社会的问题还是比较棘手的。他在其他地方谈到“概念和非常普遍的自然事实之间的对应”时，似乎在追寻人类行动时回到了人类本性最普遍的事实。[14]这与强调语言游戏或者生活形式最终的自然状态明显不同，因此，一切必须在其所处的社会语境下才能被理解，虽然这种语境自身的变化可能非常大。现在的问题是，社会语境自身是否植根于更为基础的层次中。维特根斯坦说，我们必须接受已经给予的生活形式[15]，这看起来像相对主义的口号。如果短语“生活形式”必须参照不同的社会制度，那的确就是相对主义。可有时看起来，好像认为这样的生活形式又必须植根于人类本性。它们之所以成为它们，并不是因为任何社会语境，而是因为把他称为的“人类生物的自然历史”[16]。当然，比如，当他谈到疼痛时，看起来这与人类行为最一般的特征相联系，而不是关
30 于特殊制度的特殊事实。

无论维特根斯坦的立场是什么，他已经用多种方式进行了诠释。问题已经足够清楚，人类的制度只能用自己的术语去研究，还是有一个共同基础？对于那些认为社会理解是头等重要的人来说，维特根斯坦对社会优先性的强调无疑是一种激励。

第三节　知识社会学

科学被认为是规则支配基础上的一种社会实践，因此，它的制度显然是社会学调查和说明的候选对象。因为科学家在团体中工作，并且强制形成了一种共同标准，社会学家可能很有兴趣和我们谈论这些。但是，多大程度上可以按照这种方式来解释呢？科学可能仅仅被看作是一种社会制度。彼得·温奇（Peter Winch）特地指出，与宗教相比，科学只是“社会生活的模式”，而宗教只是另外一种不同的模式，这种观点具有很重要的意义。他说道：“每一种都有自己特殊的可理解性标准。”[17]这显然是对维特根斯坦的附和，但引起了一个重要问题。这个观点导致的一个必然结论是，一个特殊的

实践规则决定了什么才能被看作是实在的。科学关心的可能是电子，而宗教处理的是上帝。就社会生活关注的模式而言，每一种模式的实在都是一种内部事物。这里既没有一种中性语言对各自声称的进行讨论，也不能去反驳。然而这就意味着，实在并不是信念体系的范畴，而与如何表述它们有关。这样的话，即使只在原则性上也不存在可以衡量所有一般性知识的实在：因为有多少种信念制度，就存在多少种实在。类似地，对于不同的范式，库恩承诺了不同的世界。因为我们很难在谈论存在不同实在时，不会受到“人们在某种意义上仍然谈论实在”的责难，这样就逐渐陷入了一种不连贯性。看起来，关于实在的任何陈述只能以一种特殊的社会实践作为出发点。从这个观点看，要超越所有实践并有意义地谈论实在的任何方法，都只是一种幻想。

这个结论可以轻易推出，只有在一个特定社会制度的规则下，“实 31
在”才被赋予意义。科学形成了一种制度，其关于实在的概念可以被研究，似乎从社会学的立场看，所有人类的实在概念都可以被研究。知识社会学告诉我们，知识是一种基于我们社会生活事实的人类建构。它拒绝了传统知识的定义，即坚持认为知识必须是包含*真*的信念并反应实在。对于知识社会学来说，实在是社会信念的一种反应。有一些人认为知识社会学这个名字用词不当，因为事实上它关涉了说明*信念*的社会语境。这一点充分利用了知识和信念的区别，认为信念依赖于实在，是独立于人类概念的假设。知识社会学看上去经常对这种观点进行正面攻击。其中的典型之一是，大卫·布鲁尔（David Bloor）说：

> 对于社会学家来说，无论什么人能获得的都可以称为知识。它包含了人们充满信心坚持和生活所需要的信念。特别是，社会学家将会非常关心那些理所当然的，或者是制度化的，再或者是

> 人类群体中权威提供的信念。[18]

知识社会学家不仅不会去关心知识的内容，也不会试图通过理性去评估它的价值，它拒绝从其社会环境中提取那些已知的东西。在知识和信念之间所剩的任何差别也会成为社会接受和各自坚持之间的差别。社会学家将非常乐意去研究维特根斯坦所坚持的构成一个社会实践的“判断一致性”。在这方面，个体的偏差不会影响一般性的社会环境。社会权威的来源和制度基础，哪些可以算作知识才是社会学所关注的焦点。当然，这里所暗含的假设是，社会规则和公共实践不仅仅是个体决策的产物。知识社会学家需要以社会的优先地位作为出发点。个体的判断可以从一个公共框架中获得他们的感受。实在是社会一致性的产物。

知识社会学家可以在一种制度化的公共实践中确定客观性。偏离这个标准的个体提供了一种可能的错误。然而，它是一种古怪的错误
32 类型，因为这是在一种语境下的错误。根据教会制度，任何一个基督徒如果拒绝基督的神圣性将是一个错误。在这种情况下，他犯的是一种客观性错误，然而这会引起更进一步的问题，那就是，教会是否是正确的。基督真的是上帝之子吗？在知识社会学家看来，提出这种类型的问题是被禁止的。既然已经提出，让我们单独来回答。我们已经处在了所有制度框架和社会实践之外，并试图在没有它们的帮助下去发现真理。

但是，实际上这个例子表明，任何社会学中严格的实践观念都会引起误导，因为很多神学家就是希望去争论基督的神圣性和“道成肉身”的意义。那些声称是基督徒并且在教会内有一定影响的人似乎在暗示，就像是传统悖论所坚持的那样，基督并不是唯一的神圣者。当挑战“客观性”或者至少是他们制度的公共标准时，他们如何做到这一点？他们似乎只能承认这些标准，或者离开这种制度。毫无疑问，

在基督教会中，有很多能够精确说出这些的正统信徒。但是，如果在非语境感受中主张这些是客观真理，那么，信念必然可以被辩护和批判。当然，如果在事实是所坚持的信念被认为是充分的情况下，在社会学层面上辩护的可能性就会被忽略。

如果没有这种可能性，那么，就会出现为什么任何制度标准总是要受到来自内部挑战的问题。当然，制度会随着时间的变化而变化，但是社会学解释应该排除任何妄图改变或质疑已存在标准的辩护。在大多数情况下，它可以描绘出制度变化的原因。然而，如果所有的实践只能通过它们自身已然存在的标准进行评判的话，那么，知识社会学家就给保守主义的指责敞开了大门：每一个实践必须接受它，同时又无法给出它发生变化的任何原因。

布鲁尔对启蒙运动代言人提到的巨大进步的信念和保守主义对历史的诉求进行了对照："在个人理性的诉求上完全相反，保守主义倡导传统的智慧，反对个人的权利，保守主义者强调我们对文化、国家和制度的依赖。"[19]按照维特根斯坦对"生活形式"重要性的强调，布鲁尔将其归类为一个"保守主义的思想家"并不奇怪。这里可能有一种矛盾，因为马克思主义者也倾向于认为和他有种亲和性，特别是他对社会要超越个体的优先性方面的强调。但是，无论怎样，保守主义者将把习惯和传统视作一种权威，而马克思主义者则渴望更加激烈的社会变化。维特根斯坦当然会接受社会实践会随时间的变化而变化。语 33
言游戏可以变化或者丧失它们的基点。如果对于这种变化的理性辩护都被排除，那么，社会学家只能指望其他的影响。事实上，对于任意一个特殊社群而言，理性辩护都不是难事，但社会学家可能会争论说，它们只是独自站在各自的立场上去描绘社会变化的潮流。关于基督神圣性的问题，不再是一个关于是否是传说的问题，或者仅仅是一个制度中已经存在的规则问题。类似信念那样，知识社会学家把它们转换成了有关制度特征的问题。理性变成了仅仅是社会安排的一种产物，并且在它们所处环境变化的压力之下，理性自身的标准也发生了变化。

在上面给出的关于基督神圣性论证的例子中，一名知识社会学家会非常容易地指出其他宗教对基督徒的影响。比如，穆斯林和其他宗教主义者移民到英格兰，意味着和其他宗教信徒肩并肩生活已经确实成了英国神学家需要面对的问题。随着社会压力的上升，对于教会声称绝对真理的制度压力也在上升。社会学家可能会主张，一种显著神学论证的根源并不是基于永恒的真理，而是一个特定时空下变化的社会模式。因此，理性是社会安排的一种产物。

第四节　客观性和自返性

知识社会学所蕴含的诸多观点正在社会科学领域获得飞速发展，并且正在超越社会科学。这些观点影响了包括从神学到物理学，甚至数学等所有领域的知识学科。像维特根斯坦和库恩这样多元化思想家的观点正在以某种方式被用来破坏传统的知识概念。布鲁尔的著作为这种方法提供了一种说明。举一个例子来说，他认为，客观性是社会的。他认为，我们信念当中的一些非个人的、稳定的特征有其社会制
34 度存在下的根源。我们的重点必须从我们坚信实在，向让我们倾向于接受实在（无论到底可能是什么）的社会原因进行转变。为了呼应维特根斯坦，他坚持“服从规则就是一个约定事件”。不同的社会就会有不同的“客观性”信念：

> 假设在河的一边，有一个部落崇拜一个上帝，在河的另一边也有一个部落，崇拜另一个上帝。如果崇拜上帝是一个部落实践稳定的特征，如果他们经常说话，如果他们的行动轨迹参照他们

> 自身是合理的，我将会说，他们的信念都是客观的。[20]

对于与真理相关的客观性概念来说，这简直太离谱了。如果从一个关于真理的“客观主义”观点看，至少有一个部落的信念肯定是错的。但这点被布鲁尔排除了。“实在”不再是他关注的焦点，但是他坚持认为，“客观性的变化应定位为体现知识的制度变化”。他告诉我们“我们知道的实在必定*伴随着*我们的习俗，不能无视它们”。这个建议表明，他自己仍然希望保留一些独立于我们已经概念化的实在思想，但是他的这种知识社会学，让这样的任何实在永远超出了我们所能达到的范畴。我们所“知道的”一切都受到了社会性条件的影响，并且看起来用我们自己发现的社会制度是完全可以解释的。剩下唯一有趣的问题是，我们为什么如此相信某些事物是实在的。它是否是实在的这个问题其实一直没有答案，因为任何答案自身都是社会习俗的一种产物。主张知识是群体兴趣输出的结果，要好于世界就是如此的解释。

布鲁尔方法的一个例子就是对英国近年来快速增长的科学专业化的理解。他争论道，为了独立于教会权威而主张一种特殊的专业知识，即科学家拥护通过实验获得的知识构成了知识的全部这样一种观念：“确保方式之一就是拒绝一切超越和凌驾于‘经验’揭示之外的实在——这里的经验被限定为科学专家宣称的那些东西。”[21]因此，他说：“功能化的经验主义可以作为科学专业主义的意识形态。”

布鲁尔已经向前推进了被他称为知识社会学“强纲领”。[22]通过说它是因果的，他勾画出了这个计划的主要特征，并且关注获取知识的条件。就说明类型而言，它也是中立和对称的。换句话说，它用同样 35
的样式对待真假信念，并且这样做会最终消除真理和错误之间的所有区别。布鲁尔希望它是反身性的，也就是说，“在原则上，它的说明模式可以应用于社会学自身”。

然而，这个设想的计划到底有多重要还需要靠事实来判断。布鲁尔认为，对于社会学说明来说，即使是逻辑和数学的“真”也是可以被怀疑的。因为他对信念的社会起源非常感兴趣，因此，他立刻对诉诸自明性或任何类型的权威的做法产生了怀疑，是什么让我们把某些陈述看作自明的？甚至说，知识权威的社会基础是什么？在写到巴里·巴恩斯（Barry Barnes）时，他说：

> 作为一个约定和隐秘条件的主体，逻辑令人信服的特征其实来源于相当狭窄的、有确定目的以及习惯和制度化的使用。它的权威是道德的和社会的，而且可以作为社会研究和说明的极好材料。特别是，逻辑约定的可靠性，就像每天从它们获得的实践一样，完全成为一种地方特性。[23]

逻辑（logic）已经不是所有思想一个必不可少的预设，它已经沦为一种习惯或者约定。结果就是，矛盾的事实要少于某人感觉其自身矛盾是错误的情况。然而，虽然社会执行这种规范类型，但我们仍然好奇的是，为什么要按照这种方式运用其权威性。要回答这点可能要从社会学领域出发，但在这一点上知识社会学已经超越了其自身（知识社会学谈论的不再仅仅是社会学知识，而是所有知识）。对于同一个事物既认同又否定并不受人欢迎，它不应该是一种纯粹的约定事物，因为说话者等于什么都没说。它已经从它前进的方向开始撤退。社会对矛盾的反对并不是一个意外。非矛盾性的定律是逻辑定律的一个例子，它为理性思考和语言提供了一个不可缺少的框架。其他选项并不是一个社会的不同类型，它只是一种无声的状态。

“除了社会合作之外，其他类型的因果也会带来信念”，布鲁尔接受了这点。[24]这是一个非常有趣的坦白（admission），它引起了一个关于知识社会学作用域的问题。知识社会学成为了一个帝国主义色彩十

分浓厚的学科。它不仅想在认识论的处理上获得满意效果，而且也渴 36
望说明整个科学。它大概想用社会学的术语来说明心理学或者神经物理学的实践。但是，这些学科本身就有说明人类信念起源的野心。心理原因在说明偏重于个人的信念集合时可能比其他更有效。对大脑运行的研究只是刚刚开始。知识社会学不得不决定这样的因果到底是不是真实的。布鲁尔的承诺似乎接受了这点。另外，我们为什么不能说，社会影响让心理学家倾向于接受心理原因作为一种真正的因果关系？如果是这样的话，知识社会学显然变成了一门决定性的学科，可以对其他所有知识学科的功能进行诠释。如果不是这样的话，那么知识社会学的重要性依赖于我们所归咎于的社会及其影响到底发挥了多么重要的作用。维特根斯坦和库恩的观点，已经让很多人开始考虑社会作用的优势地位，并且可能是遍及所有领域的优势。

显然，知识社会学已经陷入一场与其他知识学科争夺至尊地位的斗争当中。从社会学的观点看，这种斗争本身就为研究提供了很多素材。然而事实是，这样也引起了一个无法解决的问题。布鲁尔提到了自返性的要求。知识社会学自身就是一种有自身规则的社会实践。社会学家自身主观性会受到其所在社会的影响。因此，这种知识社会学的一种社会学并不是天方夜谭，相反，它是必不可少的。也就是说，在这点上一种无穷倒退在召唤。社会学说明可能是知识社会学提供的，可能是我们社会的一些条件产生了这样的学科。先前对物理科学神圣大门的攻击刚刚缓和，现在又引来了社会说明。科学不是对真理的发现，而仅仅是一些人在一种规则支配下的社会活动，为什么社会学家会发现这种看似合理的说明？毫无疑问可以给出这些问题合理的答案，但是如果这样的话，我们将面临下面的问题。对知识分子来说，在 50 年前它们并不具有合理性，为什么现在对于我们来说它们就是合理的？因此，我们陷入了一个知识社会学的社会学的社会学。

这个过程并不像包含了一个描绘自身村庄模型的科茨沃尔德村庄那样有趣、古怪。在这个模型中，在一个适当的地方，有一个模型的
37 模型，并且在那里还有一个模型的模型的模型。社会学中的这种回归带有一种恶意，因为知识社会学就是要主张可以对为什么坚持信念提供一种*说明*。然而，每一种说明并不总是有效的，但是，一个特殊的群体坚持它是有效的。他们这样做的原因自身就可以成为“说明”，结果就是自身只有一种说明被一个特殊群体所坚持。不论哪种情况，由于社会条件和群体兴趣与说明无关，说明都有可能被接受。这样的社会学会被其他有着自己兴趣的群组所接受，这是没有什么道理的。如果可以选择的话，心理学家甚至包括哲学就都会拒绝这种知识社会学过于浮夸的主张，如果真的可以选择的话，他们肯定会这么做。每一个群体只能按照自己的规则行事。

除非社会学家会主张一些确定的事情是*真*的，并且坚持社会条件的确定类型*是*原因，否则没有非社会学家会接受他们所说的。麻烦在于，如果知识社会学这样做的话，就会破坏他们自己论题的根基。如果知识社会学的强纲领是真的，那么，它就变成了一种错误。它的总体目的是将注意力从情况是什么转移到人们所坚持的情况是什么。因为这显然涉及对客观真理的拒绝，是什么和不是什么之间的基本区别被排除了。没有这点的话，断言和否定的语言行为似乎就没什么意义了。很难避免的结论是，任何对超越知识社会学学科进行争论的人，都无法一致性地相信他正在说的。

每个人都相信信念的社会影响力是非常大的，但问题在于，他们是否说出了全部故事。如果他们坚持这样做，自返性就变成了一个逻辑问题。否则，显然我们还有权力去探讨诸如信念到底是什么的问题。当否定任何实在之后，我们处在了一种难以言表的困惑边缘。看起来，我们拥有由我们社会所产生的信念，但它们实际上又不真正地

关涉什么。那么，语言在自由漂浮，科学变得没有意义。的确，甚至关于我们拥有信念的断言，也只是关于被规定的部分实在的一种主张。

巴恩斯和布鲁尔认识到了所有这一切中存在的不协调。显然，他们并不希望拒绝客观实在的存在，甚至包括与其相关联的问题："在人们产生的所有大量不同的认知回应中，实在是一个普遍性的因素。对 38
于说明那种变化的领域，普遍性的因素并不是一个有前途的候选者。"[25]他们认为，这样可以全权委托他们去研究那些使得很多不同信念看起来都比较可信的局部作用的社会原因。这里有一个确定无疑的问题，在面对同样的客观实在时，人类为什么会产生如此多且不同的信念系统。这里不可避免地存在很多错误。甚至在我们所坚持的最确定无疑的信念当中，也许有很多是错误的。虽然说，没有错误这回事，或者甚至真理和谬误的问题是不相关的，也不能移除任何我们更加理智、努力的动机。更为重要的是，它从根本上曲解了很多社会学家可能希望研究的活动。

第五节　真理和虚假意识

把信念本身作为一种社会实践来观察可能是具有启发性的，因为这使得我们能够看见一些先前被忽略的社会影响，尽管这让人想起，我们对信念的充分解释歪曲了信念本身。当注意到社会学家是如何关注信念而不是内容时，我感受颇深。科学社会学可能对发现科学的行为方式（conduct of science）有兴趣，但是那并不全是科学。科学家自己大概经常认识不到他们的工作对社会的影响。然而，对板球规则没有概念的人是无法打板球的，类似地，科学的规则对于参与者来说无法完全隐藏。这只是关于社会说明和我稍后会提到的关于参与者理解之间关系主要问题的一个开始。此时我们完全可以说，科学家显然认为他们在获取关于世界的知识。即使经验主义者强调，进行的观察必须假设世界是可以被观察的。他们所真正做的并不是他们认为他们所做的，社会学家的这种说法会让人变得不安。科学家被告知，他们不是在发现真理，而是仅仅参加一项复杂的社会活动。如果社会学家否认物理科学各分支学科的理论只是在主张某种真理，而社会学家只是需要被倾听，这是无关紧要的，但实际上如果任何人类群体被告知，
39 他们所做的并不是他们设想的那样，这本身就会影响他们的行为。他们甚至会停下他们正在做的工作。如果我们检验宗教社会学，那么这点就会更加清晰地呈现出来。宗教制度，像基督教会的教派就是社会研究的主要对象。且不提西方社会对他们世俗化的影响，他们的组织和对社会的影响都是令人非常感兴趣的研究方向。甚至关于社会不同信念的影响也可以被研究。比如，考察基督教新教和旧教对不同国家的各自影响。因为新教真的更加有勇气自力更生和富有进取精神，所以“新教工作伦理”对国家的繁荣做出了很大贡献？那么是不是意味着，旧教对大规模家庭来说，反对避孕和对传统的强调导致了国家的贫困？这些都是正统社会学热烈争论的问题。

关于信念的社会影响也可以被研究。对于一些神学家而言，曾经有一种要修正基督信念的趋势，以便让围绕在它周围的人们更好接受。他们自身可能受到社会学家所描述的社会复杂趋势的影响。但这并没有解决根本的问题：基督教是真理吗？社会学家会立即说，对于他们而言，回答该问题是不合法的。他们中的一些人会用他们已经描绘的结果来拒绝客观真理的思想。另外一些则会说，他们希望暂时搁置真理的问题，仅仅去看信念的事实，以及它的原因和影响。这个立场可能更容易被接受，但是也有它自己的危险。试图通过忽略信念的内容问题，对于一个坚持信念的人来说，严肃的事实使他无法获得*它*

*是真的*这一最重要的内容。宗教信徒，无论对与错，都认为他拥有知识。对此的任何社会学解释的切入都会歪曲其解释内容本身。“搁置”真理的问题可能是社会学家的必然功能，但并不意味着在这种观点下真理问题不再重要。

就像科学中的理论一样，宗教信念的核心特点主要依赖于其所主张的一种客观实在。即便是错的，它也有这种特征。它不仅仅是实践或者仪式本身，因为它们自身是基于面对人类的实在类型的假设之上的。结果，当社会学试图去“说明”他们的宗教时，宗教信徒可能自然感觉到了威胁。接受社会学意味着他们不再保持自己的信念，这是 40
一种严重事态，因为社会学不应该破坏这样的信念，除非他愿意表明宗教的错误。如果忽略宗教信念的基本属性会发生什么，在避开真理和错误的难题时，社会学常常忽略主张真理的重要性。忽略那些，显然等同于假设他们是错误的。

因为像这样对客观实在的任何拒绝都必将会导致自我失败的结果，对于知识社会学家而言，谨慎对待他们正在研究的实在主张是非常明智的。因此，他们自己的学科变得不再重要，因为他们不能在不同的实在主张之间进行裁定，那是不相关的。事实恰好是，他们非常愿意以一种理性的态度参与到一种知识学科中，这说明他们承认真理的理性追求。不论是什么社会影响在发挥作用，我们都必须去接近真实的世界，找出真正起作用的社会影响。社会学家自身在研究实在的同时，也必须接受其他人在做同样的事情。社会学必须严肃对待其宣称的客观性，也必须注意到其他学科类似的主张。

两个社会学家在写到萦绕在社会学家心中的自返性问题时，说道：

> 需要重申的是，社会学家并不解释“实在”，但是解释“实在”（或者“实在定义”）的各种解释，这是非常重要的。作为一

个概念，“虚假意识”包含了“正确意识”，这反过来意味着社会学家无法提供一种逼近实在的直接通道。[26]

实际上，在社会学领域，人们经常使用“虚假意识”这个词。面对不同世界观时，社会学必须是中立的，这是不是意味着这个词是不合法的？我已经警告过，社会学怀疑论把客观的可能性理解为对客观实在的把握是很危险的。这种观点产生的结果是，没有信念是真的，因为真理是无法企及的。然而，另外一种方法，可以从假设已经拥有知识开始，同时攻击被认为是错误的信念。如果它不仅主张客观真理的可能性，而且还说拥有它，这是一种连贯的立场吗？因为我已经暗示过，对真理的追求是科学学科的一个重要特征，从原则上看并没有什么错误。虽然对这种给予人类可错性方面，我们可能对这种自大有所怀疑。强调真理客观性和拒绝它是语境依赖就是对我们自身可能总是错误的一种领悟。

41

彼得·伯杰（Peter Berger）和凯尔纳（H. Kellner）认为，社会学家无权进入实在。如果这意味着社会学家没有特权地位来判断关于实在的对立解释中哪一种是正确的话，确实如此。他们不能用社会学的威望来告诉我们基督教到底是对是错。如果这样做的话，他们会由于超越自己的能力而变得迷失。然而，如果一个社会学家不去评估信念的价值，但关涉“社会实在”的功能，这也是一种立场。如果社会学不能告诉我们关于社会实在的任何东西，同时也无法直接接触它，那么我们可能会很好奇，学科的科学价值又会是什么呢。就像物理学研究的是实在的一个层面，社会学和其他科学可以发现关于不同层次功能的定律，这至少听起来似乎可信。

如果真的有社会实在这回事，并且在社会中参与的个体知觉到的实在之上，那么，参与者可能并不理解它。社会学可以解释一些关于社会的事实，而这些事实完全没有被社会成员所意识到。它甚至可以揭示，为什么参与者会一直对某个社会层次上所发生的事情产生误会。比如说，的确可以表明，一个社会的等级结构如何在其成员看待自身和其社会角色上有一种普遍和误导的影响。另外，它可能断言一些群体可能从自身喜欢的立场上去看待社会。乔治·卢卡斯（Georg Lukács）认为，一个无产阶级能够这样做："对于无产阶级来说，天生就得充分意识到社会实在是必需的。"[27]我们可能奇怪，卢卡斯在这个位置上是如何做出这个断言的。他如何获得这种使其认同无产阶级信念的社会实在的知识？他似乎在说，所有的信念都是受社会背景制约的，那意味着他自己的观点注定只能是*他*背景的产物。除非能够表明这些知识的一些基础，否则，社会学家主张知识时必须很谨慎。如果没有一种建立信念真理的独立方式，那么，事实只能是他们自身的支持是无关紧要的。然而我们必须小心谨慎，这并不会立即促使我们得出社会学不再关心实在而只是解释它的结论。 42

彼得·伯杰和凯尔纳清楚地知道，他们所坚持的是关于社会科学功能的一种矛盾立场。他们相信，社会学并不是发现关于社会实在的定律，而是研究人类给予这个世界意义的不同方式。在他们的观点中，社会学家"给出了意义和价值的谱系"，但"不能告诉人们是否应该采纳这些作为他们自己的意义或者价值"。[28]换句话说，社会学的主要目标是对意义的理解，或者人们建构社会实在的不同方式。关注的焦点应该是社会实在的形成，而不是社会实在的本质。意识的不同形式不得不接受表面价值，因为不存在评估它们的社会学标准。实在中的任何信念都是意识的产物，并且像卢卡斯那样的社会学家必须意识到，他们试图建立一个真理标准，但对于他人来说，他们仅仅是在建立它们自身意识的构想。

这种观点还存在一些力量，但这是一种降低自身力量的立场。任何要求知识的人不得不给出修正这个要求的理由。像"那只是你的观念”，这种反驳会让所有真理无法获得，并且会引发知识社会学强纲领带来的软弱无力。我们不能总是将一个理性的概念还原为“某人的思考就是一种理性”。社会学和其他社会科学可能会主张社会实在是不一样的，完全浸入它的个体并不能充分理解它。这样的一个信念不仅仅是社会学家意识的产物。它的真理性依赖于是否有社会实在这回事。

注　释

1 P. Feyerabend, *Science in a Free Society*, 1978, p. 70.

2 M. Grene, “Dogmas of Empiricism”, in R. S. Cohen and M. W. Wartofsky (eds.), *Epistemology, Methodology and the Social Sciences*, 1983, p. 104.

3 参见 L. Wittgenstein, *Philosophical Investigations*, 1958 I, § 243ff.

4 Ibid., § 258.

5 Ibid., § 259.

6 Ibid., § 199.

7 Ibid., § 199.

8 Ibid., § 202.

43 9 Ibid., § 219.

10 Ibid., § 217.

11 见我的著作 *Reason and Commitment*, 1973, p. 94ff.

12 L. Wittgenstein, *On Certainty*, 1969, § 609ff.

13 Wittgenstein, *Philosophical Investigations*, I, § 206.

14 Ibid., II, xii, p. 230.

15 Ibid., II, xi, p. 226.

16 Ibid., I, § 415.

17 Peter Winch, *The Idea of a Social Science*, 1958, p. 100.

18 David Bloor, *Knowledge and Social Imagery*, 1976, II, p. 2.

19 Bloor, *Wittgenstein: a Social Theory of Knowledge*, 1983, p. 160.

20 Bloor, “A Sociological Theory of Objectivity”, in S. C. Brown (ed.), *Objectivity and Cultural Divergence*, 1984, p. 236.

21　Ibid., p. 243.

22　Bloor, *Knowledge and Social Imagery*, pp. 4-5.

23　D. Bloor and B. Barnes, "Relativism, Rationalism and the Sociology of Knowledge", in M. Hollis and S. Lukes (eds.), *Rationality and Relativism*, 1982, p. 45.

24　Bloor, *Knowledge and Social Imagery*, p. 5.

25　Bloor and Bames, "Relativism, Rationalism and the Sociology of Knowledge", p. 34.

26　P. Berger and H. Kellner, *Sociology Reinterpreted*, 1982, p. 74.

27　G. Lukacs, *History and Class Consciousness*, 1971, p. 19.

28　Berger and Kellner, *Sociology Reinterpreted*, p. 74.

44

第三章
个体与社会

第一节　意识和行为

那种认为所有标准都被嵌入到了特殊的社会实践中，以及只有“客观性”主张才有合法性（validity）而反对一种特殊社会背景的思想，正在自食其果。它之所以摧毁了自己，是因为它宣称不再需要关注其他类型的真理了。它似乎也破坏了比较不同社会的可能性。如果每个人都只能用自己的词项来理解，那就不会再有容易比较的共同基础。社会科学家深陷他们自身所在的社会，这样就会不可避免地用他们自身的语言去评价其他社会。他们的观点带有种族优越感和狭隘性，仅仅假设了基于他们自身背景的概念，但我们还是很好奇他们还能做点别的什么。

社会科学区别于物理科学的地方在于，它研究的是人类社会，而不是无生命的物体。实证主义可能会倾向于，一些社会科学家把社会交往看作是物理实体间的冲突。需要强调的是，如果将可获得的中性观察和测量作为理论的基础，将会导致任何不能方便观察或测量的都被排除掉。以心理学中的行为主义为例，任何无法在实验室中被科学检验的，都会被系统性排除。关注的焦点不是疼痛感觉而是疼痛行为。这样的方法也导致了对与人类意识相关的所有问题的排除。重要的问题将是实际发生了什么，而不是参与者如何来看待的问题。后者从科学的观点上看是无法被验证的。

因为假定我们能够区分发生了什么和参与者在想什么，所以这一 45
切依赖于一个基本问题，即人类的意识到底有多重要。人类意识蕴含的意义能构成人类的社会活动吗？抑或二者是不相关的，不考虑意识及其产物，而将其作为依附于人类行动的一种有趣的却不相关的东西，问题是这种论证也源于人类意识。那些认为思想并不重要的极端物质主义者，事实上会受到这种思想的控制。那些认为社会功能处于人类理解无法触及的层次的人，不得不接受他们自身对该事实的理解是无关紧要的。然而，认为社会是由人类意识组成的也有自己的问题。因为拒绝经验主义已经彻底让“原始材料”（raw data）变得不可能，对不同社会的理解问题变得非常棘手，因为在这些社会中只剩下感知世界的不同方法。解释成了社会科学唯一的目标，尽管有时候并不清楚能在什么样的基础上完成。

甚至在实证主义衰落之前，在社会科学领域就有很多声音强烈要求应该把关注点放在人类意识上，而不是人类行为上。实证主义方法的壮大反而产生了一种反作用。人们不再将自然科学作为社会科学方法论的模型，许多人认为社会科学应该有所不同。导致这种情况的原因并不难发现。任何想要成为由实证主义的自然科学概念模型化的人类行为科学，不仅仅要求通过中性观察提供可以作为理论基础的原始数据，它还限制了我们的关注点应该放在什么是可以被观察的，甚至还包括什么是可以被测量的。对什么是公共的和可证实的偏见，意味着任何显著的主观性都应该被忽略。主观的事物已经被狠狠地贬低了，因为它超出了科学观察所能控制的范围。个体的观点已经从解释中被剔除，因为按照实证主义的观点，科学只能适用于被看作主体间性的那些东西。科学的客观性看起来由所有立场观点的抽象概念组成。科学家相信一个实验能够被他人重复且会得到相同的结果，这个事实与一个正在操作实验的特殊人并无关联。然而这就意味着，科学家需要从研究其他人立场观点的所有轨迹对象和情景下的概念来抽
46 象。当他们对物理对象进行实验时，这是非常合适的。可测量的与个人测量是有区别的，可观察的与观察者也是有区别的。在量子力学中存在很多困难，但是基本观点是，实在在逻辑上是独立的，这点对于任何研究来说都是至关重要的。

当实在研究包含人类时，问题就会出现。如果人类仅仅是物理对象的话，那么，他们可以被研究，他们的移动可以被描绘，他们的行为可以被记录。研究动物行为时并不考虑动物是否能够理解它们正在做什么。那是更进一步的问题。它们可能是意向性的行为，但仍然可以去问，它们对其所做的到底能意识到多少，为什么这样做，或者它们多大程度上按计划设计好的来行动，就*好像*它们知道它们所要做的一样。动物可以通过模仿来学习，因此行为模式可以代代相传。最著名的例子之一就是一个日本的猕猴群体。[1]在海边饲养的一只雌性猕猴开始清洗土豆上的沙子，其他的也会跟着它做，而大多数猴子现在也在海里清洗。这个传统传给了模仿母亲的幼崽。除了清洗土豆，海水可能还留下了咸的感觉。在不用考虑猴子是如何知觉情境的前提下，所有这些都可以被观察。它们的行为被记录，甚至都不用考虑主观方面的问题。按照实证主义标准，我提到的盐味自身可能是一种不必要的推测。甚至谈论“传统”也可能是不必要的。小猴子模仿它的长辈，我们只涉及了个体显然在模仿其他人表现的方式。不需要提教育，因为这就暗示了存在意识知识的有意传导。理查德·帕辛海姆（Richard Passingham）说：“我们几乎没有证据表明动物有教育行为。在绝大多数例子中，更多的是对动物所做的吝啬描述。”[2]他指出，幼

狮通过和母亲一起冒险来学会捕猎。他认为，这非常像母亲碰巧允许幼崽进行捕猎，而不是准备故意训练它们。比如说，它们不会证明自己在相关技巧上进行的任何努力。

无论教育其他动物的动物意向性能否被证实，动物行为可以在没有动物文化、传统或者意识的条件下进行充分研究。即便如此也有风 47
险，因为科学家无法读取动物的心智状态，就轻易得出了它们没有心智的结论。经验主义的偏见使我们低估了动物的感觉甚至思考的能力，这一点并不奇怪。不管怎么说，它们的精神生活只可能是初级的，不能认为一个动物对它所做事情的理解实际上改变了它的行为特征。无论猴子关于物质有任何看法，它们都会这样洗土豆。这并没有引起关于解释行动的问题。有人可能会认为“洗土豆”本身就是人类行动的一种类型，但是这点仅仅说明动物行为被理解时涉及人类范畴而非动物的。

低估人类主体所掌握的概念并不容易。人类生物不仅仅有*行为*。他们*行动*，并且他们的行动会在一个更为广阔的社会语境下，随着对其重要性的理解而出现。人类行动被赋予了意义，并且除非人们能够获得这种意义，否则人们可能无法恰当地理解它。人类行为仅被看作一种连续的身体运动，一定动机和意向性下的人类行动可能有相同的表现。比如，签支票所涉及的身体运动，不可能由运动自身来解释发生了什么。我们需要额外的东西来理解主体的原因，比如希望支付金钱来买房子、送礼物、贿赂或者做无数其他的事情。所有这些行为都预设了一个更加广阔的社会背景，甚至用支票支付的整个概念自身就预设了一个很精心的银行系统背景。

一旦我们的说明冒险涉及人类行动，就不能把人类看作一个物理对象。从所有观点中抽象出所发生的事情，包括这些行动者和观察者，就不会允许考虑任何个人或者他人对其所做的理解。所有行为的心灵和社会方面都被排除了。在实证主义基础上建立的社会科学必定会招致那些认为人类行动具有意义的人的批评，无论是个体、整个社会甚至观察者都试图搞明白什么是可观察的含义所在。

48

第二节　社会科学的目标

对许多人而言，试图从社会研究中排除任何实证主义者可能认为是不科学的主观因素的任何企图，会抽空人类社会一切至关重要的东西。对于实证主义者和其反对者而言，“主观”这个词项是有些不同的。实证主义者可能用它来指涉那些应该被排除的东西，因为它是私人的和无法证实的。其反对者则不会在一个贬义的意义上使用它。阿尔弗莱德·舒茨（Alfred Schutz）关于社会科学的工作受胡塞尔（Husserl）现象学的影响，用这种方法来处理这个问题：

> 对理解的批判称为主观性，因为他们坚持理解他人行动的动机依赖于观察者私人的、不受控制和不可证实的知觉或者他的私有价值体系。然而，社会科学家，像马克斯·韦伯，称*理解*为主观的，因为他的目标是与行动中行动者的同伴或者中性观察者和这个行动意义相对照，要找出在其行动中行动者的“意义”[3]。

我们正在接近社会科学理解方面的一个重要分水岭。对于争论还存在很多困境。根本的问题是，如果方法论来源于实证主义的话，自然科学和社会科学用的是否是相同的方法论。对于这个问题所持的立场也会影响其他一些论证。比如，如果社会科学的目标是发现“意义”，那么，直接的结论必定是它不会关心因果说明而是有一个不同的目标。那么，社会实在将明显不同于物理实在，它与个体关系的问题也会随之出现。关于是否存在社会实在这回事的争论再次出现了。人类行为的实证主义观念拒绝承认社会实在。

舒茨提到，韦伯的*理解*概念给实证主义理想的因果说明提供了一种选择。而*理解*就类似于解释理解一样。韦伯坚持认为，我们必须理解由他的个体行为所附加的主观意义。那么，强加给任何个体不会接受的说明框架就没有什么问题。那我们必须进入他的意识并通过他的 49
眼睛来观察他的行为。韦伯把社会学定义为“试图解释社会行为理解的科学”[4]。行为是一种行动，就是“行动个体附加上一种意义”，并且社会的就是“个体考虑到其他人的行为”。

韦伯和舒茨非常担心，对他们在社会科学中所追求的那类说明，和他们所相信的自然科学中具有说明特征的“外部观察”进行区分。接受这类主观理解的解释，导致的结果就是拥有了一种“仅仅是假说的和碎片化的特征”，韦伯强调“主观理解是社会知识特殊独有的特征”。舒茨也认为这里有很大的影响，也就是：

> 我们无法按照处理属于自然界的方式来处理社会世界的现象……我们想理解社会现象，而且我们无法脱离他们的配置来理解他们，包括人类动机、人类手段和结果，人类计划的体系——简而言之——人类行动的范畴。因此，社会科学家必须进行拷问……当个体行动导致我们所谈论的现象时，个体行动者产生了哪些意识。[5]

动物行为学家不需要问洗土豆的猴子的意识是如何进行的；猴子的行为并没有要求做进一步的解释。然而，人类的行动只能被理解，并且只能按照人类的概念来理解。这就不可避免地引起了解释的问题，因为一个行动的本质是由一个主体的意识所决定的，这里有一个很难的问题，那就是观察者到底在多大程度上能够理解那种意识。当我们想知道另一个人私人精神生活的任何方面时也会出现类似的问题。实证主义总是自然而然地伴随着行为主义的观点。比如，只有在被理解为以特定方式行事的倾向时，才有动机。强调个体意识内容重要性的社会理论也经常被联系到哲学关于意识状态的预设，如二元立场，即区分身体运动和心理活动。心灵和身体被认为是有区别的，心灵给予身体行为以意义。按照那样的方式，反射性行为，如人们膝盖
50 的无意识跳动，可以和有意义的行动进行区分。一个声名狼藉的问题就会出现，那就是如何进入并获取别人的意识。由类比得出的论证自然会说：我知道你所感受到的疼痛，因为我知道在相似的环境中感觉到了什么。尽管如此，哲学家对怀疑论的危险仍非常警觉。我们很容易想象动物没有意识，并且这个推断很容易。为什么我们不假设，因为其他意识是难以获得的，所以“它们”就不存在？实际上，这是一种可验证主义或者“反实在论”的立场。因为我们无法验证其他意识的存在，我们不得不处理公共的行为方式。然而，为感觉材料的学说进行辩护的一些经验主义版本中有一个奇怪的特点，就是他们强调了通过公共主体间性经验进入公共领域的重要性。然而，感觉材料自身作为形成经验知识的基础，是私人和主观的原型实例（archetype instances）。维特根斯坦对公共和社会的强调使他完全拒绝知识的这种基础。

意识的二元概念使其在感觉上是私有的和主观的，只有通过经验和思想的主观性才有可能理解它。从另一种意义上说，它又完全不是主观的，如果二元论者是对的话，那么意识的内容就是实实在在的了。某人疼或不疼，这的确是一个客观的真。问题有时会从什么是只有特定主体可理解的，不幸地转向对这个人而言什么是主观有效的或真的。实证主义者对经验主观性的抨击，使得那些私人的、科学研究无法容许的问题，在任何意义上都不再是一个客观的问题。客观性的真与科学上的可理解性变成了同义词。

在这方面，社会行动的现象学观点明确挑战了实证主义。他们并

不认为受物理科学标准的约束就是好的，那样就会无视所有的独具人类特色的社会。在以个体心灵产物为基础的社会，他们不仅仅站在了精神私有的立场上，也强调了个体作为社会源泉的首要地位。因此，社会由个体们的个体思想所创造。社会并不是支配个体的一个“事物”，同时社会说明也不是在不同层次上对个体理解的说明。韦伯认为，*理解*并不是从制度系统观点出发对一个社会概念的摸索，它只是一个个体试图去理解另外一个个体而已。

对于社会科学而言，个体和社会之间关系的争论具有基本的重要性，社会科学作为一个整体的意义与这个问题相一致。比如说，如果社会学揭示了一种其他学科无法揭示的社会结构，那它就会变得更加有趣和具有关联性。然而，如果社会可以按照个体心灵的个体内容进行充分说明的话，心理学可能看起来对社会理解有着更为关键的重要性。那么，社会学就会变成只关注小范围内个体交互的社会心理学的一个分支。一个基本的问题是，通过关注个体，能否有可能获得政治学或者经济学那样的洞察力。个体行动能够通过整个社会照亮社会发展的趋势吗？社会学家大卫·鲁宾斯坦（David Rubinstein）认为： 51

> 社会科学专门关注的是具体个体意向性行动的信念，这样产生了一种严格限制的社会学类型，这种社会学是一种无法以编程方式处理包含整个社会的那些难题。[6]

这个问题已经被经济学所阐明。经济学是关注个体相互作用的累积效应，还是存在超出任何个体意识的经济定律？这里还有一个实例，一种社会科学可能希望对一个行动者没有意识到的或是行动者真的会激烈拒绝的行为给予解释。任何要在个人的意识中去寻找社会世界的根源，可能会被个体所接受的解释严格限制。否则社会世界就会看作其根源独立于个体意识。

所有这些复杂的状态其实是一种个体行动经常无意识形成的社会结果。甚至当个体行动者没有意识到它们的时候，这些组合效果自身可能也非常值得研究。甚至即使市场的运行依赖于许多人的决策，它本身也可能以一种似乎独立于它们的方式在运行。如果每个人同时决定去买同种类的商品，短缺现象就会不断加剧，即使没有人有意为之。这种情况一旦由个体创造出来，那么，社会实在就有了自己的生
52 命。强调个体意识作用的人并不这样说，但会坚持认为，任何社会科学的理解必须要与主体对他们社会常识性的理解相一致。那么，主体每天的世界和社会科学家所研究的世界就是不同的。对于他们来说，没有其他的实在需要研究。他们可能会将自己的分类施加其上，但是他们必须记住社会实在依赖于行动者们的心灵。

因此，这个理论违背了它的观念论起源。对于观念论者而言，实在依赖于心灵：实在之所以存在是因为心灵知觉到了它。应用到物理实在时，这样的理论就反对一般感觉。然而，我们可能会争论“外部”世界的实在，我们知道桌子和椅子在那里，不论它们是否被知觉到了。我们假设一个钟表一直滴答，即便当没有人在房间中听时也在滴答，这点可能引起更多轻微的怀疑。然而应用到社会实在时，这个理论看起来更加适宜。社会是一种不管其成员思想进程而不断运行的抽象力量吗？这可能是整体是否大于部分之和的另外一种问法。当这些放在一起，一个拼图难题可能瞬间形成，但它仍然仅仅是不同片段的一个集合。把它想象为一辆车会更加合理，因为集合起来之后似乎形成了一个能够具有一部复杂机器功能的新实体。问题是，社会是否是个体的集合，或者是否是一种依赖于其存在的部分但又不能还原成它们的新的实体类型。

第三节　社会实在和个体

社会或者一个特殊社会模式是一个独立于人类心灵存在的实体，这种观念经常受到攻击。它被说成是一种*物化*（reification），就是将实质性的人类特征看作一种非人类事物的过程。彼得·伯杰和卢克曼给出了关于人类婚姻被物化的一个例子：

> 婚姻可能被物化为一种对神圣性创造活动的模仿，一种自然定律的普遍律令，一种生物或者心理力量的必然结果，或者其实就是社会系统的一种功能化命令。所有这些物化的共同点是他们对于把婚姻视为一种人类产物的困惑。[7]

强调个体意识作为一种社会源泉一定会提醒我们，社会是一种人类创造，而人类的集体生活是人类决策的一个结果。这似乎走得太远了，因为一个完全的观念论者会强调说，意识必然会排除任何客观的或可独立存在的实体性概念。那么，理解社会的唯一办法就是窥视其成员的心灵。审视实在不会帮助我们去面对这些心灵。从坚持社会实在是人类创造的观点出发，很多理论家可以很容易用相同的方式对待所有实在性。 53

彼得·伯杰和卢克曼认为："所有象征性的世界和所有合法性都是人类的产物：它们存在的基础是具体的个体生命，脱离了这些生命它们就不会有经验性的地位。"[8]这是对个体是社会之源重要性的反复重申。但是，它不仅导致了把社会实在看作是一种人类创造的观点，而且是对那些属于人类创造范围的一种过度拓展。很明显的是，如果所有社会安排都是人类心灵的一种产物，那么，所有的社会性都必定是心理范畴的产物。如此一来就会造成这样的印象，它们可以被创造成其他模样。的确，不同的社会似乎拥有不同的范畴。然而，这样就排除了一些社会安排也许本来就存在于社会当中的可能性，同时也排除了可以将外部偶然性的影响施加于创造它的心灵的可能性。

彼得·伯杰和卢克曼表明，一个制度化的世界是如何被一个个体作为一种客观实在所经验。我们感觉到我们受某些事物的束缚。这看起来是客观的，因为这是由其他心灵创造的。然而，他们会说："尽管客观性是标记了人类经验的社会世界，但它并不因此要求一种脱离了产生它的人类行动的本体地位。"[9]比如，一所大学，看起来和它的建筑一样客观。在一个机构的生命中，不同的参与者来来去去，但是它仍然会被认为是同样的机构。假如我们要了解一所古老的学院，那么通过一代代学生来了解它的历史沿革是可能的。基督教会也类似，即便没有任何超自然的寓意而是仅仅作为一个社会机构来看，基督教会在历史中也一直存在。教皇、主教和神职人员都发生了变化，但是同样的教堂又有新的一批人在生活。当然，也可能按照他们所居住的建筑来确定有这样的机构，但这样也不会出现明显错误。问题是在脱离
54 了这些产生它们的行动之后，它们是否还具有一种本体地位。尽管存在具体化的危险，但它们明显受到了其成员的影响，而且事实也表明确实如此。这也很容易看出来为什么有些人愿意坚持，一个机构确实存在着与参与它的个体不同的秩序。

不过，拒绝人类创造出的事物能够脱离人类存在似乎也有一定的道理。可是，我们越关注在创建这些机构中人类心灵的积极作用，就越有可能忽略意识自身可能受外在因素限制的危险。比如，禁忌是社会强加的规则，有时可能伴随着严重的暴行。他们在某种意义上是心灵创造的产物，然而他们为什么创造仍然是一个问题。彼得·伯杰和卢克曼谈到乱伦禁忌时说："仅仅是一种组合类型的消极方面，在起初就定义哪些性行为属于乱伦，哪些不是"。[10]可以说，这样的定义仅仅

是人们心灵的产物，也是划分社会行为的一种武断方式。但是，*为什么*心灵仅仅会产生这些定义呢？乱伦禁忌似乎是普遍性的。为什么会如此？一种现象学的方法专注于把心灵作为社会的来源。即使我们接受个人主义所强调的，但仍然有问题：是什么让他们产生了这种社会类型？

一个答案可能是出于人类的本性，但是这还需要被说明。然而，越是认为个体意识是概念图式和社会的源泉，给任何这样一般化概念留下的空间就越少。确实，人类本性的概念，就像所有概念一样，其自身都扮演着意识产物的角色。强调意识的积极作用似乎并没有脱离其创造的视野。卢克曼明确拒绝了人类生命拥有任何“元素性结构”，即可以组成“类似一个永恒不变的人类本性的东西”。他宣称：“现代哲学和社会人类学治愈了我们的这种幻觉。”[11]他的立场有以下充分的解释：

> 不可怀疑的是，人类意识和社会组织有一个系统发生史，可以追溯到我们的灵长类动物甚至是哺乳动物的祖先。但是人类社会结构已经变成历史性的；它们中的一部分已经从简单系统发展
> 史的决定性中获得了解放。它们是既理智又盲目、既个别又集体 55
> 的人类*行动*的结果。[12]

这就是我所要回到的主要争论的关键地方。这类方法的力量在于，对作为*人类*创造的*人类*社会的重新认知。这种观念可能自相矛盾并且比较薄弱，但是它肯定了人类区别于动物或者是物体中意识的作用。理解这点的重要性在于可以将人类行动从动物行为或物体运动中区分开来。

在处理个体优先性时，很多像韦伯或者舒茨这样的思想家并没有太多关注人的重要性。但是社会科学不仅需要将其与物理科学区分开来，只说明社会实在不能被物理学家或者生物学家来研究是不充分

的。除非社会拥有“涌现性质”，否则社会科学能够告诉我们的不会超过我们对个体研究的理解。用观念论的方式强调人类意识，可以很容易和社会作为一个“物”的信念相结合。比如，个体的结合可能形成了一种超越个体的、有自己意识形式的集体。经常提到的“国家精神”或者“时代精神”可能就和这个类似。

韦伯没有这类理论。他认为表面上的集体行动只是个体的结合，并且可以还原为个体。将人类社会单元的所有类型看作是行动者是很容易的。我们在谈到一个母亲时说，整个家庭都很关心她的健康。这就是说，家庭的每个个体都关心她的健康。如果我们谈论的是很多跨国商业公司甚至是跨洲的，那这种事情要清晰地分割就不那么容易了。从法律的一致性来说，它们当然是一个整体，同时在一个公司的债务和其雇员的债务之间经常有一个明确区分。韦伯承认，法律可以区分性地看待事物，但坚持社会学不能进行此类区分。他在谈到作为社会机构的洲和公司时说：

> 对于社会学研究中行动的主观解释，必须单独把这些集体行动看作是个体特殊行动的组织结果和模式，因为在主观上可理解行动的过程中，这些可以被单独视为行动者来对待。[13]

56 这种方法必然会导致去寻求一种社会成员个体间的共鸣，因此社会学蕴含着对人们动机的理解。它不会揭示人类行为或者社会结构功能的定律。这样主体对他们正在做的社会重要性几乎不会产生什么误解（尽管甚至很多反对整体论的人会接受，个体行动的无意识结果对研究来说是一个不错的课题）。虚假意识的概念应该不会有什么用武之地。个体的自欺欺人是可能存在的，但是类似这样的社会情况已经被排除了。整个群体不能都误解了他们行动的本质，一个阶级也不会，这看起来似乎是在剥削另外一个没有意识到事实的阶级。因为从这种观念看群体是个体的结合，因而，阶级行动而不仅仅是其成员的行动这样的观念是不允许的。

韦伯给出了一个社会主义经济运行的例子，成员可能对“社会”和“社会的”的重要性有一种信念。他说，任何社会学的理解都会从个体的行动开始。比如，这会涉及其中行政官员的类型。他继续说：

> 真正的经验主义社会学研究开始于这样的问题：什么样的动机决定和导致了在这个社会主义社群的个体成员和参与者采取了让社群开始存在并继续存在下去的行为方式？[14]

对于这点的理解，社会学是建立在舒茨所谓的“由人们常识（common-sense）想法构建的思想对象”[15]，并且它无权否定它的基础。它说明了普通个体在社会的相互作用时看待自己的方式。这些并不能和实际发生的进行对照。因为个体意识被认为是社会的源泉，它不能从社会中分离或者通过社会来判断。社会实在是通过常识来了解的，因为正是常识使其成为可能。舒茨非常清晰地写道：

> 通过“社会实在”这个词，我希望把社会和文化世界中的所有对象和事件，理解为人们每天和周围人生活常识思考的经验，并在多种相互作用关系中和他们相联系。[16]

一旦建议社会实在超越了个体的设想，整个社会科学的功能将发生改变。他们只关心个体的动机这点看起来总是令人难以置信，因为这全然忽视了对社会复杂性的解释。个人主义的解释是原子论的。行动的解释变成了由相互隔离出来的个体行动分别给予他们以意义。那么，即使被其社会环境所扭曲，每一次独立的社会事件都会被理解。可是，对于任何狂热分子而言，这是一种不可能的观点，因为人类一出生就处于社会中，并且就像制造一样由社会所塑造。彼得·伯杰和 57

卢克曼也承认，可以按照社会是人类产物的同样口气说，人类是社会的产物。[17]他们认为，我们可以通过扮演“角色”来参与到一个社会世界。[18]就像我们在餐厅期望一个服务员的确定行为一样，一个好的服务员会很好地完成这些期望，我们所有人都会扮演好别人期望我们所做的角色。这仍然与个人主义相一致，但是一个强烈的感觉是，社会对我们施加了很大的影响，这样很容易使社会不能还原为个体。社会的复杂实在可能只有在其整体层面上时才能显现。这种方法又叫作“整体论”，并且这个方法与语境论的观点联系在了一起，语境论的观点要求在一个更为广阔的社会模式下，恰当的理解必须能够明白由主体起作用的部分。那么，社会说明就不能再还原为心理学说明，因此，在某一个层次上所发生的不能仅仅依靠另外层次上所发生的来理解。

第四节　约束主观性

有人提出了一个确实能够明显具体化社会的一种观点，可以将社会与其成员的思想完全分离，涂尔干（E. Durkheim）就给出了一个很好的例子。他将当我们融入社会时，我们每一个人除了自身之外所遇到的感觉作为他的出发点。我们所面对的是由社会条件所创造的，而非我们自己创造的需求和主张。作为个体，和面对物理世界时一样，我们被教授传统和看起来就是“那样的”生活方式。个体交互的复杂
58 性导致了所有个体不得不应付一种需求和期望的系统。问题是，这个系统能否最终依据无数个体行动的选择和方法所理解，或者在没有改变主题的情况下用其他词项来说明社会现象。

很多二元论者强烈反对完全用神经物理科学词汇来说明个体行动。当认识到大脑是不可或缺的时候，他们拒绝接受这就是故事的全部：对于说明人类行动而言，大脑是必需的但不是充分的。二元论者

争论到，心理的不能还原到物质的，对于理解而言，某人将要结婚的意向不能用大脑中的电流活动来说明。这与社会和个体的争论非常相似。确实，这是一种延续，因为有很多人（我们将看到的）喜欢按照个体的大脑活动来说明复杂的社会安排。为了这样做，他们不得不忽略二元论者的抗议，以及最初不希望将社会层次还原到个体层次的这些争论。后者认为，婚姻重要性的问题不仅是个体对待婚姻的态度那么简单，因为婚姻是一种有着自身规则和功能的社会制度，并且不能依据动机和个体思想获得完全的说明。

确实，社会中一个制度所发挥的作用可能非常复杂，以至于个体并不能完全理解。个体只是熟悉制度，而不是通过他们自己的思想和理解来永久性地再造它。在一些人看来，彼得·伯杰和卢克曼将婚姻看作人类持续生产的观点是非常不充分的。就像我们需要大脑去思考一样，社会结构不可能脱离其成员而存在。个体提供了一个社会存在的必要条件。但是，那并不意味着，对社会的一个恰当的理解需要研究个体来获得，即使我们考虑到他们与其他人交互的效果。社会可能提供了一个不同的说明层次。

这种观点的一个例子就是家庭。家庭是由社会或者由个体的动机和愿望组成的吗？有一种答案联系到了我们在维特根斯坦那里遇到过的对社会规则的理解。在用社会词项说明家庭时，它强调了整体性。大卫·鲁宾斯坦说道：

> 家庭是由一个社会给定的规则所组成的。一个生物学意义上的叔叔也可能是一个社会意义上的父亲，如果社会规则是这样的话。父亲的社会学定义与所研究的社会规则紧密相连……脱离了规则，就不会有象棋游戏，从社会感知上看，脱离了构成其的规则，也就不再有家庭。[19] 59

规则基于生活方式，一些人可能不会完全理解这种规则。带有公共规则的制度存在给予了行动以意义，无论参与者内心的想法是什么。就像婚姻一样，应该论证制度的存在性赋予了个体行动以某种社会意义。确实，他们给予了行动所能拥有的唯一意义。两个人不会仅仅因为他们自认为将要这样而结婚。如果不在恰当的制度环境下，在接受婚姻誓约时说的“我愿意”就不代表任何意义。哪怕一个预演的婚礼也不是真正的婚礼。把制度从其社会背景抽象出来，实际上就是在毁灭它。这种立场的支持者会说，一对仅靠自身私有意愿在一起生活的人，这样的因果安排并不会对先前婚姻的理解有很大改变；相反，它开始破坏社会制度，并因此最终破坏我们社会自身的本质。

显然，这种方法严重破坏了个体意识作用的重要性，但二者都有一个重要的共同特征。如果意义的来源是个体的，这个就会降低外在偶然的重要性。看起来这与人类本性似乎是不相关的。当社会成为意义的焦点时也会得出相同的结论。人类本性已经没有更大的余地（scope），对于社会来说，似乎和个体一样都是不受约束的。对于现象学方法来说，一个始终存在的危险是，强调个体主观的重要性会陷入这样一种立场，即对于个人而言，个人得出判断全部都是正当有效的。通过我在自己世界中所设下的圈套，会发现自身已经卷入了一场很容易导致唯我论的疯狂的主观主义之中。甚至想清晰陈述这种立场都很难，因为在只有当我相信其他人所做之时，其他人才会存在的假设下保持一致几乎是不可能的。如果“我的世界”和“世界”是共生的（coextensive），那么，我不可能犯错误，因为没有任何客观性与我们的判断相比较。那么，其他人就不是真的存在。而这全部都很容易
60 陷入这样一种情形，老太太向一名著名哲学家说到，她对唯我论的真理性如此确定，但她就是不理解为什么其他人不同意她的观点。

在这种观点看来，把意义来源从个体转向社会似乎是非常自然

的。它有没有解决潜在问题那是另一回事。有许多观点试图调和个体与社会之间的鲜明对立。有些人强调了在人类社会中发现的心灵和意义之间“符号互动”的重要性。因此，个体意识不再是完全孤立的，而是与其他个体交互形成了社会，其自身也是社会的一种产物。这种立场的一种解释认为，“社会是按照组成的个体来理解的，同时个体是按照他们所属的社会来理解的”[20]。这种妥协类型的缺点是，容易出现偏爱一种或者其他另外一种的情况。符号互动论试图避免，行为的起因来自类似本能这样个人的内在力量，还是来自外在社会力量这个困境。但是，我们被告知，它强调了“自身和人类本性的社会起源”。因此，到最后它还是贬低了个体并忽视了人类本性的可能贡献。

一旦采取了这个步骤，并注意到社会塑造我们的方式，那么，就非常容易确定一个社会规则的意义，并否认个体能够从语境中抽象出来。我们会说，任何使我们成为我们，并赋予我们生活以意义的东西，皆来自社会。一只黑猩猩的幼崽不需要像人类幼儿那样进入一个社会。这看起来可以得出结论，一个个体实际上是在社会语境下获得他的身份的。对社会的强调让人们认为，社会自身是由社会自己创造的，因此社会不是由个体组成的，而个体是由社会创造的。甚至我们所强调的个体概念也由我们的社会所创造，的确是在一个特殊历史条件下出现的。一个恰当的概念似乎已经在社会层面上产生。所以，人类本性不能创造出社会，因为社会形成了我们关于人类本性的观念。

只有人们接受社会不只是个体的一种聚集成团，那么社会范畴才能变得很突出。涂尔干十分确定地接受这一点并肯定地说：“社会现象必须从它们自身来考虑，从那些形成他们自己心理表征的有意识个体中分离出来。”[21] 通过对“社会事实”的强调来突出社会的优先性，他 61
明确反驳了那些将社会根源置于个体意识的做法。他说：“它们像是模具，我们被迫按照模具去铸造我们的行动。”[22]他谈到了“外部强制”，并举了一个例子来说明，在集会中，当有一种集体情感爆发时会发生什么。[23]这是众所周知的现象。我们可能会被选举集会或者一场足球赛的热情所吸引。当一个困难的事件在议会或者宗教大会讨论时，议员们可能会被一种具有共同目的的意志而动摇。很多人知道卷入一个群体会产生令人吃惊的结果，而当他们独立行事时，不会出现在群体中的那种个体行为。有时气氛会变得可怕，个体组成的集体需求不再是通常那样可以忍耐的。在其他时候，一个集体性的目的会强制要求高尚的行为，而不考虑参与的个体自认为的能力。但是无论什么场合，问题是相同的。涂尔干认为：“群体的思考、感受及行动和其成员在被隔离状态下的方式会有显著差异。”[24]这些说明了他“社会不仅仅是个体之和”的信念，而且形成了一个特殊的实在。

一旦采纳这种立场，个体的意识就只是成了社会的反映。人类本性不能再被认为具有首要的重要性，因为只能通过个体的第一个实例来发挥作用。用人类本性来说明的，必定会与用社会来说明的构成竞争。涂尔干拒绝了那种认为心理状态可以是社会现象起因的观念，这点并不令人惊讶。在主张“所予”的社会本性时，他不仅抛弃个体意识优先的观念，而且批判了所有认为社会是植根于人类本性的观念。

对于许多思想家来说，尽管社会成了人类的缩影，但是关于人类本性的观念经常会受到他们的诅咒。它看起来是固定的和不变的，因此，作为对人类社会许多不同形式的一种说明，它显得无关紧要。在面对人类差异性的价值时，主张人类本性看起来并没什么意义。但是，这些差异可能更多是表面上的，因为我们可能太容易认为我们的相似理所当然，并且痴迷于我们的差异。然而，那只可能是，文化存在差异是一个事实，社会科学的任何理论都会考虑到

它。差异能否被说明是存在争议的，最容易的出路就是作为一种基 62
本原则接受它们，这样每个社会都可以用它们自身的词项来看待。维特根斯坦认为，我们不应该去寻找说明，而仅仅应该说“这种语言游戏就是这么玩的”[25]。

涂尔干对文化差异的印象非常深刻，并且拒绝按照人类本性方式来说明它们的诱惑。他可能会接受人类本性可以帮助设定人类社会生活的场景，但是他认为，即使在说明人类社会相当恒常不变的现象时，与人类本性也没什么关联。比如，宗教在人类社会中似乎是非常普遍的，或者至少是这么宣称的。家庭关系对人类生活而言也经常被看作具有基础性作用。婚姻真的仅仅是特殊社会的一种产物，并且与基本的前社会需求没有关联？涉及宗教、婚姻和家庭本质的问题在说明是什么构成了社会生活的问题中不断出现。涂尔干明确拒绝了关于这些是个体先天倾向（tendencies）产物的所有建议：

> 很多人认为一种特定的宗教信仰是人类与生俱来的，如同某种基本的性嫉妒、孝道或者父辈影响等，并且通过这些来寻求对宗教、婚姻、家庭的解释。但是历史证明，这些偏好非但不是根植于人类本性之中，而且在某种特定社会条件下完全不存在，或者从一个社会到另一个社会过渡时会出现巨大的差异。消除差异时的剩余物被还原为一些含糊和简化的观点。如此，这些观点就成了集体组织的产物，而与其产生的基础相异甚远。[26]

看起来涂尔干至少部分持有一种经验的观点。或许一些社会并不拥有宗教信仰，并且或许他们家庭的安排与我们完全不同，就像不存在一样。但是，在这个连接处我们必须去问，一个社会在哪一点与我们如此不同，以至于都无法应用我们的概念。在一些文化方面的分歧如此巨大，以至于在谈到“宗教”或者“父亲”又或者“家庭”时，我们的理解变得完全不恰当。与其他社会相比，这些社会完全不同，以至于都没有足够的共同点来作为相互理解的开始。确实，由于他们和我们的差异，根据定义，他们真的并不拥有“宗教”或者“家庭”
63 等我们所理解的这些词汇。看起来，一旦放弃人类本性的概念，我们理解其他社会的任务将会变得非常巨大。

注　释

1 案例引自 in Richard Passingham, *The Human Primate*, 1982, p. 181.

2 Ibid., p. 188.

3 Alfred Schutz, *Collected Papers*, vol. I, *The Problem of Social Reality*, 1962, p. 56.

4 Max Weber, *Theory of Social and Economic Organization*, 1947, p. 80.

5 Schutz, *Collected Papers*, vol. II, *Studies in Social Theory*, p. 85.

6 David Rubinstein, *Marx and Wittgenstein*, 1981, p. 70.

7 P. Berger and T. Luckmann, *The Social Construction of Reality*, 1967, p. 107.

8 Ibid., p. 146.

9 Ibid., p. 78.

10 Ibid., p. 73.

11 T. Luckmann, *Life-World and Social Realities*, 1983, p. 179.

12 Ibid., p. 162.

13 Weber, *Theory of Social and Economic Organization*, p. 92.

14 Ibid., p. 97.

15 Schutz, *Collected Papers*, vol. I, p. 59.

16 Ibid., p. 53.

17 Berger and Luckmann, *Social Construction of Reality*, p. 79.

18 Ibid., p. 91.

19 Rubinstein, *Marx and Wittgenstein*, p. 37.

20 参见 B. N. Meltzer, J. W. Petras, L. T. Reynolds, *Symbolic Interactionism, Genesis, Varieties, Criticism*, 1975, p. 2.

21 Emile Durkheim, *The Rules of Sociological Method*, 1982, p. 70.

22 Ibid., p. 70.

23 Ibid., p. 56.

24 Ibid., p. 129.

25 L. Wittgenstein, *Philosophical Investigations*, 1958, I, § 654.

26 Durkheim, *Rules of Sociological Method*, p. 131.

64

第四章 理解其他社会

第一节　作为社会生物的人类

要求我们从个体意识产物出发的哲学观点引起了一个问题，即我们如何能够相互理解。一种关于心灵和物质的二元论观点自然地引发了被称为“他者思想的问题”。把社会作为优先地位的一些整体论观点也面临类似问题。我们如何理解那些和我们自身有很大差异的社会成员？这两种观点都强调了人的区别，这么做只能自相矛盾地搁置对人类本性的追求。强调意识重要性的这些人不希望被任何外在事物束缚，而强调社会优先性的这些人对人类本性的追求几乎说明不了什么。不管到底是意识产生了社会还是社会产生了意识，看上去意识不会被进一步说明。这一点并不奇怪，因为没有哪种立场喜欢还原论的那套程序。认为个体意识重要性的一方和认为我们出生以来社会重要性的一方，在抵抗用自然主义的语言来说明这方面是一致的。他们不想让社会科学成为物理学或者生物学的一个分支；他们同意社会科学和物理科学有着本质不同。社会实在和物理实在有根本区别，因此，无论它是由个人思想或者其自身的一种生命所组成，它都与意义和人类意识密切相关。由此，人类也就超越了动物。

这一点在卡尔·马克思早期的著作中清晰地出现过，有时会声称这比他后期的著作更具有“人文主义”。他对工人变成了商品进行了猛 65
烈抨击。在谈到“异化”时，他反对劳动产品似乎可以作为一种“作为不依赖于生产者的力量”[1]与工人相对立。人类变成了他们生产物的奴隶。“工人在劳动中耗费的力量越多，它亲手创造出来反对自身的、异己的对像世界的力量就越强大，他自身、他的内部世界就越贫乏，归他所有的东西就越少。”工人的产品以某种方式存在于他们之外，甚至成了一种威胁。人的工作从人类和自由活动中异化而来，马克思认为这就是我们与动物之间的区别所在，然而却被曲解为“人类把自己的生命活动、自己的本质变成仅仅维持自己生存的手段”。重要之处在于马克思定义了关于人类意识的一种观点，作为人类和动物的区别。他说：“自由的有意识活动恰恰就是人的类特性。”异化意味着我们不再能够作为自由和主动的生产者来表达我们的真实本性。

这种对意识重要性的强调可能暴露了马克思观念论的影响。但也可能是，他将人类意识作为物种的一种标记。无论我们怎样被迫按照哪种生存方式，对于我们“物种”而言都不是真的。事实上，只剩下了我们应该是自由的。马克思认为，劳动应该是我们自身自由的表达，不应该仅仅作为一种通向我们物理实在的方法而从我们身上撕裂。当我被迫进入一种异化的行动时，我们的劳动就不再属于我们。只有把自由生产作为自身的一种目标，才能确定作为一个“意识物种”的人性。不过，马克思主义者对意识的强调不应该被解读为对个体的隐秘强调。马克思试图废弃个体和社会之间的二分法。他拒绝把社会“当做抽象的东西同个体对立起来”，因为他相信个体是社会生物。[2]他谈到了一个特殊个体是“被思考和被感知的社会的自为的主体存在”[3]。因此，在像“社会本身生产作为人的人一样，社会也是由人生产的。”[4]这样关于到底谁是第一位的无用争论中，社会和个体不能被彼此分离。结果就是在强调我们对于社会依赖的同时，承认只有在社会背景下我们才能是真正的自我。甚至当我们没有融入集体事务（communal enterprise）中时，我们所做的一切，就像马克思说的那样，是“社会生活的表现和确证”[5]。

66 一旦接受我们是离开社会语境就无法被理解的社会生物，理解个体就必须理解他们所在的社会。我们已经看到，在维特根斯坦的观点中是如何强调规则的公共和社会属性。和马克思类似，他并不用个体来反对社会，去争论哪个到底是优先的。他通过建议个体只能在社会语境下才能被理解使得二者结合在一起。尽管他们的表述有差异，但有时候二者可以在这方面进行对照。他们显然都强调社会实践为理解观念提供了一个基本的语境。有人曾经评论道，二者都强调了“社会层次的说明是不可还原的”[6]。这样的注记凸显了一个事实，那就是这类型的立场一定会反对将个体原子论式的理解作为意义的来源。确保个体对社会本质强调的意义只能在社会实践的层次上被发现。

在维特根斯坦的例子中，社会规则和游戏规则之间的比较引起了理解的问题。当我们被嵌入一个社会的规则中时，如何希望我们能去理解其他社会中的这些规则？维特根斯坦意义的耦合和使用，意味着如果不能在一个特殊的语境下使用一个我们自己的词，那么，我们就不要希望去理解它的意思。理解似乎需要参与到一个社会中才有可能。更大的危险是，当我们遇到一个不熟悉的社会，就会假设它像我们自己所处的社会一样。然后我们开始用自己的术语解释其实践，并认为他们将非常精确地符合。

婚姻就是一个很好的例子，因为这是人类学家在陌生社会中寻找到的一些确有的事情。我已经说过，婚姻是一个社会制度，并且两个人不能因为他们认为自身可以结婚就算结婚，社会必须认可这个事实。不过，个体对所发生的会有一些想法，这点非常重要。当社会中没有人意识到它们时，社会制度就不会正常地存在。无论我们想给虚假意识的现象留下多大空间，都不能轻易应用到像婚姻这样的事情中。动物可能会交配并保持在一起生活，但是我们要将其称为婚姻时还是会犹豫。它们不理解它们所做的重要性，并且事实上就没有所谓的社会重要性。人类婚姻被嵌入社会中，但是这并不意味着婚姻伴侣可以遗忘制度。规则可能是公共的，而不是私有的，但是参与者必须 67
能够理解他们的*所作所为*。就像游戏玩家不能盲目和随意玩游戏而必须理解规则一样，社会实践的参与者也是如此。

通过强调这些方面，温奇论证了自然科学和社会科学之间的区别。他主张一个宗教历史学家或者宗教社会学家“如果他要对研究的宗教运动进行解释的话必须自身有一些宗教感情，并且理解统治其参与者生命的考虑”[7]。他指的是作为“常识的考虑”，但实际上有非常大的争议。这表明无神论者和不可知论者不能研究宗教，因为他们无法搞懂它的意思。然而，温奇认为，任何对于社会的反思性理解都依赖于一种对事件参与者的理解之上的理解。一种理解建立在另一种理解之上。

有意义的行为是规则支配的，还是规则植根于社会生活中的争论忽略了参与者能够理解规则这个问题。或许有人会说，如果他们遵守了规则，则说明他们就理解了规则。但是通过他们的社会实践而结婚的夫妇和因为理解这种实践而结婚的夫妇之间有什么区别？行为主义哲学家会说，没有什么需要再添加的了。二元论者则会区分私人理解和公共实践，甚至后者最终会按照其他人们的私人理解来定义。

当我们考察它之于理解其他社会的意义时，这些反思就很重要。甚至如果这点涉及对社会规则的理解，会出现一个问题，即这是由观察行为还是由对参与者规则含义的理解而完成的。维特根斯坦反对私人语言的责难将使得在使用韦伯的*理解*概念时会非常犹豫，因为这看起来是在说每一个个体意识都是私有的。温奇坚持认为“我们必须学习我们理解自身心理过程和行为的概念，因此，必须是*社会性*的构建”[8]。这意味着社会规则的“私人”理解，事实上依赖于公共标准。因此，提及一个参与者的理解并不能破坏对社会的强调。个体与动物的差异在于个体可以理解，承认这点并不包含一种二元论的方法。公
68 共世界仍然具有优先权，同时，“私人理解”并不需要关涉到私人的心理过程。

二元论者未必会就此满足。就理解一个规则而言，对公共标准的强调迫使我们回到了这样的立场，与规则相一致的行动才*是*理解规则。我们应该拒绝接受这些反对理解规则的人，或者至少，他们对规则的破坏应该是他们不理解规则的*初始证据*。但看起来可能的情况是，规则破坏者知道他们的行动是否是有意为之。

回到婚姻的例子，仅有的事实是，一对按照他们社会规则结婚的夫妇留下了一些没有回答的问题。他们自身能够感受到规则吗？或者仅仅是由于社会的强迫而盲目按照规则来执行？毋庸置疑的是，在一个设定好的社会中一定会有一个婚姻制度和对婚姻的一种理解。在一个非常复杂的社会中，包括像这些现代工业国家，对一种制度可能有很多不同的理解。一些国家有着一种基督教的婚姻观念，在上帝的见证下承诺终身。其他的则认为婚姻只是一种纯粹的法律契约关系，如果夫妻双方中有任何一方不愿意，那么契约关系就会结束。再有一些则对他们做的几乎没有反思性（reflective）的理解，仅仅是按照习俗来的。对于具有更大反思性的人来说可能会不同意。有一些人将婚姻视作保护妇女的一种特殊设计，而另外一些人则认为这是由男人设计用来奴役妇女的方法。这些群体都有不同的制度，看起来令人难以置信。确实，其中的一个麻烦就在于，一种单一的制度被赋予了不同的、互不相容的功能。那么，这就可能存在很多不同的婚姻观念，但在西方社会并没有不同的婚姻实践。

有些人可能会对此质疑，想知道那些定期与他们的伴侣分开、有过很多次婚姻的人，是否正在改变婚姻的本质。如果一个社会足够多的成员开始将婚姻作为一种暂时的法律安排，而不是一种直至死亡的庄严承诺，那么，这种婚姻的制度就有可能发生变化。这样的话，不过是表明制度依赖于制度参与者的理解，由此，如果后者发生变化，前者最终也会发生变化。在考虑到理解变化时规则会发生变化，因此，逻辑上不能认为规则先于理解。

第二节　公共实践和私人理解 69

像英国这样看起来不只有一种社会的国家，讨论婚姻这样的制度可能会很复杂。仅仅是一套法律规则的存在都可能掩盖有很多共存的不同生活形式。每一种生活形式婚姻制度可能都有自己的规则和自己的理解。换句话说，一个国家可能有很多不同的婚姻制度。那这样只能去问，不同的社会实践下到底可以确定多少不同的生活形式或者文化。比如说，一位人类学家去访问一个地理上相对隔绝的部落，将这个部落看作一个单位可能是有道理的。一个由不同背景和信念公民组成的现代国家则会出现一个新问题。这是一个社会还是多个社会？有时候把它看作一个多元社会。根据社会的一些定义，这显然会导致矛盾。一个社会不能够包含许多不同宗教或者没有宗教信念的从业者。用维特根斯坦的语言说，他们属于不同的生活形式，他们的生活基于不同的一致性判断以及拥有不同概念的基础之上。但是，他们在同一个法律系统和一种也许并不奇怪的经验张力之下共同生活。

然而，从一个严格的概念层面上看，问题已经摆在我们面前。到底什么才算一个社会？黑种人和白种人之间、穆斯林和印度教徒之间、新教徒和天主教徒之间的紧张关系可能是不同社会冲突的一种征兆。这可能作为在同一个社会中由志趣相投的个体组成的群体和其他群体发生冲突的例子。为了确定这点，我们需要什么样的标准？一个社会的概念是复杂的，但是维特根斯坦对判断一致性的强调，意味着不同社会之间冲突的标志就是基本的不一致。按照一系列的假设，科学家将属于一种社会；相信神谕的则属于另外的社会。一旦我们按照这种方式鉴别社会，显然会构成很多重叠。有的科学家是基督徒，有的科学家是无神论者。每当出现一个新的基本分歧时，得分裂出更多的社会，并假设我们能够确定“基本”不一致，而这可能涉及概念图式之间的冲突。一些科学家相信，婚姻是一种终身的组合，另外一
70 些则不这么认为。一些基督徒可能支持离婚，另外一些则不支持。一旦开始这个进程，就很难知道会在哪儿停下来。每一个不同群体无法达成一致的困难，似乎都会导致我们是否又偶然遇到了一种新的生活形式的问题？不一致是两个共享相同概念却又相互矛盾群体的问题，还是类似科学理论的不可通约性中发生的问题？在后者的情况中，使用的是不同的概念，且争论的方并没有太多的不一致，因为他们是不同社会的成员，每个人都拥有自己的对错标准。事实上，如果我们表面上接受不可解决的不一致性只是不同生活形式的一种标准，那我们最终将得到一种结果，即生活形式只能包含一个人。每个人都会在某些方面不同意其他人。毫无疑问，那些反对离婚的基督徒和保守派科学家，是可以和那些认为这并没有什么错误的无神论者和激进的非科学家区别开来的。这样的分类可以按照非科学家的基督徒、保守的无神论者等进一步细分，更不用说涉及更加复杂情况的新问题。

如果一开始就拒绝转向主观主义甚至唯我论，我们就不得不接受一个社会可以包含与其他人有不同意见的个体在同一个社会中。那

么，在社会的定义中，将不用包含在基本问题上必须保持一致这个条件。概念的共享将不再依靠一种全体一致的观点。关于什么是真的判断将会从形成它们的社会背景中分离出来。那么，对社会制度的个人理解将不能用他们的行事方式来确定。人们甚至可以在不同意的情况下按照规则行事。当他们不是真的很相信婚姻是一种制度时也可以结婚。但是如果这真的发生了，那么，一个社会就会陷入困境之中。如果私有的理解和信念开始与公共实践发生分歧，实践自身最终将发生改变。

维特根斯坦关于公共和社会的强调，看起来更适合描述设定的社会，但同时用来设计说明社会的发展和变化就不太合适了。像库恩对科学理论的解释那样，当需要确切说明哪个理论会被其他理论所取代，或者怎样才算是一个社会在根本上发生了改变这个关键问题时，它就会陷入困境之中。强调整体论可以确保所有根本性的改变都是革命性的。当一个系统被另外一个系统取代时，随着事务逐渐被废除，将会发生大量变化。生活的一种方式被另外一种方式所取代，所有这些变化必定是灾难性的。对于参与者来说，可能有一段时期，早期的 71
生活方式会越来越少。比如说，强烈的宗教信仰会被慢慢稀释，但是具体内容消失后的宗教形式可能会被保留。同样，库恩相信，理论中的异常现象会逐渐堆积起来。但是，到最后，变化是一种革命，同时，先前的系统也被摧毁了。如果所有都是按照一类或者另外一类的社会或者系统来说明，那这就是不可避免的，因为改变一个完整系统的唯一方法就是用其他系统来取代它。

一个社会或者一个社群的定义问题不仅在学术上是重要的，有时候还可以表示社会的重要程度。不管一些科学哲学家怎么说，在任何意义上自称科学家能够真的形成一个同质性的社群，这的确是令人难以置信的。但是在提到种族关系时经常会谈到“社群关系”

（community relation），并且冒着具体化社群但实际上与内在同质性相去甚远的危险。一个例子就是在英国的巴基斯坦人，甚至对于在意识中有良好种族关系的善良人们有时候也会聚集在一起。巴基斯坦是一个年轻的国家，它的人口跨越五个主要种族群体。一位评论家认为：

> 这些对巴基斯坦的种族划分是由于强调英国和巴基斯坦人口之间文化差异而误解了他们关于个体背景和特殊情境下的经验。他们忽视了巴基斯坦人口的内在差异性。[9]

事实上，巴基斯坦人只有在宗教或者很多只有成年人所要求的国家性的基础上被一起分类。把他们叫作一个社群或者想象他们组成一个可辨认的社会绝对是一种误导。到底发生了什么让一群英国本地人群相当武断地想象一群移民形成了“巴基斯坦社群”，甚至希望他们能够应对“社群领导人”。分类更多是基于他们和英国人之间的差异，而不是他们之间的相似性。萨夫拉·卡恩（Saifullah Kahn）写道：“尽管英国的巴基斯坦人并没有意识到他们这个国家的侨民群体被当作了一个社群（有共同身份、价值和观点的人群，相互联系且有共同的协会和领导），他们有朝一日总会意识到外人如何看待他们。”外部的压力
72 可能最终迫使他们把自己作为一种特殊的社群来看待，尽管这本来就与真实情况相差甚远。他人看待我们的方式会影响我们看待自己的方式，并且，我们的自我理解会支配我们的行为。这里存在的悖论就是，虽然社会学的定义是不精确的，但是通过对个体如何看待自己的影响仍旧会在社会中产生一种实质性的结果。如果个体感觉是一个被分离的社群中的成员，那么，他就会按此行事。

一旦人们认识到社群、制度和社会实践不能提供社会说明的唯一语境，我们会发现个体理解也是非常重要的。没有个体的操作，就不会发生系统层次上的变化。如果像婚姻这种制度，有足够多的人对其

理解发生变化，制度自身也将发生变化。反之，制度的变化就没什么意义，除非参与其中的个体的态度也发生了变化。甚至如果婚姻制度被政治行动所废除，如果想要继续相信它，那么，人们仍然可能会相互公开地承认婚姻制度。政治革命经常不能完成他们所有想要完成的就是因为这个原因。系统可能已经显著地发生了变化，但是涉及的个体可能还没有。

温奇试图同时给出各自不同的差别。他给出的一个例子如下：

> 如果一个艺术史家要理解在他那个时期艺术家要面对的问题，他必须有一些美学的感觉；没有这点，那他就无法对*艺术*的历史进行准确思考，反而提供了一种对于已经被特定的人理解过的特定意向更加困惑的外部解释。[10]

因此，他希望区别人类行动的理解和“自然科学家对科学材料的理解”。这就把他置于了像韦伯一样批判实证主义的一边。人类行动不可能只用一种独立的科学方式来观察。为了能够理解它的重要性，我们必须从一个参与者的观点出发来看待。我们不能将一个参与者行事的理性和从科学家角度所看到的原因合并在一起。“内部”和“外部”的观点不应该被混淆，按照温奇的看法，真正的社会说明应该是内部的原因。

然而，温奇也希望将*理解*方法和维特根斯坦的概念解释结合起 73
来。这样，“内部”的观点就植根于社会生活模式而具有了不可还原的社会性。显然，这种观点并没有过多涉及从一个社会参与者的个体角度来看待情境。这种观点在个体和社会之间摇摆，且不管研究的是什么社会，*理解*也变成了社会参与者的一种需求。然而，温奇所说的审美意识的需求，似乎并不要求社会实践的参与，而是一种更为个人主义理论需要的那种共鸣。

温奇理论的吸引人之处在于，他对社会知识和物理规律知识完全不相似的坚持。后者没有考虑到个体给他们行动赋予的意义。但是一旦重点从个体转向社会，从主观转向公共证实，一个类似的缺口可能被再次打开。科学家可以研究可观察的行为，并且不需要考虑温奇称之为的“参与者的无反射性的理解”[11]。在对一种生活形式中社会规则的研究也恰恰没有考虑这一点。尽管他表面上认可*理解*，但他似乎已经排除了它的很多可能性。

温奇可能回应说，根据私有意义必须被排除，那么就要忽略维特根斯坦对私人语言论证的重要性。除非它仅仅是反映实践，否则这些就会被实践中参与者观点的定义所排除。这种带有证实主义者偏见的结论渗透进来，有利于公共理解之于私人的优先性。甚至在维特根斯坦后期的工作中，实证主义的阴影也一直在徘徊。对私有的排除，或者至少将其作为观念形成的不相关因素而忽视是武断的，无法对人类经验的基本特征进行公正的判断。比如说，疼痛的概念，维特根斯坦曾经举过一个例子，如果需要恰当教育的话，可能确实依赖公共标准。[12]我们可以学到，疼痛是在特殊情况下我们感觉的一种正常反应。尽管感觉像什么取决于个人经验，但是，疼痛私有感官的感觉特性（phenomenal quality）是理解这个概念的基础。除非我们能够认识到感觉像什么，否则我们不能恰当地使用概念。由于这个原因，如果这些对疼痛感觉正好十分迟钝的人和从来
74 没有感受到疼痛的人，就不能理解这种概念的意义。从在同一环境中正常人必然能够感受到疼痛，这点并不能得出什么有用的结论。如果他们不能够感知到一个特定类型的感受，那么，他们就像色盲的人一样无法看见红色。

共享的公共概念在应用时可能需要公共标准，但是，我们也不能忽略私有心理事件的实在性和重要性。概念和语言的结合已经特

别有害了，如果概念是随着词语的使用而确定的，那么，私有的心理经验看起来就是一种多余。但是这里涉及思想和语言的识别，甚至认为动物和婴儿可以没有确定性的经验，仅仅因为他们缺少语言能力。[13]这里假设了他们不能认识到自己不能谈论什么。这里并没有说明语言第一次是如何学习的，在没有一些先前再次感知相同物体的能力时，我们应该不能学习词语什么时候是在恰当或者不恰当地被使用。通过公共的标准，使用所教授的词语本身包含了一种假设，即我们同自己的老师具有用相同方式识别事物的能力。没有这点学习语言就会变得有问题。因为人们从出生开始完全是盲目的，不能看见颜色，比如，他们把握颜色词汇的能力还是很弱的。他们可能理解草的颜色是绿色的，但还不能把握*什么*颜色就是绿色的，甚至不能理解颜色的本质。在教授语言的过程中，私有经验不能被忽略，因为语言已经预设了它。

对行为的科学观察可以提供对人类行动的一种恰当理解，温奇对这个观念的攻击与公共和私有经验之争是有区别的。甚至如果我们不愿意把社会说明还原为个体行为的说明，仍然有问题需要处理。公共和私有的二分法，一定不能与社会的科学视角和其参与者的观点相混淆。在试图理解一个外在社会时，仍然存在解释的问题，到底是作为一个整体还是作为其成员来理解呢？生活形式的原则用他们自己的、区别于外人的概念图式建立起了自足的社会。因此，他们宣扬概念化的相对主义，对于非参与者来说，这种图式当然是很难懂的。但是，如果我们用一种陌生的信念来理解个体任务时还有一个问题。我们在用自己的概念去评判别人时，如何避免种族中心主义或者狭隘主义的影响？这里总有一种如此行事的很大诱惑。一些人可能会说我们别无 75
他法。障碍是存在一种怀疑，认为在实际中我们肯定会歪曲我们所研究的东西。

第三节 理解外在实践

人类学家可能希望研究人类社会中不同形式的婚姻。显然，在不同地方男女之间的确有很多不同的结合形式。终身的一夫一妻并不是唯一的模式。一个人可能有很多丈夫或者妻子，并且在一些非西方社会中，一个男人可以有很多妻子。在一些环境中，一个女人可能不止有一个丈夫。问题是，在这种和我们可能完全不同的语境下去谈论“婚姻”，甚至“丈夫”“妻子”等是否正确。在没有考虑到参与者对其行为的理解时，我们的概念能够在其他社会中使用吗？如果我们只是在一夫一妻制度下使用，这看起来我们并没有滥用“婚姻”这个词。为什么一个男人不能娶更多女人作为他的妻子？如果我们拒绝认为这是一种真正的婚姻，那么，我们可能就已经假设了对婚姻的一种可能无法被普遍共享的特殊理解。但是男女之间所有的结合可能不全是作为婚姻，即使他们得到了群体或者社会的认可。一些社会区分了妻子和官方性质的情妇。另外一种危险就是，人类学家可能在检验特殊社会之前就认为婚姻是普遍的，并且可能假设，这只是在每个社会中哪种两性关系才可以被称为“婚姻”的问题。那么，如果结论是人类学家的研究似乎确立了每个社会都有婚姻，这点也就不足为奇了。

如果我们集中关注于一个社会中参与者的信念，假定我们能够对其进行解释并且发现，参与者对受到祖灵祝福的男女之间纽带关系拥有一种概念，我们如何断定这是等同于婚姻或者不等同？我们假设他们把这种关系叫做 gamage，那么，这个 gamage 能翻译成“婚姻”吗？祖灵的问题就是一个困难。人类学家关于 gamage 的报告无法涉及
76 关于精神的任何本体论主张，同时，gamage 的仪式并不意味着祖灵确

实祝福了一个特定的结合。参与者可能相信这是真的，但是人类学家可能会认为这不是。但是，如果 gamage 确实不是参与者所理解的精神祝福，我们是否可以说，即使参与者认为它是真的，可这个社会中实际上就从来没有 gamage？这个观点的吸引力在于，具有一种明显的概念相对主义形式，即把概念和它们的背景相联系并拒绝真假的外在标准。人类学家并不愿意直接进入一个社会并很快发现那里存在的无知和迷信，然后再出来，继而他们的工作就此结束。这看起来对实际发生了什么缺乏一种真正的了解，并且似乎本国人并不像人类学家那样思考。必须承认的是，所有这些有点像一种后帝国主义式的反应。人类学家非常不愿意对不同于我们自身的社会做出不利判断，在这种很好的信念中也出现了不合适的自大和狭隘。

其中的一个例子如下：

> 宗教的重申和接下来给人们揭示了自然“真”的本质。这里的“真”实际上是“文化的真”。因此，宗教可能会告诉人们某一类动物是神圣的，绝不能被杀或者被吃；或者在南美洲的部分地区，坚持认为只有当祖先的精神希望如此的时候，只有在播种之前给予这种精神以尊严和礼仪，庄稼才会有好的收成。[14]

通过这种文化层面上严格限制真理的概念，我们在某些信念上就不会出现令人尴尬的价值判断。但是显然，“文化的真”也只不过是特殊文化成员相信某些事确实为真而已。真理的概念再次被还原为一种被认为的真。只有拒绝一种实在论的真理观才能完成这一切，无论人们相信什么，因为即便事物不是这样就是那样，客观真理的问题也不能就这样被漠视。人类学家可以很容易谈论不同文化的成员居住于不同的世界，这点并不令人惊讶。一个相对主义的真理观必然会导致，实在的存在是由人们对它的构想所创造的观点。那么，不同的信念系统必然会蕴含着不同的实在。

77 我们可能会好奇，如果有这么多不同的实在，社会人类学家是如何完成他们的工作的。专业人类学家的实在很明显和他们所希望研究的各种各样文化的实在是不同的。这又引发了与知识社会学相联系的另外一个问题实例，也就是自返性。如果所有社会都创造他们自己的实在，那么，这也可以应用到人类学家，或者他们居住的更加广阔的社会。在任何情况下，他们学科的科学特征处于危险之中，因为它变成了仅仅是他们自身实在建构的一种反射。这样使得社会之间的比较变得不可能了。也许比较信念，但是如果这些全部随着不同的“文化真理”陷入了不同实在的困境之中，通向他们的入口和所有跨文化的比较必须被排除。也许有一种能够包含其他实在的实在。可是这个建议仍然露出了马脚，因为它还是允许用一种外在的文化背景去检验，甚至去评判文化。那只能是，或者我们不应该一开始就谈论“不同的实在”。如果谈论的仅仅是类似人类学家文化的一种结果，并且不是为了告诉我们实际情况是什么，那么，我们在没有准备好的情况下，去听人类学家说了什么就没什么意义了。他们的信念是不相关的，并没有告诉我们关于“世界”的任何东西，因为就没有*假设*（*ex hypothesi*）这样的事。

真正的危机与如下这些问题有关系。比如，在19世纪的印度，曾经有一种故意杀害女婴的行为。这与印度种姓制度相关，父母费尽心思去安排他们的女儿们的婚姻以提高她们的社会地位。可不幸的是，出生于种姓较高家族的女性不能轻易嫁给种姓较低的男子，同时，印度教社会又几乎没有给未婚女子留有什么空间。结果，很多女性发现她们自己处于困难之中，想嫁出去，但又很难找到具有一定社会背景的男子。因此，父母更喜欢儿子，在一些杀害女婴的村子里，男孩是女孩数量的两倍。雷诺兹（Reynolds）和坦纳（Tanner）从人类学的角度出发，谈到这种情况时说：

> 英国政府基于基督教的假设认为他们无异于杀人犯，并进行了一场反对这些实践的长期斗争，在没有真正理解印度教对男孩偏好原因情况下，认为只是单纯的人口过剩问题。[15]

这里暗含着在没有适当了解一个外在社会劳动和观念的情况下，基督教徒和印度教徒之间的战斗就开始了。英国间接地攻击了种姓制度，甚至印度教对他们所做的根本就没有什么清晰的认知。他们仅仅是用简单的基督教词汇来看待哪些是错的，并尝试阻止被认为是错误的事情并取得了一些成功。问题是他们是否有权力，而不是力量，用这种方式去干涉另外的文化。我们很容易从英国的历史中找出很多这样的例子。随着时间的流逝，这种不合时宜干涉的感觉也在相应不断地增长，这可能并非巧合。帝国主义的信心被一些相当于丧失勇气的东西所代替。这根本就不是一种哲学观点，而且这类难题恰恰像是由知识社会学引起的。这可能帮助解释，为什么相对主义的哲学论点会被欣然接受。 78

印度教的这种做法是谋杀吗？应该被阻止吗？从当代的立场看，杀婴罪的道德是另外一个问题，我不在此讨论。问题是，英国人所给予的信念认为杀婴是谋杀，按照这种标准把印度教的行为归为这个类型是合情合理的。但是难道把迈索尔村庄里的杀婴行为按照格拉斯哥贫民窟里类似的谋杀案来对待是合理的吗？一种行动可以与其文化背景相撕裂，并且被视为一种事实上与主体所持信念完全不同的行动吗？在西方社会，如果一个人杀了一个婴儿而不被视作谋杀，那么，很少有人认为这是对杀婴罪的充分辩护。虽然当我们的同情心可能被唤起时，这都是悲伤和令人心碎的例子，但是，实际上对这些事实还有一些相关的考虑，不仅仅是个体如何看待这些情况。为什么在一个不同文化背景下发生的这些事情会有如此的不同？这是一个真正的问题，但是对于在社会解释中把一个社会或者一种文化的观念抬高到一个重要地位来说，社会背景确实非常重要。通过假设、概念或者其他什么来看待一种文化，似乎产生了关于理解的大问题。雷诺兹和坦纳就表明了这点，英国人并不理解，而且可能是由于它们的基督教背景不能理解。但是，糟糕的事实是，雷诺兹和坦纳本身就是英国人，却
79 声称理解了。他们可以给一个印度教社会活动貌似可信的解释。在解释杀婴时，他们提到了人口过剩的问题，表明他们愿意对所发生的给出一种可能并不是出自印度人自己的解释。我们并不清楚，一个印度教徒到底在多大程度上意识到了由种姓制度的行为引起的男孩偏好。非常有可能的是，在没有完全理解为什么的条件下他仅仅是不想要女孩而已。

人类学家的解释是基于他们自身对一个外在社会的理解，而且还经常不含糊地用让参与者感到莫名其妙的词语来解释这些社会的运行。人类学这个学科依赖于文化相对主义的错误。人类学家后帝国主义式的脆弱神经就是如此。干涉其他社会到底对不对的问题是一个道德而不是概念上的问题。如果我们真的全部都被锁在我们各自的社会中，并且无法用我们自己的词项来看世界，那么，人类学家就是最后对我们发出这种警告的人。如果这么做，那么，他们就承认自己整天研究的学科只是一种毫无希望的事业。

理解其他社会依赖于一种简单的假设，那就是没有不同的实在。每个社会所碰到的都是相同的实在，但可能设法用不同的方式去对待。在印度的英国人要在当地的统治者和社会形式下工作是相当痛苦的。当人类生命价值的基本问题面临危险时，他们选择了干涉。另一个著名的理解就是殉夫自焚，也就是妻子在其丈夫的葬礼上牺牲自己。妻子的献身，是受到印度教崇拜的，并且至少在高级的种姓中，

妻子没有再婚这个条款。英国人在 1892 年试图通过一个法案阻止这项习俗。问题是他们对外人引用了英国乔治四世的概念和标准，并且背景还是不适当的。事实是，将“殉夫自焚”翻译成英语是不可能的。然而，坚持“对于我们来说，这是一种由社会压力造成的非自愿的自杀，对于她们来说则是一种高尚的和值得尊敬的牺牲”，这种立场看起来有些古怪。但这里面确实有些真理，因为背景信念的差异，不可能这样就算了。谁会正确看待所发生的事情？一旦有人说，对于我们来说是一个谋杀孩子的罪犯，但是对他们来说是一种宗教牺牲，或者对于我们来说是一种卑劣的嗜食同类，但对于他们来说是一场神圣的一餐，那么他们就踏上了一条危险之路。

这样人们就不再需要对所发生的进行道德评判，他们会觉得就该如此。但这样的话，他们也将自身陷入了一种深度的不一致中。他们用一 80
种非常清晰的方式强调了文化差异的本质特征。但是，那些可恶的杀害女婴的人看起来非常有可能明白为什么会对男孩有所偏好。甚至在西方社会，想要一个男孩来继承家族产业的愿望也是众所周知的。如果没有一种可理解的原因，印度教徒就不会如此行事。就像要妻子殉夫自焚看起来非常过分一样，特别是对现代“自由”女性而言更是如此。但问题是，一个妻子应该忠诚于她的丈夫的观念在西方社会也存在。

第四节　理解其他社会的基础

理解其他社会的实践，归根结底是存在一个他们和我们分享的共同基础。人类有着相似的想法和需求，同时，如果我们认识到，人们像我们一样能够对一个非常不同的环境做出反应，那么，古怪的行为就可以变成理智的行为。但更复杂的也可能是，对于环境，他们有着和我们不同的信念。关键的问题是，事实上我们能否像对待我们自己一样对待别人，或者社会是否能用如此截然不同的方式来塑造人们，使得我们都无法假定有一种共同的人类本性。[16]在没有使用任何人类本性作为解释一个外在社会基础的机会时，想要理解和对比不同社会成员的行为似乎是遥不可及的。要理解现代科幻钟爱的这些外星生命形式应该是很困难的。事实上，重要的是，外星生命经常会变得非常人类化，甚至一些神秘莫测的生物也能够说英语。否则他们就会超出我们的理解范围，想要把他们囊括进任何可理解的故事之中都是不可能的。

温奇认识到了这一点，开始支持维科（Vico）把自然定律作为理解人类历史基础的观念。他引用维科的话说，所有国家“保持三种人类传统：都有些宗教、都会签订严肃的婚姻契约、都会埋葬他们的死者”[17]。因此，温奇把出生、死亡和性关系称作“限制性观念”。他说：

> 81 这些概念的特殊形式，他们所表示的特殊制度，从一个社会到另一个社会有相当大的变化；但是，在一个社会制度中，它们的中心立场是而且肯定是一个不变的因素。那么，试图去理解一个外在社会的生活，最为重要的就是这些观念能够进入这个社会。社会人类学家的真正实践证实了这一点。[18]

将某种典型的人类欲望和偏好作为基础，那么，我们就有资格去寻找外在社会和我们自身之间的联系点。毋庸置疑的是，温奇这点说的是对的，有很多人类学家就是如此开始工作的。但我早前的观点就指出，这些专心致志要在每个人类社会中寻找婚姻形式，最后只能发现他们的残余。如何确定我们热切希望建立的联系点，不是我们随便就把本来有很大不同的制度作为相似的制度来对待？人类总是会“结婚”这个预设，对于不同社会性别之间关系的理解而言是一个必需的假设吗？可能温奇会很聪明地说，是性而不是婚姻。关于其他的社会成员和我们一样的假设，并不需要涉及他们的社会制度和我们是相对应的假设。他们可能如此，也可能不是如此。能否在其他所有社会中发现我们所称之为的“婚姻”，这是一个经验性的问题。尽管如此，还是存在能够用各种方式所表达的一些人类基本需求和兴趣。男女之间会存在性关系，这些也是一个社会所规定的。

一个社会和个体之间随机配对的区别在于，存在一种设定的程序来管理性别之间的联系。因为孩子身份的问题，这点就特别重要。现代计划生育的方法可能会打破性关系和孩子出生之间的一些关系界限，这已经在某些社会产生了后果。事实仍然是，性关系和孩子抚养之间的关联都提供了人类社会无法忽略的一系列限制。如果社会要区别于一系列个体之间任意交往的话，那么一个社会必须能够提供一种满足这些基本需求的体系。但关键在于，由于人类生活存在一些基本特征，所有人类社会都有一种相似的体系。社会可以通过多种方式满 82
足人类需求，但是如果无法满足，它们可能就无法繁荣，甚至无法生存。一个社会如果禁止性交，或者杀死所有孩子，那么，这个社会大概未必能持续太久。

什么构成了人类的基本需求取决于我们人类本性的观念。无论可能是什么，理解其他社会就预设了人类本性的普遍性。过分强调外在社会和居民的陌生性就会导致无法解释发生在他们身上的事情。库恩科学理论的不可通约性观念对于社会来说并不是一个好的模型。说每个社会只能按照自身的标准去评判，这就排除了研究其他社会的关键。我们可能对自己社会变得不满意而去加入另外的社会，而那并不是一个人类学家野外工作的目的。

经常用来反对概念相对主义的论证是，要理解其他社会是不可能的，除非我们成为其中的一员。我们要么就是这个社会中的一员，用参与者的眼睛来观察一切，要么我们就无法理解它。这是一个非常有效的批评。这种相对主义使得想要对任何文化进行科学理解是不可能的，因为对于不同文化的独立研究和比较已经变得不可能了。有时强调实地调查研究就很有可能形成这种立场，因此，对外来文化的吸收会变成它自身的终结。但是这种批评已经做出了让步，因为它假定一种文化的一名成员加入另外的文化并获取它的概念是可能的，这样可以确保这个成员能够获取一个新的概念结构，即使对不同的概念图式进行比较被认为是不可能的。问题是，概念相对主义能否说明这是如何可能的。假设我们学习自身文化的概念方法是一个模型，那么，我们既然可以学习它们，为什么我们不能学习另外文化的模型呢？我们简单地接受了不同的生活形式，学习在一个合适的环境下使用合适的词语，就像孩子被教授如何说他们的母语一样。但是，即使这样，我们还是需要说明。孩子可能会理解说的是什么，但这是因为他们看到了老师所看到的。孩子和老师在用同一种方式看同一个世界。当人们进入外来文化时，他们必须假定他们和土著人也是用同一种方式看同一个世界。即使他们放弃了将土著语言翻译为本国语言的希望，这个
83 要求仍然存在。甚至当有意识地试图像一个还不拥有任何语言的孩子那样学习时，他们还是必须假定他们能够用一些前语言的方式来理解土著说的是什么。比如说，游客看见一只猫，但是不知道土著怎么称呼。因此，概念相对主义可能试图破坏翻译的所有可能性，但他们仍然会被迫去回应一个事实，他们和土著对一个共同的、客观世界分享着共同的人类反应。否则，教和学都是不可能的。但是，矛盾之处在于，这就意味着翻译终究是可能的，因为不同的语言最终涉及的都是相同的世界。

彻底的相对主义者可能希望通过否认与另一个社会成员的任何基本相似性来抵制这一论点，他们的文化可能使他们以不同的方式看待事物，采取不同的行动，并以不同的方式划分世界。在一个文化中的

人们应该有足够的相似性以便相互交流，在不同的文化之间却存在一种巨大的分歧。这是一种可能，但是如此强烈的差异不仅会破坏一个社会语言和另外社会语言翻译的可能性，也会禁止任何一个不属于该社会的人成为其中一员。如果我已经由我们的社会所定型，生活在一个受社会限制的世界，我不能改变自己。我正是社会所造就的。尽管接下来可能会出现另外一个社会用另外的模式塑造我。在我的社会的影响下，我永远都不是真正自由的我。唯一的结论就是，如果文化相对主义真的是对的（并且对的观念不是一个相对主义的词汇），我们就被锁在了我们所出生的社会。如果离开一个社会而加入另外一个社会是可能的，那么，对于人们来说，一个社会的成员关系就不是最重要的事实。他们的概念图式并非完全受社会的限制，相反，至少部分依赖他们人类种族的成员，并且在相同客观世界中他们都能发现他们自己。

第五节　萨摩亚：一个例子

在1925～1926年，玛格丽特·米德（Margaret Mead）花费数个月在萨摩亚之后，出版了关于一个萨摩亚成年女孩的研究专著《萨摩亚人的成年》。[19]这部著作被证明是对社会人类学领域产生巨大影响的工作，超越了学科的边界并且仍被广泛阅读。她试图去给一个能够避免 84
青春期压力的社会提供一种解释。因为这些已经在西方社会中出现，在南太平洋非常不同的环境中虽然没有被明确提出来，但他们显然把这些归咎于文化而不是生物。这不仅对遇到这些问题时如何教育年轻人很重要，而且似乎为主张文化或者“文明”而不是生物更能决定人们的行为，提供了更为有力的支持。

该书明确反驳了当时那些认为生物遗传对塑造人类特点有重要作用的观点。那么，把过多注意力放在研究“优生学”上，一个学科最终将会被与其交往的纳粹德国的种族理论所败坏。弗朗兹·博厄斯（Franz Boas）非常强烈地反对优生学，并用文化人类学的成果表明这些观点是如何被误导的。他是美国文化人类学的主要代表人物，当米德开始学术生涯的时候，他的做法极大地影响了米德。他在给《萨摩亚人的成年》写序言的时候，包含了下面的响亮文字：

> 她艰苦研究的结果证实了人类学家长久以来坚持的怀疑，那就是，我们认为是人类本性的东西，终究不过是一种对我们的文明压迫限制自己的反应。[20]

事实上，米德去萨摩亚的目的就是要证明这件事，尽管我们可能会疑惑，在没有假定她和当地土著在某些方面有着共同点的情况下，她如何能够希望完全理解一种她认为完全不同的文化。假定她遇见的少女在她们的情感反应方面差异越大，她们的生活看起来就越令人费解。她计划给美洲萨摩亚的生活以确信的解释，同时表明与美国的经验完全不同。毋庸置疑的是，由于文化重要性的哲学偏见，她希望萨摩亚的生活是不同的。讽刺的是，充分理解土著女孩和我们到底有多少不同的能力只能依靠实际潜在的一种相似性。否则，理解和解释在一开始就会被排除。事实上，特别是对于普通萨摩亚生活和青少年生
85 活的本质，米德似乎已经彻底误入歧途。就像她所想的那样，她的解释确实描绘了一幅异国社会的图画，但在关键问题上似乎是高度不可信的。

德里克·弗里曼（Derek Freeman）是一位非常有经验的人类学家，他在萨摩亚的时间比米德要长得多。弗里曼对米德揭示的关于萨摩亚社会深层次的错误予以了致命打击。[21]米德写道，不负责任的南海岛居民，在没有引起任何伤害的情况下沉迷于混乱的性行为。她的解释似乎应该归咎于关于热带岛屿的西方式幻想，而不是萨摩亚的实际情

况。比如，她认为，萨摩亚人通过向个体不过多地承诺来避免压力。她所描绘的生活是一种无忧无虑的安逸，不会出现像文明社会引起的焦虑和紧张。“从生命开始的第一个月，当孩子不经意地从一个妇女手里到另外一个妇女手里，学到的不是非常小心地去照顾一个人，不是对任何关系的一种非常高的期许。”[22]弗里曼从另外一个方面给出了支持他结论的证据：“就像所有人类一样，萨摩亚母亲和孩子的基本纽带（bond）是萨摩亚人生物性中非常重要的一部分。”[23]

在面对萨摩亚对处女的崇拜时，米德关于少年之间滥交的叙述就会陷入麻烦。她说，青少年的雄心是“一个女孩尽可能和许多情人长久地生活，然后嫁到其中某个人的村子里”[24]。但是纯贞在异教的萨摩亚受到高度赞扬，男性对一位纯贞妻子的需求是特别渴望的。并且随着萨摩亚人在19世纪早期对基督教的转变，这方面的渴望得到了进一步加强。看起来，女孩所宣称的雄心很可能不是相互相容的。没有一个男子会娶一个有着滥交名声的女孩。著名的公理会伦敦传道会在萨摩亚非常活跃。正如斐济和汤加，传教士是卫理公会教派的，岛上居民信仰的变化使其生活发生了深远的变化，在很多时候把暴躁的战士变成了平和的人。吃人的情况被根除了。但是，米德几乎没有提到基督教。如果她承认基督教的影响，她实地考察的全部观点就会不再正确。她想表明一个简单、原始的天堂和复杂、文明社会之间的差异。甚至对于她自己来说，如果她承认萨摩亚人在生活中遵守新教教义和任何美国人一样严格和真诚，她就会失去全部的研究观点。她更倾向 86
于设想没有宗教信仰的萨摩亚人几乎没有受到传教士的影响。

米德对于如何能够很轻易理解外在社会显得过于乐观。她声称：“一个受过训练的学生几个月之内就能搞清楚一个原始社会的基本结构。”[25]她相信在那些时间内充分学习当地居民的语言，并且能够让她可以用这种语言从那些看见外国人都可能害羞的少女中，去提取她们私生活的亲密细节。她甚至没有住在一个萨摩亚人的家庭。当这些缺点和事实相结合之后，作为方法论的假设，她所要寻找的差异，不是和美国女孩的相似，那么，她的结论受到怀疑也就不足为奇了。弗里曼说："我还没有遇到这样一位萨摩亚人，此人同意米德的说法，即萨摩亚社会的青春期是平稳的、无忧无虑的、没有压力的。"[26]这本身非常重要，因为米德的断言描绘了萨摩亚个体的经验体会。弗里曼坚持认为，她的主要结论"实际上是人类学神话的虚构，与萨摩亚民族志和历史事实出入很大。"[27]这点并不令人奇怪。

米德对萨摩亚社会的误读，无疑受到她关于"社会环境在一个人的生活中有着很大作用"[28]信念的影响。她没有把人类本性作为理解的基础，她的研究被认为是表明了所谓存在于不同文化中的人类根本差异的经验证据。文化人类学用它自己的权力建立了一门学科，从对生物学的依赖需求中解放出来。弗里曼明确地将人类学最终成为一门相对独立的学科和米德的研究联系起来。他认为，她发现的主要影响是排除了生物学，并接受了社会作为社会塑造力量的绝对优先地位。说到这种"文化决定论"的神话，他说：

> 关于米德著作的基础，在知识界和社会学科中，萨摩亚被认为是为文化决定论核心的博厄斯范式提供了决定性的证据……因此，米德对萨摩亚的想象会被如此热心地接受，其结论被她自己
> 87 和其他人精心设计，引发20世纪人类学神话最为广泛的传播。[29]

对米德关于萨摩亚生活解释的反驳，并不是反驳她关于文化超越自然成为首要地位的观点。尽管如此，她的结论不能再作为文化变化的例子来使用。她拒绝假定任何普遍人类本性的存在，这不仅导致她犯了一个显著错误，也给人类学这个学科带来了一种极其危险的基础。如果没有人类之间的相似性假设，他们行为的任何解释都会变成

推测性的，而且没有一个标准来判断人们可能说的是真的或假的。和米德谈过的那些女孩非常有可能戴着有色眼镜来看她们的生活，而且很可能大多都是不真实的生活。米德对弗里曼称为“文化决定论”的依赖，让她无法反对这种论证。一个相信人类本性非常普遍的人可能会更多地意识到，这仅仅是当一个陌生人问她们的性行为时这个女孩可能的反应而已。

注 释

1 Karl Marx, *Early Texts*, 1971, p. 135.

2 Ibid., p. 150.

3 Ibid., p. 151.

4 Ibid., p. 149.

5 Ibid., p. 150.

6 D. Rubinstein, *Marx and Wittgenstein*, 1981, p. 180.

7 P. Winch, *The Idea of a Social Science*, 1958, p. 88.

8 Ibid., p. 119.

9 V. Saifullah Kahn, “Pakistanis in Britain: Perceptions of a Population”, 1976, p. 228.

10 Winch, *Idea of a Social Science*, p. 88.

11 Ibid., p. 89.

12 见我的著作 *Pain and Emotion*, 1970.

13 见我的 “Thought and Language”, *Proceedings of the Aristotelian Society*, 79, 1978-9.

14 V. Reynolds and R. Tanner, *The Biology of Religion*, 1983, p. 5.

15 Ibid., p. 55.

16 见我的著作 *The Shaping of Man*, 1982.

17 P. Winch, “Understanding a Primitive Society”, reprinted in his *Ethics and* 88
Action, 1972, p. 47.

18 Ibid., p. 43.

19 Margaret Mead, *Coming of Age in Samoa*, 1928, reprinted 1943.

20 Ibid., p. 6.

21 Derek Freeman, *Margaret Mead and Samoa*, 1983.

22 Mead, *Coming of Age in Samoa*, p. 160.

23 Freeman, *Margaret Mead and Samoa*, p. 201.

24 Mead, *Coming of Age in Samoa*, p. 129.

25 Ibid., p. 14.

26 Freeman, *Margaret Mead and Samoa*, p. 259.

27 Ibid., p. 107.

28 Mead, *Coming of Age in Samoa*, p. 11.

29 Freeman, *Margaret Mead and Samoa*, p. 94.

第五章 理　性

第一节　科学理性和民俗方法学

物理科学的威望不仅促使社会科学已经尝试采用它们的方法，也导致人们认为理性的科学标准只有这一种。显然，人们相信只要是科学就都是理性的，非科学的都应该被去除，由此超越科学范围之外的任何事物都是不理性的信念。那么就会出现，对由信念驱动的"原始"社会的研究看起来是完全不科学的问题。在这方面非洲的阿赞德人（Azande）经常被引用。他们相信女巫，并试图对抗巫术来保护自己。他们请教神谕，并使用魔药。显然，原始的信念在很多有经验的非洲人中存在。一位英国外交大臣认为加纳前总统恩克鲁玛（Kwame Nkrumah）喜欢鸟，是因为他看到总统家周围全是鸽子窝。但是，恩克鲁玛只是希望向它们的内脏请教，特别是在乘飞机旅行之前。

这个例子表明，仅仅把它们嵌入一个特殊文化中的这种实践的观念都过于简单了。文化混合、"迷信"和先进技术其实可以同时存在。无疑，有人会在乘坐协和式飞机之前去请教鸟的内脏。这种活动起源于一个不同的背景，来源于有技术基础的社会，在他们原始的语境下可能获得最好的理解。然而，我们还是不能忽略一个问题，坚持这种信念的人是不是理性的。信任魔法或者信仰巫术权力仅仅是迷信吗？我们能简简单单地摒弃这些视作原始的观念吗？

90 温奇敏锐地指出，我们的理性标准来源于我们所属的文化。当我们想让其他社会的信念和实践对于我们来说是可理解的时候，我们就会试图让它们满足我们的理性标准。他评论道，我们文化中的理性标准“深深受到科学成就和方法的影响”。他继续说道：“像这种信仰魔法或者请教神谕的活动几乎可作为一种非理性的范式。”[1] 问题似乎是，我们是否有权力将一种文化的标准用到另一种文化上。但这只是再次招来了对相对主义的恐惧，因为这假定了文化是整体的，并且确实做了一个关于我们“文化”理性标准的巨大假设。就社会学观察到的事实而言，我们文化所严格坚持的科学理性的苛刻标准是错误的，至少经验主义是这样理解的。否则，占星术的流行就很难解释。如果科学给这些渴望理性的人们提供了一种无法挑战的标准，那么，这点就令人非常怀疑。在实证主义的辉煌时代，很多人支持科学方法能够捕获人类理性的本质。但是，一旦经验主义受到挑战，理性就不再是科学家的垄断了。那么，最大危险是对理性很大可能的拒绝。很多人试图放弃理性的观念，就像我们看到的，取而代之的是承认物理科学的方法可能提供了一种过于严格的模型。事实变成了，人类可能有各自不同的理性，只不过是一些理性要比另外一些更好罢了。

理性问题在两个层次上挑战了社会科学家。其中一个问题就是人们如何研究理性，而另一个问题是社会科学家自己的理性问题。如果科学理性被当作模型，社会科学家既可以批判这些缺乏思想的人，即使他们完全忘记这一点，也可以试图用科学理性来说明，为什么一些社会充斥着如此多的迷信。一旦接受科学和其他活动一样仅仅构成了一系列的实践活动，社会科学家就不再有评判一个社会的任何标准了。这可能会有一定的收获，但必然的结果是，他们自己的学科不再主张包含任何一种理性原则。实证主义的余威产生了一种无力的虚无主义。理解似乎取代了因果说明而成了科学新的目标，但仅是充满疑问价值的理解。

这点特别引起了被称为“民俗方法学”（ethnomethodology）的一 91
些表现，即研究每天的行动。当科学不再虚荣时，对于社会科学家而言，所有的一切看似只剩下描述一个社会中的参与者是如何看待自己的行动。拒绝社会如何获得它们特征的因果解释和随之而来的对任何理性标准观念的不信任，只剩下了描述发现的不同观点和通过社会科学家视角提供的认识。民俗方法学家坚持他们称为“民俗方法学的无差异”这样一种政策，同时，当研究他们称为每天行动的“形式化结构”时，他们严格限制自身的任务只是描述成员的故事。[2]他们的“无差异”观点是，希望避免“对他们的充分性、价值性、重要性、必要性、实践性、成功或者自大等方面进行判断”这样的现象进行研究，换句话说，民俗方法学家不希望将他们自己关于理性的任何假设引入他们的描述中来。

其他学者在谈到民俗方法学时坚定地说，它“把社会科学看作众多实在中又多出来的一种”[3]。他们批判社会科学的理由是，它“歪曲了其他实在，因为它只通过自身系统的透镜来看待他们”。我们必须再次注意到这里面谈到的“许多实在”的不连贯性。如果假定真的存在很多实在，那么，我们就被迫需要一种能够涵盖其他实在的一种实在。真正重要的问题就是，如果禁止从自己系统的透镜中去观察其他的“实在”，那么，社会科学的功能又是什么。有一点是肯定的，那就是外在的信念体系不应该盲目地强加在科学假设之上。作者抱怨“科学实在被用作与其他所有实在相比较的一种标准”。比如，他们说，土著的巫术只是被看作使用迷乱药物的一个怪异例子。

我们可能会同意类似的反对意见，那就是实践不应该脱离语境，但是拒绝科学可能会引起更大的困难。很多人的观念已经不满足于简单地认为科学不能给我们所有答案并且知识还有其他获取的途径。反对科学的回应会产生一种根本没有答案的感觉。米恩（H. Mehan）和伍德（H. Wood）说，“每一种实在都是平等真实的”，并进一步说“没有一种单一的实在会比其他包含更多的真理”[4]。除了他们古怪的实在
92 观念之外，这里还给出了关于真理的一种奇怪概念。他们希望清除掉任何渴望具备优先性的信念体系。他们甚至对舒茨把每天生活的实在作为*一种*最重要实在的观点进行了攻击。但是他们这种处理事情的方式又暗示真理是可以获得的，然而，他们又清晰地表明根本就没这样的事。这并不是说，在相同的真理上，每个信念体系有自身的视角。在不同的体系中，什么才算真理是不同的，所以，没有人可以认为其他人是错误的。事实上，他们同意继续引证维特根斯坦的观点，并将众多实在等同于众多生活形式。

和知识社会学遇到的情况类似，民俗方法学必定也有严重的自返性问题。社会科学仅仅变成了众多信念体系中的一种，和阿赞德人对神谕的偏好处在同一个层次上。但是，把我们的假设强加于他人，对扭曲他人的信念方面我们到底应该需要担心多少呢，争论这个会不会发生是非常危险的。米恩和伍德说：“在没有看清自己的情况下，根本没有办法从一种实在的视角去看待他人。”[5]一旦这点被铭记在心，一种无穷倒退似乎不可避免。民俗方法学家们必须认识到，他们任何的经验发现和他们所研究的一样，都是他们“实在”的一种结果。但是，在没有确定他们的假设和实在有关时，他们不能研究自己的实在。这就不难理解，米恩和伍德坚持认为民俗方法学“不是追寻关于世界的真理的方法”[6]。相反，他们说，它的任务是检验世界聚集方法的不同版本，当然也包括他们自己的。

那么，如果按照这种方式来理解，为什么还有人要从事民俗方法学？米恩和伍德承认自返性问题已经让人很担心，所以，一些人建议所有“经验型的修辞”应该被放弃。问题是任何强调自己仅仅是众多生活形式中一种的学科，到底多大程度上可以抓住这个世界。一旦世界的经验与一种特殊的概念图式有明确的联系，那么，经验研究只能被看作是一个特殊信念体系的结果（outworking）。不能证明它是合法的，而且，当有人怀疑为什么他们应该采纳或者坚持这样一种体系，或者任何经验研究的意义何在时，要回答这些问题就会变得非常困难。在拒绝成为理性范式之后，经验科学的方法沦为了似乎是毫无意义的例行公事。米恩和伍德承认，那些开始担心经验性民俗方法学地位的民俗方法学家“在研究其他生活方式时，一般都退出了民俗方法 93
学和学界”[7]。没有迹象表明社会科学里相对主义的影响越来越小。一方面，断言物理科学没有垄断真理；另一方面，又放弃了真理、实在和知识的概念。一方面，拒绝一种很狭窄的理性科学范式；另一方面，又扩大理性的范畴，以至于最严格的社会科学家和最迷信的部落人一样理性。这种立场的唯一结果是，对社会科学的价值或者目的，事实上包括对所有任何智力活动以完全的怀疑。

第二节 作为一种社会实践的理性

社会科学的目标不只是对其他文化的一种简单理解。任何人都可以采纳其他社会的观念，如果他们生活其中，并且试图忘记他们自身。“成为土著”是可能的，也有几个西方人加入食人部落并且像他们那样生活的例子。如果认为有人越是食人，他们就越有可能成为一名人类学家，这肯定是荒唐的。将一个部落完全同化并不是社会科学的目标，虽然对于空想的人类学家来说，专业工作中的参与要求可能是一种非常有效的解毒剂。一个在新几内亚的人可能要比在牛津的人会发现更多关于新几内亚部落人的东西。但是，基本问题仍然存在，那就是如何对待获取关于部落生活的知识。如果社会科学假设一开始就作为一个特殊社会产物而被排除掉，那人类学就是一门无用的学科。一些人可能恰好喜欢访问异国他乡，去看一些奇怪的传统，而另外一些人则更喜欢待在家里。

社会科学家需要用一种独立的角度来检验一种文化。直接的反应就是，他们将不会从自己的文化中分离出来。科学分离的概念自身恰恰就是一种特殊文化假设。但是，这个争论和在激烈争论中常说的“那只是你的看法”类似。每个观点都是一些人的观点，而且重要的问题是，对于信念来说，能否产生一种好的理由。如果你被告知，只有*你*认为好的理由才是理由，那么，就会失去任何争论或者讨论的关键。在没有能力讨论什么*是*好的理由、什么*是*真的，或者什么*是*实在
94 的情况下，那么所有的谈话都变成了非理性态度，甚至只是品味的一种表述。一些人可能受文化的限制，其他可能是一种个体的事件，但是关于日常事实的全部争论，将不会也不能触动他们。西方人将理性作为一种文化构建的典范来对待，那只能意味着，表面上的理性讨论仅仅是受文化限制偏见影响的一种表现。他们被培养成更加偏好智力游戏的类型。然而，一些社会条件可能会更加促进理性思想的发展，问题是这种思想能否主张任何的合法性。这种“真理”的理智追求仅仅是众多文化中一种文化作用的表达，还是它可以设定为所有人都渴望的标准？

这个问题与对其他社会的研究有关，但是它又引起了一个非常深奥的难题。这是美国哲学家罗蒂在讨论关于哲学自身目的的语境下提出来的。否认一种经验主义认识论及其经验中的可靠基础造成了一种可能性，那就是在总体框架内可能产生不止一种理性话语。应该存在

多种类型的话语。罗蒂用词项“认识论”和“诠释学”描述了两种不同的策略。他写道，关于不同话语之间是否有共同基础或者事实上能否预设任何“可以联合讲话者的学科基质（matrix）”。存在一种共同理性吗？他说：

> 对诠释学来说，成为合理的就是希望摆脱认识论（即摆脱这样一种思想，认为存在着一套特殊词语，谈话的一切组成部分均应表诸该词语中），并希望学会对话者的行话，而不是将其转译为自己的语言。对认识论来说，成为合理的，即去发现一组恰当的词语，如果要达成一致的话，谈话的一切组成部分均应该转移为改组词语。对认识论来说谈话是含蓄的研究。对诠释学来说研究是惯常的谈话。[8]

因此，他希望把谈话看作“可以理解知识的终极语境”[9]。真理不是通过我们观念和实在取得一致就可以达到的一种客观事物。如果确实存在我们继续谈论真理的可能性，那么，它就是一种谈判和相互理解及妥协的事物。罗蒂看到了社会实践辩护的选择（alternative），每一 95
个都不得不假定与其他“相反”。在没有任何客观真理概念的情况下，他仍然感到“让对话进行下去”[10]的重要性。可是，为什么哲学家不得不继续一种看起来没有意义且烦琐的任务？甚至给短语“人类的交谈”以隐喻性的本质，哲学家似乎回到了鸡尾酒会上无所事事的唠叨水平。那么，罗蒂哲学论证的地位是什么？如果他试图提供的不是一种理性论证，那么，很难明白他写的是什么。如果他是，那么他自身就得事先预设一些关于理性的框架。

库恩和后期维特根斯坦明显影响了罗蒂。但是，我们是否在最一般的层面上处理理性的可能性，无论是哲学或者认识论层面，还是科学实践或者人类学层面，问题依旧相同。理性是一种社会实践，历史性的条件，抑或是要求其能够超越特定时间和地点而被接受的理性标准？关于理性的问题和关于客观真理的问题被如此频繁地联系起来也许有很大意义。独立于我们自身思考的实在假设提供了关于相信什么是合理的一个限制。像一个观念论者可能坚持的，如果实在是由我们的信念所创造或者构建的，那么关于相信什么是合理的就是充分的。另外，如果我们所相信的无法影响实在的本质，作为“普遍感觉”的可能假定和实在论者的坚持，那我们关于相信什么是合理的假设，完全有可能导致我们误入歧途。我们的信念可能完全是错的。

通过拒绝知识的经验主义观点，罗蒂形成了自己的立场。但是，哲学似乎在没有基础主义认识论的护卫下被放逐。麻烦的是，经验主义者对世界经验概念的严重依赖，并不利于任何对世界的强调。结果，一旦看起来理论甚至文化对“未经加工”经验的影响暴露出来，就很难恢复任何的世界观念，或者那种自身并不只是一种理论或文化构建的实在观念。然而，没有这个观念又让一些民俗方法学家很失望，不久就会开始放弃民俗方法学。所需要的是从经验主义预设中分离出来的一种客观实在的概念，因此，不能与经验科学的方法和研究
96 结果关系太近。后者可能是一种知识的源泉，但是关于它是知识唯一来源的主张，必定会引起许多关于知识或者客观真理观念的激烈反对。

这个到底在多大程度上说明了“原始”社会中的迷信以及可能的非理性的问题？使用罗蒂观点的一些人不会引用理性标准，也不会因为没有遵守理性标准而批判一个社会。他们的标准和我们是不同的，这样看起来，我们必须在没有任何能够评价他们观点的合适理性框架下尽力去和他们进行一场对话。但是，当我们面对魔法或者巫术的时候，这种立场是充分的吗？维特根斯坦应该会接受这点，并且会非常不满詹姆斯·弗雷泽（James Frazer）的人类学工

作，“弗雷泽关于人们魔法或者宗教概念的解释是不合适的：这会让这些概念作为*错误*来出现”[11]。

但是，维特根斯坦自己关于这些概念的解释，是在拒绝接受在宗教内能够主张任何为真的事物之上。他拒绝接受奥古斯汀在呼唤上帝方面是错误的，但是这并不是因为他认为奥古斯汀就是正确的。他应该也不会同意一个佛教徒或者一些其他宗教的追随者也是错误的。在这个领域内，错误的概念是不适合的。他认为：“一个宗教符号不依赖于任何观念。同时错误只能与观念有关系。”[12]

事实上，这类运动在现代社会人类学家中非常流行。它被一种认为不能把魔法和宗教实践视为是坏科学一样的愿望所鼓舞。弗雷泽显然就是这么做的。维特根斯坦认为他的观点有个例外，那些祈求刮风下雨的仪式将会继续，因为这种事件有些时候会经常发生。弗雷泽坚持认为，“原始人将事件视为一种仪式的直接结果和其效果的最好证明是情有可原的”[13]。维特根斯坦反驳说：“人们并没有注意到雨下得早还是晚，无论如何这是非常奇怪的。”[14]从科学的观点看，结论只能是，人们所关心的是非理性的。但是，拒绝这点肯定意味着拒绝将我们的科学标准施加于“前科学”的社会。

相对主义者提到的不同实在只能被锁定具备独立空间的不同文化，同时如果许多社会人类学家更加偏向于强调相当“原始”信念的非科学特征也并不奇怪。比如说，我们被告知，“魔法是一种象征性的 97
活动，而不是科学性的”[15]，因此，要想把部落里的人从非理性的指控中救出来，他们的行动就不能被解释为事情的发生方式，而是要表明他们如何感觉事件的方式。应该强调的是已发生事件的表现和象征性特点。那么，一种雨舞，就不应该被看作产生下雨的一种无效方式，而应该看作对下雨重要性这种信念的仪式化表达和想要下雨的一种愿望。在一个充斥着干旱的社会里，任何表面求雨的意识都是深入这些看法当中的，而且对于坚持某些非常重要的事来说，是强有力的象征。问题是他们是否仅仅如此，以及那种社会的成员在他们如何求雨的信念中可能不只是个错误那样简单。甚至在一些西方社会，当有严重干旱时就可能有对雨的祈祷。有经验的信徒可能感觉到那种祈祷不是改变世界的方法，而仅仅是表达我们最深切的担忧。更为可能的是，他们根本就是在非常不情愿地使用它们。天真无邪的信徒肯定会认为祈祷可能会得到回应。假定后者是错误的很容易，但是，当逃避用相同方式来评判其他社会中的类似信念时，那么，就会认为某人自身所在社会的成员是不一致的。

为什么会如此容易地认定对于世界来说祈祷不起作用？答案必定要在科学的优先性和科学无法说明就不能发生的偏见中去寻找。这仅仅是偏见，因为甚至科学家也得承认，当代科学有其自身的界限。[16]如果科学在*原则上*能够说明一切信念，即使一些事情永远是血肉之躯的科学家所无法达到的，这就变得非常空洞。无论什么才是科学真正能说明的，这个障碍我们可能永远都不可能给出有力的说明。如果严肃看待人类科学的界限，我们还没有准备好将科学和理性等同起来。如果科学在当下或者在可预见的未来不可能说明所有事，那么，就没有必要非理性地坚持，什么是不能科学证明的信念。因此，这并不意味着是无意识的理性，而是就信念来说，好和坏的理性不要被限制在当代科学家所接受的范围之内。反对科学的发现可能是非理性的，但是将理性严格限制在其界限内看起来也不太理性。我们可能没有理由说地球是平的，但是，我们也不能拒绝面对所有科学还没有完全解决的难题。这么做仅仅是继续效忠于一种狭隘的实证主义。

98 这又如何影响我们对非科学信念的判断呢？不能因为它们是非科学的，就应该受到非理性的判断。排斥所有宗教，实际上就是排斥所有形而上学，都体现了对科学标准的一种承诺，而科学标准自身都不能被合理地证明是合理的。有些人强调，把陈述意义理解为可被科学验证的，有人对此一直有一种强烈的批判，即这种信念本身并不能被科学验证。它一开始就作为公理提出的，所以其他人随便就可以拒绝。维也纳学派将形而上学视为一种谬论，就是简单地把科学视为理性之源的一种决定。这样就使得科学理性等同于理性了。虽然可以将一定的立场定义为理性而其他都不是，但是，这种独断留下了一个无法触碰的基本难题，即所有关于世界的非科学信念是不是只能作为非理性而被抛弃。

第三节　“表现的”和“象征的”的实践

很多社会人类学家希望强调仪式的表现特征以及思想中的象征作用，这些愿望体现了实证主义的影响和对其结果的不满。当前也有相同的趋势，在西方社会中，一些宗教哲学家试图去解释宗教。开始的假设就提出，真理是科学的领域，宗教信念不能主张“自由”真理，无论它们是关于外来的还是基督教的三位一体精神。然而，一下子彻底放弃这么多的基本信念，人们还是会有些犹豫。说它们是错的，如果不是荒谬的，也暗含了这些相信它们的人是不理性的。下一步就是通过表明它们在有关社会中具有明确的功能，并且信徒实际上在做一些非常明智的事情来试图拯救这些信念。因为真理和错误的问题已经交给科学处理了，必须说明信念问题与关于什么是真的信念无关。显然是为了下雨而设计的仪式不应该以这种方式来理解。部落人不会有关于天气的错误信念，尽管表面上正在做一些完全可感知的事情。

在西方社会，相同类型的分析也会应用到宗教信念上。一种心照 99
不宣的假设经常被提及，科学不能说明奇迹或者不能处理任何超验的或超自然的事物。因此，看起来在谈论上帝和世上的神助时，不能从字面上去判断真或假，而且如果宗教信徒是不理性的，他们必须被理解为在做一些其他的事情，而不是相信关于世界的事实。关于回应这类经验主义最著名的例子之一就是布雷思韦特（R. B. Braithwaite），他说："宗教主张最初主要用于宣称对一系列道德原则的效忠。"[17]因此，宗教被还原为按照一种特殊生活类型进行生活的决心。它主张真理只是被当作心理援助的化身而已。最近，一位激进的神学家，唐·库比特（Don Cupitt）对他所看到的科学挑战进行了回应："我们高度精练和优雅的科学的世界图像，包含了一种清晰的含义，我们的道德、艺术和宗教纯粹是人类自己的建构，没有办法在世界的更大范围内所接受。"[18]他认识到，拒绝科学为真理仲裁者的地位是可能的，并且可以将其看作"其中的一种人类文化活动"。然而，无论是对科学的解释——实证主义，还是反对它的回应——宗教，都不能主张客观真理。如果实证主义是正确的，那么，严格来说，宗教就没有任何意义，因为只有科学提供知识。如果反对实证主义的回应获胜，那么，宗教就可能理解为生活形式的一部分，或者自身作为一种有特色的形式。客观真理的概念就被自己消除了。

库比特通过主张"我们不得不将宗教语言看作是表述、行动指南和象征性，而不是描述"[19]来为宗教寻求一席之地。他说道："现在，批判思想和科学视野的不断发展，非神话或非神秘化了所有传统上人们赖以为生的所有事物。"因此，我们不能再认为上帝是一种超验的存在，让其作为一切的终极说明。他提供了一种观点，我们必须"把'上帝'这个词作为一种融合或合并的符号，它包含了我的精神生活中所面对的一切"[20]。如果事实是科学的范畴，那么，相信上帝的人似乎就不能拥有关于世界的推定事实。除非他们是假装胡言乱语或者非理性地坚持他们认为是错误的信念，否则信念必定会有其他的功能。它用一些重要的方法规范了他们的生活，可能是他们社会的生活，没有它，他们或者他们的社会都将会大不相同。

这种类型分析的重要特点是，这种类比对于社会人类学家给出的“原始”宗教来说是一样的。对于把信念作为非科学和错误来使用也存 100
在同样的压力。因为划分人类经验的愿望，所以科学可以在自己的位置，我们也可以谈论不同的生活方式、不同的象征方式和表述讲话。通过强调这些社会和自身的差别，社会人类学家可以将其他社会和科学隔绝开来。西方社会中，一些宗教的辩护者坚持认为，即便在同一社会，科学和宗教蕴含着不同生活实践或方式来并由此来隔离宗教。但最后，问题仍然是相同的。被现代科学洞察力所武装的我们，如何来对待不能被科学证明其合法性的实践持存？社会人类学家遇到的问题和我们在西方社会遇到的问题并没有什么不同。按照严格的科学理解，一些人怎么能够坚持不受理性评判的信念？

两位哲学家，麦克唐纳（G. MacDonald）和佩蒂特（P. Pettit），在写到跨文化理解的问题时说：“紧扣宗教/科学之间的对照，人类学家已经导致了对我们文化和更多传统之间差异的过分强调。”[21] 他们认为，对后者来说，并没有对特殊信念的理性进行反思的传统。在这些环境中，矛盾信念的出现可能不太意外。他们的结论是“可能是人类学家，或者至少是无神论者的人类学家，会发现对人类理性假设的最大挑战不是在外星人的研究中，而是在她自己的研究中”。这是公正的评论，因为它指出，在西方社会宗教和科学相互遭遇时，又会出现和科学面对原始宗教模式相同类型的问题。问题的关键是，如果拒绝所有科学不支持的信念，那么，根据实证主义科学方法预想假设的西方社会功能就是一个明显的错误。确实，正如我们看到的，现在几乎没有人相信科学。

解释“原始”文化时出现了很多问题，因为他们按照狭隘的科学理解来进行判断，就像实证主义者的理解一样。对人类理性假设的挑战更加严重，因为科学进程被当作一种理性范式。文化相对主义者会

限制西方社会中的科学标准，但那并不会消除问题，因为非科学信念
101 也会发生。所有关于宗教信仰的观点，无论它们在哪儿出现，仅仅是象征性地接受实证主义所主张的只有科学才能提供通往真理之路的论调。这和相对主义的观点有点类似，它给宗教提供了自身标准的集合，以至于仍然能够用一种科学无法触及的方式去谈论“象征性真理”或者“宗教真理”。尽管存在一种强烈的暗示，但“实在的”或“自由的”真理已经超越了科学。

我们所需要的是一种实在的概念，以及并不受现代科学发现限制的真理假设。现代科学已经给世界的重要发现提供了一种强有力的技术，但是，认为它是通往知识的唯一路径的观念会导致对非科学信念解释的重大扭曲。“科学实在论者”可能仍然倾向于把实在的概念严格限制在科学发现的范畴之内，但其实这是偏见。我们并不敢假设所有非科学信念一定是错的，或者他们的支持者因此就被视为是非理性的。

查尔斯·泰勒（Charles Taylor）指出，现代科学能够取得发展，只是因为我们自身受过“在没有考虑对我们具有可能意义情况下表达事物方式”的训练。一种由科学推动的实在扩张的独立观点，和一个由象征勾画的充满意义的世界之间的裂口已经显现：“这种对比的发展已经超出了我们的生活形式。但就是因为这个原因，对于理解和我们非常不同的人们来说，可能还是没有什么帮助。”[22]

因此，这是一种象征的观念，并非真实的或科学的东西，真理会从一个以科学为基础的社会中出现。显然，必须如此，否则就无法进行对比。无论对或错，我们已经学到了这样的二分法，虽然其他文化可能不会这么干。但可能和这点无关，除非我们是概念相对主义者，限制了概念在其发源社会中的使用。即使这些不肯到自己身上，也应该使用一个有效的区分。其他文化可能没有意识到他们信念的象征性

本质。这是解释其他文化的主要问题之一。在研究中，我们有资格用人们并不接受的词汇去描述或者说明实践吗？我们能够说，祈祷下雨的人纯粹是象征性或者表现性的，甚至他们都不接受这种解释？他们可能不会接受它，因为他们并不拥有我们的象征性概念，但是，许多懂得概念的人也会认为，对于他们的祈祷来说，是不合适的而拒绝这种概念。或者，他们可能正好停下来求雨，因为他们会看到，它真的 102
可以正确描述它们。另外的情况是，用不止一种中立的描述来对祈祷分类，它不允许任何人试图用超自然的方法来使用祈祷去改变世界。

根据定义，科学无法处理超自然现象，所以按照科学的世界观，那类祈祷也不行。问题是，人类实际上能否用祈祷达到这个目的。他们可能也会使用魔法或者巫术去尝试改变世界。一个不言自明的假设是，所有这些实践必定是非理性的，因此，也不太可能发生，这仅仅是体现了喜欢科学的一种偏见而已。事实上，在对世界运行的物理机制相当无知的情况下，一些实践活动令人出奇地理性。甚至对魔法经常不起作用的反对，也来源于一种认为预测成功才是最重要的科学训练。

第四节　信念和理性

理性是一个相对的概念。相信什么是理性的，取决于你已经知道的。科学家可以很容易把受魔法控制的原始信念作为一种非理性而抛弃，这是因为他们拥有更多关于世界的知识。从他们的观点看，这样的信念仅仅是迷信，而且科学家可能是对的。然而，科学家有时候也倾向于主张他们并不掌握的知识。一位科学家可能发现，在某些场合要解释祈祷的明显效果是不可能的，并且对祈祷宣称的效果无法在实验室条件下复制而感到不满。对祈祷的缺点而言，这可能恰好指出了科学的局限性。这是一件极其有争议的事件，但也正是这个事实才暗示了，按照非科学的，因而也不是真的关于世界的来对待特定信念，这样其实解决不了问题。矛盾在升级，因为科学不能为与一种科学观不同的说明形式留有余地。用这样一种不会起冲突的方式解释它们，是在用一种令人担忧的实证主义态度来重新宣布科学霸权的微妙方式。实实在在地接受冲突，不会让我们丧失关于什么是该相信的理性方向。科学家应该是对
103 的，与科学不同的意见应该是错的。象征主义者的方法让揭露错误信念和无知变得不可能，因为所有信念都是在表述一种可感知的态度。

约翰·贝蒂（John Beattie）论证道："魔法是来自情境的一种表演，用象征性词语来对欲望的一种表达；不是经验性地获取关于自然物质属性的知识的应用。"[23]他认为，土著的魔法并不仅仅是一种愚蠢的科学理论，他这种看法是正确的，因为，认为土著的魔法是一种愚蠢的科学理论，这就将我们关于西方科学的观念引入到了一种不恰当的情境中。但是他没意识到自己的错误在于，当他得到完全不同的结论时，他已经注意到了科学和非科学之间的区别了。但是，关键点不在于一个没有科学信念的社会中会出现了土著的魔法，而是科学和非科学的区别不能应用到那里。照理推知，只有科学家能够进入实在的本质领域，否则土著的实践就不能按一种实在的观念来理解吗？尽管这是一种非常滑稽的情况。

一旦接受科学只是一种有效获取知识的特定方法，我们就可能有理由希望在其他文化中找到知识。这种观点必然会推出，我们也会发现无知。尽管如此，当我们和他们的信念发生冲突时，那种不论对于我们还是他们而言，实在都是独立于其观念而存在的观点是一种有益影响。我们不能确定我们获取知识的方法总是要比他们的领先。我们可能还需要向他们学习。比如，部落医疗的传统治疗方式，可能有时实际上真的是治疗。对现代令人印象深刻的手术技术的巨大依赖，可能会让我们对简单社会中可能早已知道的重要事实视而不见。

在某种程度上“前科学”社会没有任何关于世界的知识，但只有在当时的社会才有意义的实践活动，这种主张本身就涉及实证主义区分的运用。但是，尽管一种文化对实在的理解可能非常少，尽管它不能控制自然力量，但也可能经常闪现出一丝深刻的洞察。说信念要不就是科学的，要不就是与实在无关，这是一种非常粗俗的错误。当我们看到一个依赖魔法的部落社会时，把我们的理论范畴强加到它的身上是不合适的，甚至如果我们只是豁免对它非理性的罪过。当我们研究公元前 5 世纪爱奥尼亚早期的科学哲学时，类似的情形就会出现。很难确定一些信念是科学的还是形而上学的。用经验主义的方法，科 104
学还不能从人类理性的简单运用中区分出来。早期德谟克利特的原子论，更别提泰勒斯把水作为潜在的实在，说这些是科学的，仅仅是因为他们揭露了当时还没有认识到的范畴。从我们的观点看，这的确可能涉及科学元素，但是强迫接受这种落伍的范畴对我们理解几乎没有什么帮助。

基本的问题应该是信念的真，而不是他们的理性。在一种关于世界相当无知的条件下，对于我们来说，许多实践看起来明显是非理性的，事实上却非常理性。如果我不知道如何处理生活中的意外事件，并且完全受它们的摆布，我可能会沉溺于试图用一些看起来很怪异的活动来获得一些掌控。温奇就认为，阿赞德人的魔法仪式“表达了一种对突发事件的态度”[24]。他描述了对人生必有意外认知的一种态度，而不是试图去控制这些意外。但是部落人在让他们事物兴旺发达的明显信念中使用了 sarawa（一种植物）的树叶。埃文斯-普里查德（Evans-Pritchard）引用了阿赞德人如何称呼 sarawa 的叶子：“药物，你保护了我们种的花生不受女巫的侵害，你让我们的花生健康生长。”[25] 只有一些握有一种哲学理论的人才会认为，这不是真的害怕女巫，而是相信 sarawa 真的能够让花生健康生长。类似地，只有已经握有现代科学假设的一些人会认为，求雨者只是要用一种超自然的力量来下雨。人们在意的观念必然会明白这些方法并不“奏效”，只是将一种严肃的科学观点引入情境中。如果他们拥有复杂的因果观念，他们很有可能不会一开始就拥有这样的信念。无论怎样，花生通常总是长得不错。

一个确切的事实是，19 世纪的传教士和 20 世纪的科学家都能够说服许多人，他们有些信念是非常原始的，并且应该被丢弃，却甘愿为他们持有的理性作证。令人惊讶的是，在有不可驳倒的证据证明巫医并没有每个人所相信的力量时，信念到底会多快被丢弃，或者在没有疾病的影响下把仪式丢弃。传教士来了之后，南海岛上居民发现，与航海和捕鱼相联系的禁忌和仪式被放弃之后，也没有什么恐怖的事情
105 发生。一旦海员鼓起勇气忽略那些实践仪式并且仍然做得很好，其他人也就会跟随。他们参加传统仪式的理由被证实是在一个错误信念的基础之上。

传统信念的象征主义解释可能倾向于防止这种信念的持有者受到非理性的指控，但是他们所做的，就是忽略人们坚持信念的理由，不管是好的或坏的。许多社会人类学家对一个社会中实践持存的解释，经常会忽视参与者的个体理解。就像维特根斯坦后期思想中，信念不是从他们所追求的内容，而是从它们的社会作用中获得了重要性，信念的一种象征主义理解忽略了它的实际内容，同时寻找关于表现特定社会的真理。从整体论的角度看，个体信念可能在社会中有一个确定的作用，但是一般的信徒可能没有意识到它，当然也就不会因为那个原因而坚持信念。

第五节 说 明 仪 式

菲利普斯（D. Z. Phillips）对仪式给出了一个维特根斯坦式的解

释，他说：

> 仪式表现的是一种愿望，为了知道仪式表演对这种愿望的意义，我们应该必须考虑在那些庆祝人们的生活细节当中仪式所扮演的作用。[26]

从一名人类学家的立场观点看，社会语境可能是有启发性的，但是除非仪式仅仅是一种仪式，从个体参与者的观点看肯定是不同的。然而，菲利普斯提到一个温奇也用过的例子，大山居民“在用他们语言表述特殊的宗教之前，注视着大山，在大山面前俯首，用我们称之为原始宗教反应的方式来庆祝与他们有关的仪式”，菲利普斯接着说道：

> 后来，他们开始在大山中谈论上帝。仪式和故事都是*关于*这些上帝们的发展。那么，我们是不是必须说，谈到的上帝表达了原始反应的存在预设？

菲利普斯的结论是，用他们对上帝的敬畏来*说明*他们对大山的守望是错误的。事实上，在他们的仪式和他们对自己的上帝理解之间存在一种“概念化的联系”，因此，二者不能被分开。得到的结论就是“宗教实践中的衰退是丧失信仰上帝的一个方面，不是它的一个结果”[27]。实践包含了信念，而不是由信念决定合理性，就好像后者是分开的一些事物。但是，这种解释和菲利普斯所设定的由大山居民自身提供的解释并不一致。当在山中谈到上帝时，他们大概相信大山中是有上帝的。事实是，这种信念在它被合适明确地表达之前，已经在宗教实践中呈现出来，但这并不意味着其被清晰表达之时，它就应该被拒绝。菲利普斯一定会宣称，这意味着“山里有上帝”只能被人们生活当中确定的仪式所理解。但是，信念所*说*的都有很大差异，何况在没有那种信 106

念时，仪式也不会相同。事实上，通过在某些方面信仰上帝来确定宗教实践，很难看到一种仪式是如何在没有信仰的情况下生存的。然而，我们难道可以阻止一个经验老到的部落人参与到仪式中，甚至鼓励他，尽管他完全知道山里面没有上帝？他的理由可能是他已经读过现代人类学家的著作，同时他认识到了仪式更为广泛的社会重要性。可能仪式对于他来说变得有些不同，它可能发现要用相同的方法把握它非常困难。它变成*仅仅*是一种仪式。尽管，不同之处在于一种存在的信念已经被排除。

一旦一种实践活动被有意识地当作一种仪式，或者是一种象征性的行为，它就很难在一种社会生活中再扮演相同的角色。预设了关于上帝们或一个上帝信念的宗教仪式和没有设定的仪式是有很大不同的。一旦知道他们没有信念，再要用相同的方式去参与其中是非常困难的，毋庸置疑的是，一个基督教堂内礼拜日做礼拜在社会，以及参与者的生活中扮演着非常特殊的作用。但是，一旦一位经验老到的宗教哲学家在没有预设上帝应该被膜拜的前提下，把它解释为一种纯粹的表现或者象征性的行为，要按照原先的方式参与就会变得更加困难。有趣的是，相同的问题一再地出现在社会人类学和现代宗教哲学
107 面前。菲利普斯注意到，哲学家的难题涉及了人类学家对“决定了当代宗教哲学中对一些最深处问题的处理”[28]的理解。换句话说，在理解其他文化的宗教实践中出现的困难，并不是在于它们如何被嵌入了不同文化中，而是它们本身就是*宗教*。实证主义坚持没有宗教信念，面对价值时的假设必须是理性的，无论是关于大山中的上帝还是基督教的上帝。

一些仪式真的仅仅*就是*仪式。当英国议会被国家的君主开启时，她通过黑杖礼仪官来召集下议院。当他到达下议院议事厅门口时，大门会隆重地合拢，就好像要去砸向他的脸。这表示下议院的独立性，

不受王权的干涉。女王的使者只能等着被邀请才能进入。查理一世留下来的记忆一直存在。但是，这个仪式表达了一种宪法的事实，有其社会的要素，已经作为议会独特传统的一种自觉性的表演。没有人真的会试图阻止黑杖礼仪官或者希望拒绝去女王所在的上议院。没有人相信伊丽莎白二世会威胁到议会的权力。事实上，议会的成员非常渴望穿着他们最好的西装在电视镜头前列队等待。仪式就是这样被看待的。当用相同的眼光去看待宗教实践时，作为表现我们社会真理的独特传统，宗教将会进入更为衰退的状态。它的整个基础被称为信念，无论是对或错，在一个独立存在的上帝下，将会被侵蚀。在那之后，任何事情都不再一样。仪式在人们生活中所起的作用是他们关于什么是真的信念的结果。

社会信念的作用不应该和信奉一种信念的原因相混淆。它的内容和它的结果是不一样的。这里经常会出现从相信什么微妙转向坚持一种特定信念的事实。社会科学可能有雄心去合理地说明后者。社会人类学家可能更加关注为什么原始的信念和实践能够这么持久，甚至尽管他们几乎没有什么操控世界的方法。一个象征主义者在解释时会说，对农作物施咒会帮助解释为什么一个社会的成员会不断地去做。魅力就是他们社会对农作物依赖的一种表现，集体仪式总是帮助增强对群体的忠诚度。其他貌似可信的说明可能会将实践坚决置于其社会语境中。没有这些仪式的话，社会应该会非常不同，甚至可能分崩离 108
析。然而，无论这样的说明如何有说服力，他们还是只能说明为什么坚持*这种类型*的信念，或者是仪式为什么*像这样*表演。其他许多类似的信念类型也可以如此。在提升群体忠诚度之后，任何宗教仪式都有同样可能的成功率。确实，从部落到基督教的变化，用其他宗教仪式代替已有的宗教仪式，对于象征主义的人类学家来说，并没有什么不同。虽然一系列的象征被其他象征取代，但是，可能出现的至多是相同的事物被象征化。

有时候，没有对象征的内在本质给予足够的重视。事实是，仪式的参与者可能没有意识到什么被象征化（如部落的统一），因此有人认为，无论他们活动的社会语境是什么，进一步的说明还是需要的。为什么他们选择这样的仪式而非其他？为什么使用一种特殊的咒语？除非我们把参与者当作机器人，否则不能忽略个体的观点，他的信念内容是相关的。参与者做的时候在想什么呢？把个体仅仅作为一种他们很少理解的社会进程中的行动者，而基本没有考虑他们自身的理性。如果一名宗教信徒开始深信，祈祷不能被理解为对可能成功获得超自然帮助的一种明确要求时，他将非常有可能不再祈祷。当知道那不全是真的，一个非常老到的神学家也能够继续用语言要求祈祷。毋庸置疑的是，一位神学家可以把许多祈祷解释为简单表现了我们对上帝的依赖，或者更直白点，表明我们对生活中意外事件的态度。但那可不是祈祷说的。很难得出结论说，很多不愿意用这种祈求祷告的人是因为他们不再相信他们所说的内容。无论什么样的社会背景，以及究竟对个体理性的进程受其多大影响，社会中参与者的个体信念不应该被忽略。他们相信什么和他们自己相信的原因并不是无足轻重的。一个特定信念的认同不能仅仅通过诉诸它的社会角色来实现。它填补了社会的缝隙，这并不能解释为什么是它，而不是其他信念来填补。

一般的社会科学和社会人类学，都局限于它们能够说明的对象。
109 说明一个信念的社会语境和评价信念自身的理性并不一样。后者超出了社会科学家的能力范围。最终，我们不能回避个体理性。过去处理这样的理性问题时，不是直接应用当代科学标准，就是完全拒绝接受我们应用的标准。不论哪种方法，都会造成信念体系的冲突。那么，看起来社会科学家必须对这种体系的存在提供一种说明。反之，如果我们假设人类在任何地方都是一样的，都是面对相同的实在，那么，我们就可以说，不同的实践表明关于实在本质的不同信念。在没有收集知识和控制世界成熟方法的优势下，很多人用相当理性的方式应对世界，对我们来说，看起来也只是某种徒劳的方式。他们坚持自己的信念，不是因为他们生活在一个和我们不同的世界，而是他们居住在同一个世界，只是不拥有我们关于这个世界的知识。有时候，他们还可能知道一些我们错误拒绝的事情。

虽然任何人都可能是愚蠢的或者笨的，但总体上看，所有人类都有相同的理性能力去推论和采纳基本相同的理性标准，这种假设是理解外来社会的关键。我们绝不会发现他们是可理解的，除非我们能够在他们和我们之间建立起一座桥梁。一种可能的联系是他们同意我们的大多数信念，特别是关于我们日常知觉世界的信念。按照如果我们想理解他人，就必须认为在多数情况下他们是对的来看，这个假设就是唐纳德·戴维森（Donald Davidson）“慈善原则”的具体体现。这看起来似乎难以置信，因为实际中，当我们不同意他们时，也能够准确地理解其他人。理查德·格兰迪（Richard Grandy）建议用“人性原则”[29]来取代慈善原则。这是“这是假定信念、欲望和世界之间的关系模式与我们自己尽可能相似的条件”。在翻译开始之前不得不预设理性。如果我们有相关的信念和欲望，我们就必须设想我们应该怎么做。如果我们试图理解人们共享我们的信念和欲望，那么，显然它有非常大的帮助。太大分歧将会被证明是非常麻烦的，但是，如果我们每次碰到的世界都是一样的，并且我们共享相同类型的欲望，那么，在没有假装他们是其所是之外的情况下，仍然可能证明发现外在信念
是可理解的。我们进一步发现，他们是可准确理解的，因为我们假设 110
人们掌握着理性。要想理解和翻译非理性的信念会更加困难。

正如麦克唐纳和佩蒂特指出的那样，人性原则依赖于“人类本性统一的信念”——“一种不同文化中人们本质上相似的信念”[30]。他们

通过如下说法阐明了这点："任何跨文化的差异，或者至少是集中于人们态度和行动上的差异，通过参照不同的环境是可以说明的。"换句话说，就像没有我们技术的部落人一样，如果我们处在相同的情境下，我们也可能会采取类似的生活方式。他们不是和我们类型不同的生物。这种一般人类本性的假设非常重要，需要进一步去论证。一种反驳会说，根本就没有这回事，我们必须希望寻找理解其他文化的主要困难。问题是人类本性不能被社会科学所忽略。如果假设一种普遍的人类本性是必需的，那就应该说，即使当社会科学家说明不同文化间存在的所谓巨大差异，他们也得通过对这些文化的理解来见证人类本性的事实。

注　释

1 P. Winch, "Understanding a Primitive Society", 1972, p. 9.

2 H. Garfinkel and H. Sachs, "On Formal Structures of Practical Actions", in J. C. McKinney and E. A. Tiryakin (eds.), *Theoretical Sociology*, 1970.

3 H. Mehan and H. Wood, *The Reality of Ethnomethodology*, 1975, p. 37.

4 Ibid., p. 37.

5 Ibid., p. 31.

6 Ibid., p. 114.

7 Ibid., p. 167.

8 R. Rorty, *Philosophy and the Mirror of Nature*, 1980, p. 318.

9 Ibid., p. 389.

10 Ibid., p. 379.

11 L. Wittgenstein, *Remarks on Frazer's Golden Bough*, 1979, p. 1.

12 Ibid., p. 3.

13 James Frazer, *The Golden Bough*, 1922, p. 59.

14 Wittgenstein, *Remarks on Frazer's Golden Bough*, p. 2.

15 J. Beattie, *Other Cultures*, 1964, p. 209.

111 16 见我的文章"The Limits of Science" in H. P. Duerr (ed.), *Science and the*

Irrational, 1984.

17　R. B. Braithwaite, "An Empiricist's View of the Nature of Religious Belief ", in I. T. Ramsey (ed.), *Christian Ethics and Contemporary Philosophy*, 1966, p. 63.

18　Don Cupitt, *The World to Come*, 1982, p. viii.

19　Ibid., p. xiv.

20　Cupitt, *Taking Leave of God*, 1980, p. 97.

21　G. MacDonald and P. Pettit, *Semantics and Social Science*, 1981, p. 54.

22　Charles Taylor, "Rationality", in M. Hollis and S. Lukes (eds.), *Rationality and Relativism*, 1982, p. 97.

23　Beattie, *Other Cultures*, p. 207.

24　Winch, "Understanding a Primitive Society", p. 40.

25　E. Evans-Pritchard, *Witchcraft, Oracles and Magic among the Azande*, 1937, p. 452.

26　D. Z. Phillips, "Primitive Reactions and the Reactions of Primitives", Marett Lecture, Oxford, 1983, p. 18.

27　Ibid., p. 22.

28　Ibid., p. 4.

29　Richard Grandy, "Reference, Meaning and Belief ", *Journal of Philosophy*, 70, 1973, p. 443.

30　MacDonald and Pettit, *Semantics and Social Science*, p. 31.

第六章
事实和价值

第一节　“价值无涉”的科学

如果用科学的理性标准来评判原始社会的信念，那么，这些信念看起来会非常愚蠢。如果把它们作为科学假说，我们可能会很好奇，为什么对于我们来说是如此相反的例子，他们却一直在坚持。我们已经看到实证主义的影响是如何导致对现代科学进程和技术的理性限制。要想迫使原始信念进入可以由经验进行检验的假说模型，只能假定科学方法是通向真理的唯一路径和人类理性唯一正确的表达。

经验主义和实证主义的范畴也通过另外的方法对社会科学产生了一种根本性的影响。在逻辑层面上看，事实和价值是有区别的，这是一种教条，且经常不加思考地重复。科学似乎只是处理事实，而置于其上的价值并不能够被逻辑推理。争论还在继续，结果就是，与决定事实是什么相比，我们在选择自己的价值上有更大的自由。事实是一个客观事物，可以有科学的验证和可错性。科学可以提供一种一致程序来解决事实的争议，但没有这样的程序来解决归因于事实的价值间存在的分歧。休谟关于不能把*应该是*什么和*是*什么混淆的禁令，就是一种经验主义方法的缩影。我们在说到“应该是”和“是”，或者是认为价值不可能由事实推出，或者强调描述和评价之间的区别时，其实说的都是同一件事。科学可以告诉我们事实是什么，但是人们对它们 113
的反应是一种主观事物，也可能是一种情感反应或者感觉。

人们做出评价是很真实的，但看上去人们能够把同一件事视为好或者不好。有人用一种方式来看待，另外的人可能用其他的方式来看待，对于设定的难题，没有一种能让每一名科学家都能够用任意程序来解决的方法。因此，或许实证主义者会说，根本就不存在什么争议，并且它就不是一种事实。就像我讨厌香蕉而你喜欢，没有办法来判断我对还是你错，哪些应该是值得追求的或者避开的，这种人类最基本的判断仅仅被简单归为是一种爱好。它们如何出现可能会有科学的解释，但它们并不是合理的。社会学家可能解释它们产生的原因。休谟自身倾向于假设所有人类都有共同的基本欲望，所以我们对相同的事情会全部赞同或者不赞同。关于什么是实际发生的和什么是对人类有价值的，这种不同地位的认识背景来源于一个特殊的科学观点：想当然地认为在科学研究中没有“价值”的部分。要想把价值从社会科学中排除掉看起来总是很痛苦，因为社会科学处理的是人类所关心的事。可是如果社会科学想要获得像物理科学那样的尊敬，对社会科学来说，“价值无涉”的追求似乎是不可缺少的。但是就像一名人类学家研究文化的方法会受限于，他认为，文化在多大程度上依赖于错误信念的影响，所以要评估它的实践活动到底有多少是有价值的，就必须先去试图说明它们。从一开始，它会影响人类学家对需要说明的选择。食物花费在庄稼生长的时间很少需要被说明，因为活动是必需的。尽管事实恰好是，一名人类学家可能会困惑，忽略庄稼而更关注宗教仪式的方法意味着他将为仪式寻找一种说明。但是，研究体现的就是人类学家认为的重要方面。换句话说，它本身就反映了一种价值。

净化所有价值的社会科学的愿望完全来自一种假设，即物理科学已经将事实从价值中完全分离出来。科学已然不带感情地寻求真理，从特殊观点的偏见中分离出来。如果不是如此的话，通过希望的“价值无涉”，社会科学自身可能去瞄准一些不可能的事物。

114 科学哲学远离经验主义的主要转向就与这个问题相关。当我们问在采纳新理论有什么限制时，科学中的价值地位问题就会出现。新科学哲学的一个结论是，理论不是被动地接受经验，而是具有优先性。但是，由于数据对理论的判断不足，理论和经验证据之间肯定存在一道鸿沟，甚至后者不是“理论负载”的。理论不能从证据中推断出来，于是，证据和理论之间的鸿沟被打开了，并且在某些方面与所主张的事实和价值之间存在的鸿沟类似。因此，坚持认为证据和一种不完全决定性理论之间的鸿沟需要价值来填平看起来并不是太离谱。确实，如果我们的语言已经是理论承载及我们的观察依赖理论的话，那么我知觉世界的方式本身就充满了价值观。风险在于，我们会完全丧失经验证据的概念，所以用外在的东西本身来谈论一种不完全决定性的理论是不可能的。这仅仅是假定不同的世界存在不同的概念图式而已。事实和价值的区别已经破裂，因为“事实”这个概念（notion）不再有任何意义。

即使没有陷入概念相对主义的深渊，经验主义的挑战仍然存在。我们似乎已经认为，理论选择是受价值影响的而不是由规则决定的。这种差别就是库恩在一篇文章中提到的，应该为对理论的理性评价留下空间。他不想改变实证主义的任何概念，但是非常乐意允许像精确、一致、范围、朴素和丰富这些全部特征与评价一个理论的充分性相关联。这仍然没有减少科学家之间的争论，但是，对于各种标准，不同人赋予不同的权重，这个可以很好地解释为什么还会出现不同的意见。库恩写道：

我建议选择的标准……功能不能作为决定选择的规则，而是作为价值来影响它。然而，具有非常类似价值的两个男人在特定的情境下可能有不同的主张，事实上，他们确实如此。[1]

玛丽·赫西（Mary Hesse）总结道："如果我们严肃对待理论的不完全决定性论题，在一些形式中相对主义的结果是不可避免的。"[2] 这 115
可能部分来源于一种观点，即无法从经验证据推出来的必然要交到价值领域之内。她提到了人类科学中作为"意识形态"的全部理论，因为它们吸收了对人们主观事物的评价。她又说道："评价可能被事实所约束，但是不能被它们所决定。"[3] 当事实不能确定事物时，引导我们选择的显然是价值。玛丽·赫西也认为"像自然科学一样，社会科学是被事实所约束的，而不是所决定的"[4]。她假设理论牵涉到了评价，但是这意味着，她认为我们关于社会科学理论的"可接受性标准"是多元化的。她说，他们和我们的价值目标选择一样是多元论的，并继续说："如果我们希望谈论价值*选择*，那也会得出，我们在理论化的活动中已经预设了一个确定的价值无涉领域。"[5]

涌现出的观点是，自然科学和社会科学都受到了价值的浸入，甚至可能被当作"意识形态"。经验事实不足以说明理论的选择。我们显然在自由选择我们的价值，并且这个也蕴含了不同的人可能做出不同的选择。但是，剩下的就没有理性基础了，并且它们自身迫切需要一种受到知识社会学家喜欢的社会学说明类型。虽然玛丽·赫西相信，一个强烈的决定论观点是自掘坟墓，会招致所有的自返性问题，但她还是承认，理论可能被看作由社会环境"部分决定的"。

第二节　科学的价值

许多当代哲学家不再对事实是什么和不是什么这二者之间的差别

进行任何清晰的区分。这不仅仅是因为他们发现，要想在事实和价值的范畴之间划一条清晰的界限很困难。另外，他们不能为任何事实提供任何清晰的意义，“价值”不再喜欢和“事实”作比较。一个不是主观的，另一个也不是客观的。人们选择什么作为真实的和他们认为什么是重要的、有价值的，或者是值得追求的，不能被看作属于描述和评价两种不同的对话类型。甚至，认为科学理论从自身一开始就是被
116 价值浸入的，其实依赖的是一种无法进行的区分，因为原则上价值不能从其他我们相信的选择方式中分离出来。看起来很像是，涉及的价值只有参照科学所建立的事实世界时才会真正有意义。仅仅通过谈论“价值浸入”很难摧毁后者的概念。因为价值似乎是由非事实定义的。存在一种感觉，如果没有事实，那也不会有价值。价值概念本身受到了实证主义假设的影响。

人们判断一些事情是值得追求的，另外一些不是，当拒绝其他不值得追求的事情时，他们采用了一些信念。我们都面临着不同层次的选择，而这些选择并不是完全决定的。我们的选择经常受到我们所认为重要的或“价值”的控制。可是，一旦丢弃和事实的对比，那就没有理由说，我们所评价的可能不像任何存在主义信念一样具有理性基础。我们的价值判断不再被理解为是发生在超越令人尊敬科学范围的认识论真空中。看起来，它们不再需要仅仅是主观的，并且我们必须对我们评价理性辩护的可能性进行重新审视。对于科学自身理性的问题，这点非常关键，因为采纳不同的科学理论依靠我们对重要性的判断，有关后者的任何专断将会影响科学自身。另外，如果理论之间的选择必须以理性的采纳标准为基础，那么，科学仍然还是理性的一种外包工作，尽管它可能是理性的唯一表达，而不提供其标准。

科学最显著的根本“价值”是真理自身。任何科学的全部目的必定是对真理的追求，任何科学理解如果忽略它，就会有掏空科学家构

建的整个大厦的风险。这就是为什么科学社会学有一种腐蚀性的影响。当然，真理自身有很多的理解方式，最大的诱惑就是用已经证实的通往真理的路径来识别它。但是最后，如果真理不能被看作是与实在相对应的一些形式，那么，实在的本质将与科学无关。科学中已被证明的路径是什么呢？几个世纪以来，西方科学试图过滤掉那些已经被证明不是好指引的偏见和假设。比如说，科学家已经认识到，宗教和政治信念可能让他们倾向于一种理论而非另一种，而这可能无助于获取知识这个基本目标。

精确预测的愿望已经被证实为一个不错的指引，虽然它*只是*一种 117
指引。一个新理论可能会让步于无法获得证实的预测。像卡尔·波普尔（Karl Popper），一个严格的证伪主义者，会坚持认为理论必须被抛弃。尽管有时候理论中对的成分要比错的多，并且一个科学家在面对不利结果时，仍然可能坚持获取更多的知识，而不是在最初的挫折中放弃。对理论进行修改可能要好过完全抛弃。给出正确预测的能力是对真理的一种检验，不应该将其变成真理的替代品。类似地，理论内部的一致性是非常重要的，并且被科学家正确地重视。除非实在是一种基础的混沌，否则理论内和理论之间的一致性将成为理解世界的一个前提。如果一种理论是自身相矛盾的，那么，它可能不会说明任何事。然而，真理融贯论的流行，说明很多人非常乐意用检验真理来取代真理自身。对于采纳理论所要求的严密定义和严格规则，这些检验看起来总是不充分的。

科学家也会评价科学理论的其他特征。一种理论把先前分开的知识整合到一起的能力，和它产生新理论和新方法的能力一样都是很重要的。有很多人看重简单性，虽然有时候这看起来更像是一种美学标准，而不是发现真理的方法。这种标准会导致用一种不成熟的还原论方式对多余实体进行无情的开除。在我们研究实在的本质时，如果假设实在比实际的实在更简单，那将会是一种灾难。不过，这个例子本身表明了科学家在过去对理论选择的标准，更可能是知识或是导致知识的看法存在着合理的分歧。没有一种清晰的方法能够解决所强调的这种不同意见或者差异。从每一个受实证主义影响的人的角度看，这种标准只能被看作是影响我们选择理论的价值。这不再是解决一种简单明显的道德争论，而是解决科学家之间关于一个特定情况下精确预测的重要性。然而，实证主义者一定会坚持，所有这些争论都超出了理性解决的范畴，我们不受任何这样的限制。一旦我们认识到科学方法是人类理性的产物，而不是去定义理性，那么关于科学方法和其应用的争论自身，就会被作为我们试图更好理解世界的一部分。

118 科学方法要求过滤掉与追求真理不相关的“无关”价值，这种观念本身就是有争议的。一旦实证主义被抛弃，对于已经被采纳的理论而言，很难在“内部”和“外部”理性之间有一个清晰的区分界限。有些哲学家将所有“价值”混在一起，用来作为调节选择的一部分，并没有认识到其中一些与追求真理相关，而另外一些则无关。当真理作为一种目标被消灭时，像知识社会学那样，要在那种基础上对价值进行区分是不可能的。但是，如果我们坚持一种实在论的观点，那么显然，一些喜欢一种理论胜过其他理论的理由，可能并不是非常好的理由。世界并不总是我们想要的那样。

对于一个坚定的女权主义者来说，事实是，像社会生物学这样的现代科学理论，某些关于女性本性的断言是我们拒斥它的确凿理由。她是如此确信她信念中关于女性困境的真理，而不愿意接受任何与之相悖的东西。类似地，一个基础主义基督徒非常希望拒绝现代进化生物学理论，因为他非常确信上帝用不同的方式造就了这个世界。这不是武断行事，或者甚至是必然的非理性才做的事情。他是如此深信关于事物的真理，不再听取现代科学家的不同意见。问题不在于他的观点基础不是“事实”而是“价值”，而是他不同意科学家们提出的事实，就像科学家之间彼此不同意一样。他们每个人都把砝码放在不同真理的天平上，应该争论的是，哪个标准被证明是通向真理的最好指引。

关于宇宙起源的科学理论自身，有时会受到神学或者反神学标准的影响。一些反对的科学家可能会说，宇宙起源于“大爆炸”的理论，是因为他们感觉这个理论对于有神论来说还能接受。另一些人则可能将其部分归咎为，这种理论与一个上帝创造了宇宙的信念是相符的。两种立场都可能显示出了非科学，因此是错的，但是也不用太草率地得出结论。这些认为自己有理由相信某些形而上学信念并允许它们来对自己工作产生影响的人，并不是非理性的。他们被科学之外的因素所支配并不是一件令人羞耻的事。如果用一种从他们所有的其他信念完全分离出来的方式来进行他们的科学工作，那么什么才是非理性呢？如果人们在某些领域知道什么是真的，如果相关的话，他们一
定会让这种知识融入他们的科学工作中。否则，科学自身就不要希望 119
能够产生真理。关键是，最初人们是否真的拥有知识。科学已经被证明是挑战偏见和偏执的一个成功方法，即便它自身也会产生偏执。那些允许他们的科学工作受其他信念控制的人，必须确定他们有很好的理由来相信其他信念，同时必须准备好用公开的理性论证来证明其合法性。

第三节　社会科学中的客观性

任何想让适当的科学方法服从于确定的先入之见，必须有好的理由来说明先入之见可以帮助而不是阻碍对真理的寻求。否则，理性之人就会放弃它们。一些人可能希望科学自身受到非理性价值的影响，

否则，任何证明的企图仅仅还是再次满足于，在无视科学实际的发展方式下对科学的一种理性重构。但是，这种立场不仅仅是排除了科学作为一种理性行为范式的可能，而且非常容易破坏理性的真正观念。因为他们的价值加之又无法理性地改变他们，这意味着科学家看到的只是他们想看到的。

为什么一定要假设这种价值不能被改变？它们可能只是某个概念图式结构中的一部分，并且想要知道谁拥有它们是不可能的。甚至对支配某人寻求知识的兴趣也可能不是十分清楚。然而，许多知识社会学家的野心是精准地执行这项任务，并通过不同的事例撕下意识形态的面具。看起来一开始就消除这种可能性显得过于随意。人们不能用理性来改变价值，因为只有价值无涉的科学才是真正的理性，据此来看，对价值超越理性范畴假设更有可能的解释是，一直挥之不去的实证主义阴影。如果实证主义者不承认这点，而理性仍然被排除在外，那么，按照价值完全是他们经济背景下的一种产品，就会提出一些决定论的命题。这种全面主张的缺点是他们的自返性。一个人的主张同时也是他自身经济背景的囚徒，因此，主张自身也将受到价值的影响。

120 劳伦·格拉姆（Loren Graham）在研究科学和价值的联系时，对比了两种处理问题的方法，分别叫作“扩张主义”和“限制主义”。扩张主义者“在科学自身的范畴内引用证据，寻找哪些可以用来支持社会政治价值的结论，不管这是直接还是间接的”[6]。格拉姆用社会生物学作为科学侵蚀原先属于价值领域的一个例子，因为他试图为社会政治价值提供一种科学说明。另一个是“限制主义”，“就是把科学限制在一个特定领域或者特定方法，同时将价值赶出其边界的一种方法”。他给出的一个例子就是科学和宗教不会冲突，因为他们关心的是完全不同的事物。科学家发现他们能够在远离宗教和社会争论的情况下，更好地不受干扰地继续工作。类似地，对现有社会价值的支持者也会从科学和价值的清晰划界中收益。格拉姆评论道："如果你坚持科学和价值不能混在一起，那么先前的社会价值就受到了保护。"[7]这可能意味着科学作为"价值无涉"的思想自身就是一种人类关于价值决定的结果。

当试图摆脱他称为"价值无涉的科学"和"无关科学的价值"二者的"对立"时，格拉姆显然仍然受到实证主义者关于科学偏见的影响。他假定科学是知识的源泉，那么，主要问题是它到底侵占了其他多少领域。当他谈论价值时他的意思是"社会价值"[8]，因此，如果科学被看作一种光谱，像天文学和物理学这样的领域就是他所称的"'价值无涉'之远端"。但是，如果我们把价值包含在真理追求所使用的策略中，那么，物理学就完全谈不上是价值无涉。价值是和科学混合在一起的整个观念，在一定程度上或多或少地利用了事实和价值在原则上是可以分离的假设。像格拉姆做出的让步和一种在实践中很难完成的论证是差不多的。事实上，他的书一开始就接受了"知识界禁止'是'和'应该是'的混淆仍然占有支配地位"[9]。现代科学哲学不得不怀疑这种区别，因为"事实"过程和人类理性建立"价值"的过程完全一样。对这种观点的一种可能回应结论是，和道德一样，科学所依赖的同样是不可靠的主观主义基础。这显然是费耶阿本德的立场。

一个更明显的结论是，价值问题不再需要不受待见地对比科学问 121
题，以免看起来只有后者才是理性的决定。科学家的不同意见不仅可能是健康的，而且本身就是科学方法不可缺少的一部分。然而，尽管传统的科学哲学仍然坚持，可并没有设定解决这些不同意见的程序。当一名科学家认为预测的精确性要高于其他方面，在那种情况下说谁是错的似乎是不可能的。类似地，当在超越了科学的领域中出现冲突时，仅有的事实是，当下解决的困难似乎也不意味着，它全部是一种主观体验以及人类理性的无能为力。

在接受科学依赖价值的条件下，一些人希望保留科学和非科学方法之间的区别，并接受其中一些对于科学方法而言是内在的，比如，科学家对真理的评价，同时一些是外在的，像政治价值。那么，对于科学而言的“价值无涉”并不意味着完全排除被认为是所有不合适的价值。这就接受了价值作为科学的组成部分，并且支配着我们把什么作为一种事实来接受。一旦发现争论并不是关于对受到价值污染科学的净化，而是对于我们不要偏离科学的目的价值是必要的，事实和价值之间的任何区分就变得无关紧要了。

格拉姆评论道，在社会科学中“一些概念是无法挽救的价值负载（value-laden）”[10]。这句话自身就反映出了实证主义者的偏见。如果对人类知识寻求的任何部分都必须存在价值负载，那么遗憾这件事就是没有意义的。对知识的每种寻求都包含对一些相关特征的选择及对其他的放弃。有时候，作为物理科学，这方面的标准是清晰的，但是在其他领域这可能就有些困难。社会问题与人类行动有关，而且社会科学家必定受他们自身关于我们所在世界的观点的影响。宗教和政治问题绝不会躲开这些。受实证主义原则太多的感染将可能是危险的和不科学的。但是，更危险的是，由物理科学所发展的关于预测和控制物理环境的方法，被认为是其他领域获取知识唯一可行的方法。

寻求一种“价值无涉”的社会科学已经弥漫整个社会科学。科学
122 的世界观看起来规定了个人观点和所有意识的内容都是主观的，在一种合适的科学解释中可以被忽略。人们认为有价值的，和实际加在人们身上的价值，似乎都是其中的一部分。看起来，真正的科学家不应该与感觉相关，无论是他们自己的还是他人的。正如哈贝马斯（Habermas）在评论“价值无涉”的整个问题时说：“实证主义已经渗

透到了社会科学的自我理解中。”[11]

这就是使用主观性和客观性概念的一种不幸结果。科学只关心什么是客观的，并因此是真的。价值的问题被放置在了主观的范畴之内，因此也与任何知识的主张没有关联。但是，这是从一种“客观性”的意义转向另外一种的标记。在写到文化时，马林诺夫斯基（Malinowski）直截了当地说：“任何不可观察的事物都不是客观的。”[12]这使得客观性超然于任何特定的观点，因此，客观必定是公共的。但是，这是一种与客观真理主张不同的客观性观念。客观真理是关于什么是真的，与人们可能是怎么想的没有关系。一种不带感情的，科学家在实验室工作中分离出来的客观性，形成关于客观真理的一种垄断。如果我感到疼痛，即使这可能无法在实验室检验，也足够真实。什么算是客观的，不是总能从所有特定观点中分离的。

在寻求某一类客观性时，物理科学可能有很好的理由去无情地忽略个体的看法。当科学家研究事物的属性时，和他们自身关于相关材料的经验没有什么关联，因为那只是告诉我们关于科学家的，而不是关于事物的经验。当社会科学家研究人类社会的一些功能时，很难坚持人类经验和个体观点必须被排除在解释之外。这样的观点看起来可能是科学的，同时，显然，只要社会科学家是在研究其他社会，那么，他们自身的观点应该尽可能排除掉。但是用物理学家处理物理对象的方式来对待人类和人类社会时存在一种危险。如果社会科学被看作是真正科学的话，行为主义者和还原论的方法有时看起来是社会科学唯一可以使用的方法。对公共可验证行为的测量看起来具有一种客观方法的品质。社会科学的任务被认为是去发现支配人类行为的规律。

研究人类社会的一种真正客观和科学的方法不会是对物理科学 123
研究战术的复制，而是受被研究对象本质的限制。如果社会科学家受他们所研究的实在的支配，那么他们就必须认识社会实在和物质实在之间的差异和区别。自然科学家预测和控制他们环境的愿望不需要自动被社会科学家所分享。在一些领域，人类行为的一般规则可能被发现，一些预测也可能很成功。玛丽·赫西对这点评论道：“这些例子中确实有些情况，当不管我们如何希望在自然领域谈论‘客观性’时，我们可能会谈到社会领域的‘客观性’，并且我们*可能*（*不是必须*）会和自然科学一样对社会的价值目标做出相同选择。”[13]这可能意味着，“客观性”这个词只有在社会科学模仿自然科学时才能被使用。事实上，如果自然科学是真正的客观性，他们就会去关注他们所研究对象的本质。如果社会科学家采取相同的策略，他们将会仿照物理科学的方法去考虑社会实在的本质，即便这可能意味着将其作为和物理实在很大不同来对待。这种研究下，真正的客观性意味着需要真正的实在性。

第四节　社会科学的价值

我们对理论的选择受到价值引导，而价值自身与我们对所研究实在的理解相关联。对于什么构成一个好的理论，物理科学家采纳的标准受获取知识的愿望所影响；社会科学家选择理论的标准也是类似的。一种理论适当与否的观点，不可避免地受到关于人类本性和他们与社会关系假设的影响。看起来，在这方面可能有一种循环论证的因素在里面。当然，对于我们来说，社会科学家会继续发现这类问题的一些答案吗？但是，物理科学已经通过不断地将好理论从坏的理论中筛选出来而取得了很大进展，并且我们对物理实在的理解随着我们最初假设的修正而不断进步。我们评价一种理论的方法本身就是科学进步的产物。人们也逐渐认识到，神学家关于创造世界方法的先入之见可能阻碍而不是帮助我们理解物理进程。

同样，随着知识的进步，社会科学的假设和什么才是好社会理论的观念也可能会被不断修正。这并不会改变一个事实，关于人类本性的假设是任何理解社会运行本质的基础。和其他观点一样，结合社会研究量化结果的愿望，行为主义者的观点无疑会使用关于人类本性的基本概念。[14]所有私人和个体的观点都会被忽略，除非他们能够用行为主义的词汇来表述。任何特殊的人都会以科学的名义而被忽略，这种结果看起来非常不人性化。

在谈到社会科学中他所谓的“客观性”和“诠释学”争论，以及那些希望像物理科学那样模型化社会科学和那些强调实现“理解”重要性的争吵时，罗蒂说：

> 福柯无疑是对的，社会科学已经使得我们道德的标尺粗俗化。政治家需要面对的是关于收入水平、再犯发生率、火炮的成本效率比等数不清的图表，甚至要关注包括营区守卫发生了什么等这样的事……自由民主的标尺想来也没什么，只是专家显摆的预测而已。他们已经不再从公民伙伴的角度来思考他们的公民伙伴。[15]

这些是非常刺眼的词语，罗蒂自身也认识到“拿起社会力量并用它们来减缓人们的痛苦”是非常重要的。仅仅去诠释是不够的。尽管一种强调预测和控制的科学会导致把人们当作物理对象来操控的欲望。如果那是所有人的态度，那就是合理的，但是重要的意义在于，政策制定者不能在分析他们自身时完全一致地这样做。他们必须作为理性的和负责的个体来看待他们自己，可能用一种好的信念，决定对其他人而言什么才是最好的。

用一种科学和冷漠的态度对待人们，会导致不再把他们作为人来看待。可是，社会科学家又该如何看待他们，又有什么建议？社会科

125 学家不能回避关于人类本性这个最基本的问题，他们只能够避免在不同价值体系中进行选择。社会科学可以是“价值无涉”的幌子本身就产生了一套明确的价值观和一种看待人类的独特方式。社会工程师的科学冷漠，冷酷地操纵着其他生命，当这些被真的认为是代表一些科学中立的理想时，才让人感觉到非常恐怖。

在社会科学中，为了成功地预测和控制基本价值而追求成功的冲动，可能不仅仅与人类本性的显著信念相关，也与一类专业性专家的欲望相关。物理科学家想知道如何操纵物理环境，而且看似可以推知，如果社会科学想要成为一种知识的源泉，它就必须以控制社会实在为目标。像社会学，甚至包括经济学这样背负高期望的学科，到后来就是经常依赖这种过分简单化的观点而导致理想幻灭的。对人类行为规律的探求似乎是追求整体知识的一部分，或者说，将来社会学将显著依赖关于人类的决定性假设。进一步，如果想成为一门受尊敬的学科，社会学必须证明人类行为最重要的原因是社会的。但是，人类有时能够用一种理性的方式来对待自己，完全不需要超出他们的因果关系来决定。如果科学知识不仅仅是唯一类型的知识，那么关于人类社会行为规律的缺乏就不会牵涉社会科学的崩塌。

社会科学的价值必须植根在它的主观事物中，以便其能够更清楚地观察社会本质。任何扭曲视角的事物必定是不好的，任何能够帮助发现真理的事物一定是好的。如果只是因为没有科学家在真理和错误方面是中立的，那么科学中立的可能性就是一种幻觉。这样的话，什么是关于社会的真理？像在物理科学中，当不同的理论被接纳或者拒绝时，我们会希望认真考虑在这过程中出现的不同意见。在这方面，社会科学比自然科学要更加困难。可以这样说，后者必须坚定存在一种独立的物理实在。[16]但是，社会科学不能仅仅假设“社会实在”作为一种独立的实体存在。社会科学中的主要争论之一是，能给这个概念赋予多少内容。可能不会有实在论者接受它。即便它可能比较清晰，如果物理科学关注的是物理实体，社会科学关心的是社会实体，与个 126
人主义相比，这个问题立刻变得更加有利于整体论的观点。对个体和社会自身各自的关注牵涉关于价值的一种决定。它们之中任何一个在本体论方面的优先地位将一定会在政治观点中反映出来。把社会中的疾病、商品回归到个体活动和把他们作为一种社会结构之间，存在一种重要的差异。这不仅仅是在“价值”之间进行选择，而且也是关于社会运行的一种真实事件。

第五节　意 识 形 态

我们能说所有社会理论都是不可兑现的意识形态吗？它们中很多都依赖于对词项所赋予的意义。在某种程度上，词项不过是一种“概念图式”。用一种意识形态思考的人们知道，当其他人用不同的意识形态时，是不会看到从他们观点中看到的事物。一种意识形态在这种理解下永远不会被视为错误，并且根本就没有虚假意识这回事。我们不应该说心灵（minds）如此扭曲以至于他们可以篡改他们发现的一切事物。扭曲和虚假的观念不会有用武之地。

卡尔·曼海姆（Karl Mannheim）在其知识社会学中避免使用“意识形态”这个词。他更喜欢说一个思想家的视角，含义就是“由他的历史和社会背景所决定的对事物观念的一种完整的主观模式”[17]。结果，他的方法和马克思不同。他评论道：

> 知识社会学实际上是随着马克思出现的……但是在他的工作中，知识社会学和对意识形态的揭露仍然无法区分，因为他的社会阶层和阶级是意识形态的承担者。[18]

马克思认为意识形态与错误信念有关，这暗含了他有一种区别真理和错误的观点。曼海姆则更关心与他们全部视角相关的信念。因此，他招致了一种反驳，如果一切都是一种视角（perspectival），那么没有任何事物能被主张为真的。他的“关系主义”很容易瓦解为相对主义。
127 无论什么样的主张都不能“被绝对间接的陈述（formulated），只能从给定情境的角度来看”[19]。他给出了一个在农村长大的农民进城后的例子。渐渐地，他脱离了农村的思考方式，可能有意识地将“农村”和“城市”的观念分开。他不再保证他以前相信的东西。他已经被视为有了一系列的观念转变，他们的生活方式促进了对曾经他们毫无怀疑的成长环境中所形成角色的破坏。曼海姆评论道，“农村”和“城市”之间的差别说明了一开始知识社会学所希望发展的方法。他继续说：“在一个给定群体中被公认为绝对接受的东西，对于群体外的人来说似乎是由群体所处的环境决定的，并且会作为认识的一部分。”[20]

我们已经知道知识社会学是如何被用来，试图把科学解释为一种社会活动。这个例子表明了，如何通过关联其社会背景来轻易解释所有人类行为的。曼海姆坚持认为，所有的断言必须与“给定情境的视角”相关联。但是，如果是这样的话，类似的自返性问题就又会出现，因为我们可以说，他自己关于知识社会学的主张就是他视角的一种表现。曼海姆自己热切希望“从一种完全的视角来看待应该是可能”[21]这一立场的可能性。他认为，作为一个群体，“独立知识分子”也许能够超越特殊阶级和兴趣群体狭隘的眼光。他充满希望地说：“因此，他们可能扮演守望者的角色，否则将是一个漆黑的夜晚。”但是知识分子自身形成了一个阶级，可以发展非常确定的旨趣，像把经济学发展为一种很好的理论一样。但危险在于他们的观点和任何人一样存在偏颇。

信念和观念与其背景关联的越多，而不是去检验自身的价值，真理就会变得越难获得。我们的注意力被直接指向了人们身上的社会压力，而不是合法性或者观念的其他方面。如果因为独立评价真理的可能只是幻想，从而确信我们没有其他的选择，那么我们仍旧被一种主张某种合法性的观念所支配。事实上，一切意识形态的观点都是一种非常有腐蚀性的信念，它触及了我们相信或做任何事情的理由。一旦我认识到，我的信念*只*是一种背景的产物，我就再没有理由继续相信它们。甚至曼海姆笔下的农民都不会走更远，因为他认为城市的观念 128 更好。城市观念给他的印象深刻，甚至会觉得他会鄙视起初的简单观念，用类似“幼稚”的词汇来批判它们。只有当他成了一名社会学家，他才会把城市观念和城市生活方式联系在一起，就像把农村过分简单的生活方式和农村观念联系在一起一样。那么，他就会有鄙视*所有*观念的一种趋势，就像他得到结论说，即便是社会学的观点也受其背景的限制。

社会科学家面临一项困难的任务，因为他们被认为是独立的，且知道有多少观点是偏颇的和受社会限制的。他们必须能够对比不同的文化。但须以某种方式解放而非束缚住他们的洞察力。彼得·伯杰和凯尔纳坚持认为“社会学是一门科学，而不是一系列教条”[22]，但也要认识到这种观点和他称为“社会学观点的‘揭露假象’或者负面威胁”[23]存在一定矛盾。麻烦在于，社会学似乎揭示了不同文化“制造”世界的方法。这显然说明了我们把绝对标准当作自明合法的，无论是宗教、道德或者是科学自身仅仅是一个特定社会发展方式的结果。什么是好的、真的，或者理性的似乎仅仅是训练我们不要怀疑地接受而已。在社会中可能有很多力量从事维持这些我们可能完全还没有意识到的信念。社会实在可能仅仅是一栋拥有兴趣和因果机制的复杂结构建筑的可见部分。表面上的实在可能并不是真正的实在。彼得·伯杰和凯尔纳总结道，社会学实际上扮演了一个颠覆分子的角色，破坏了我们信念中的自信，甚至也破坏了我们所渴望的一种全新变化。他们说，社会学向我们表明了“世界不仅是它呈现的样子，而且它可能和我们所认为的样子有很大不同”[24]。

但是，这种方法不是必须和曼海姆的方法一样。“关系主义者”开始就将一切事物和它的社会背景联系起来，非常有把握地表明了任何社会系统的任意性。当一切都是意识形态的，意识形态会平息事件。没有方法可以“揭露”，所有将要发生的只可能是一种意识形态被另外一种所取代。如果它的含义超出了实在的定义，只需要使用意识形态的概念。由彼得·伯杰和凯尔纳所定义的“一种意识形态是关于实在定义的集合，使得社会中的既得利益合法化”[25]。他们希望在社会学中
129 避免出现，关于实在谁是对的这样令人烦恼的问题，虽然仍然能够说一种特定的观点是否是意识形态的。他们认为如果信念系统能解释并让群体的既得利益合法化，那么它就可以作为一种意识形态。在谈到一个系统是意识形态的主张时，他们继续说道：

> 有这样一个命题，假设它是经验性基于证据的，是一种客观和“价值无涉”的陈述，尽管事实上命题搁置了关于信念系统最终是否合法的问题。[26]

一个特定信念对既得利益的关系被展现出来，和它恰好是对的或者不对没有关系。因此，一个信念是否是意识形态的显然是一种平常的事实而已。甚至一个真的信念也应该是意识形态的。这种解释在一切都是意识形态的观点和意识形态是错误信念的立场之间开辟了一条中间道路。它看起来在没有破坏所有实在概念的条件下保留了令人珍爱的科学中立性。特别是，他将社会实在作为一种可以被发现的实在。

然而，这样的观点可能是非常有吸引力，但是本章的争论一定会

对它产生怀疑。经验性的、客观性的和价值无涉的联合本身就是有害的。他把实证主义科学的价值说得实在太清楚了。从价值是必要的意义上看，任何陈述都不可能是价值无涉的。我们需要在社会学真理的追求中发现合适的价值。“价值无涉”的愿望可能经常是一种对采纳错误价值的恐惧表现。哪个是对的本身就是充满争议的。如果物理科学家不同意一种关于好理论的标准，我们也不太可能在最近才建立的社会科学中发现这种一致性。关于标准类型的使用，物理科学界达成了非常广泛的共识，而社会科学家甚至可能都没有标准可供讨论。一个马克思主义科学家可能非常相信，马克思主义原则上可以作为一个好社会理论的标准，然而自由主义者则感到在用一种不合法的方法让政治价值进入社会科学领域。但是自由主义者对政治中立性的愿望本身就可等同于一种“价值”。

关于事实和价值区别的争论本身经常会波及对于社会科学而言什么价值才重要的问题。他们转而认为这取决于社会科学家所研究实在的本质问题。无论它是别的什么，一定是社会的，并且这意味着不需 130
要要求社会科学去裁决社会日常生活中的真理。比如说，宗教的社会特征，对于社会学或者社会人类学来说是一个非常好的研究对象，它们之所以存在，是因为信徒相信宗教是真的。这与它事实上是不是真的相分离，是社会科学无法解决的问题。但是，这种承认也恰恰是麻烦的来源。“暂时搁置”的真理问题在社会科学中可能是一种合法的方法，因为它确保了社会科学只需要处理社会实在。否则，宗教的每一种社会学研究都将对上帝的存在进行争论。但是，“搁置”可能的结果，不论是否是故意的，让宗教的真正本质看起来像是一种被社会学家所解释的社会事物。因为一种特定信念的真理问题已经被当作超出社会学家的专业能力而放在一边，这可能看起来好像它并不在乎信念是不是真的。神学似乎没有什么关系了，宗教研究才是重要的。社会影响变成了中心，有时候会莫名其妙地忘记，之所以坚持信念是因为它被认为是真的。

除非社会学想要拥抱相对主义，否则它就必须记住，真理的理性追求可能就是它所研究这些对象的基本特征。社会学解释的特定现象的范围可能因此减少，但是社会学自身可以不再羞羞答答地主张自己的真理。在社会科学中，理论选择的“价值”或标准必须要服从于对真理的寻求。那么，他们就可以像物理科学一样真正主张自己是完整意义上的科学。这并不是因为他们有相同的方法。那是不合适的，因为他们研究的对象不同。这是因为他们对它们主题的本质都用一种系统的方式来订制它们的方法和它们的价值。

注　释

1 T. S. Kuhn, “Objectivity, Value Judgments and Theory Choice”, in his *The Essential Tension*, 1977, p. 331.

2 Mary Hesse, *Revolutions and Reconstmctions in the Philosophy of Science*, 1980, p. xiv.

3 Ibid., p. xxiii.

4 Ibid., p. 201.

131 5 Ibid., p. 202.

6 Loren Graham, *Between Science and Values*, 1981, p. 6.

7 Ibid., p. 29.

8 Ibid., p. 356.

9 Ibid., p. 1.

10 Ibid., p. 9.

11 J. Habermas, *Knowledge and Human Interests*, 1972, p. 303.

12 B. Malinowski, *A Scientific Theory of Culture*, 1944, p. 69.

13 Hesse, *Revolutions and Reconstructions*, p. 200.

14 见我的著作 *The Shaping of Man*, 1982, ch. 2, for a discussion of the views of B. F. Skinner.

15 R. Rorty, "Method and Morality", in N. Haan et al. (eds.), *Social Science as a Moral Inquiry*, 1983, p. 164.

16 见我的著作 *Reality at Risk*, 1980.

17 Karl Mannheim, *Ideology and Utopia*, 1936, p. 239.

18 Ibid., p. 278.

19 Ibid., p. 254.

20 Ibid., p. 253.

21 Ibid., p. 143.

22 P. Berger and H. Kellner, *Sociology Reinterpreted*, 1982, p. 17.

23 Ibid., p. 13.

24 Ibid.

25 Ibid., p. 70.

26 Ibid., p. 71.

132

第七章 经济学和社会

第一节 理性和欲望

价值无涉的问题与人类本性的观念紧密地联系在一起。那些骄傲宣称可以摆脱所有价值的经验学科，免不了存在把不太合适的价值用在手头工作上的风险。这点在社会科学中尤为突出，有时会不加考虑地使用一些适合研究无生命对象的方法和价值假设。马克斯·韦伯受到了社会科学中价值无涉主张的影响，认为价值的选择必须由个体来决定。他的结论是，对于经验事物而言，“价值无涉”是一种要求，同时任何有关价值的争论，只能是以当事双方每个人对争论含义的真正理解为目的。他说，这就预示了“对终极价值可能在原则上的分歧和不可调和的一种简单赞赏”[1]。

按照这个观点，任何经验学科绝不会正面看待有关追求目标的问题。追随休谟的经验主义者，只能去关心实现已给定目标的方法；真正的科学家，有科学家身份的人，一定不用再考虑什么是应该完成的，只需要表明，人们是如何获得那些碰巧所需要的任何对象。科学家的作用就像是一个英国政府高级文员，不论一天管理中所选择的重点是什么，只需按照这个目的去设计完成工作的方法，并不参与政策的制定。在政府更迭中，同样的文员会被保留，并会让他们帮助恢复先前未执行完成的政策。原则上，这种令人尊敬的中立性是否可能则 133
是一个更加困难的问题。

韦伯毫不怀疑从经验学科中将价值判断分离出来的可能性。他说：

> 一旦寻求有价值的行动指针，在实际的政治价值判断领域（特别是经济和社会政策领域内）似乎可以确立，所有只有可支配方法的经验学科都可以表明：（i）必然的方式（ii）不可避免的副作用；（iii）实践影响中，与其他人的多种可能性价值判断而导致冲突的实际后果。[2]

那些允许受到政治判断影响的经济学家可能走上一条非常危险的道路。这并不是因为经济学可以用某种方式从价值中分离出来，并处在一个严格“事实”基础之上，而是因为政治考虑，特别是与政党的短期利益相关联，这些与经济学实践并不相关。为了促进其政策的执行，一个政党愿意什么是真的，很可能和实际真的情况不一样。经济学家不应该陷入一种只谈论符合政治家意愿话语的陷阱。如果经济学是一门真正的科学，就应该主动揭示实际发生了什么，而不是去迎合政治家的兴趣。当然，对于实际发生了什么必然会有不同意见，而且在持有不同意见的经济学家和更为广泛的政治争论之间很可能具有联系。这至少部分是因为，经济学理论对于事实而言的不完全决定性。换句话说，经济学家并不拥有他们所研究现象所需要的知识。有时候这是由于涉及交互的复杂性，也是人们最终所体现出的一种不可预测性。像所有社会科学一样，经济学家经常试图认为人类选择自由的事实并不太重要，因为经济学想成为一门精确学科的目标可能受到这方面认知的威胁。但是，顺便说一句，对人类选择这种视角，“价值”从一开始就植根于学科的本质之中。这可能是不可避免的，但是实质上，价值有助于获取知识，而不是阻碍它。

韦伯提倡“价值无涉”，是因为经验主义假设，在事实方面达成一
134 致是可能的，但原则上可能永远不会获得“价值”。对于现代科学哲学而言，事实和价值之间区别的破裂，使得在哪些可以被认为是“事实上的”事物这个问题上达成一致似乎已经不可能了。同样有可能的是，关于价值达成一致的障碍已经被消除。他们期望能够达到一种几乎不可能的标准。显然，存在无法解决的不一致性，并不意味着在其领域内不能发现真理。没有任何价值作为出发点，就不会有路标指引我们从哪里开始寻找。

我们不能理性选择目标和我们所发现的意义被严格限制在设定目标下，这两种假设之间充满了争论。哲学家们长期都在争论，人类理性能否确定什么是值得追求的，或者人类的欲望能否可以为理性运用提供必需的和始终不变的框架？一些欲望自身看起来是不理性的，甚至是邪恶的，这些都可以进行批判。难道理性只能是也必须是教我们如何最有效获取我们所欲望的东西，并且教我们如何根除不同欲望之间的差异？一个很难避免的结论是，在经验主义哲学家那里，理性相对于欲望的从属地位，经常来源于解决不一致性的困难。我们一再回到了声称科学中存在达到一致的特定程序的事实。当一致性无法达到时，事物看起来就处于科学范畴之外，那么，这既不是事实的也不是理性的事物。我们仅仅剩下了不同人想要不同事物的事实。我们不应该继续谈论他们想要什么，因为那只是对不一致性的重申。科学能够处理人们拥有不同欲望的事实，并且可能解释为什么如此，但是科学似乎不能处理人们应该要什么的问题。

事实和价值之间、理性和欲望之间的二分法变得非常深刻。它不仅明确决定着社会科学家看待自己行为的方式，而且也会影响他们研

究人类行为的方式。如果在逻辑上欲望优先于理性，那么我们的行动就是我们所做的，因为我们想这么做，而不是因为，至少有时候，我们理性地认为我们应该如此。我们所决定的就是我们试图想要的，而理性只是提供了方法。然而，如果我们每个人都按照所想要的行动，那是不是意味着我们所有人必定都是自私的呢？看起来我们都在尽力获取我们想要的。这几乎是对争论的一种歪曲。就像我们只能思考我们所思考的，并讽刺我们被禁锢在自己的概念框架内，这是不恰当 135
的，我们能做的只是我们该做的事。对这个问题的回应是，我们必须完成我们想要做的，因为我们会尽量不去做那些对我们来说是无足轻重的事情。一个为了救他的战友而将手榴弹压在自己身下的人，在某种意义上说，他就是想这么做，而不是被逼的。说这是由他的欲望所激励，并由此推断这是自私的，这绝对是荒谬可笑的。付出自己生命去救他人是利他主义，而不是自私。

大多数人的确可能是自私的，但是他们不得不如此。如果这个反而使每个人都是自私的这个定义成真的话，那这点就不值得这么做。对主张从人们如何行为的方法论假设和人们恰好发生行为两者进行区分是非常重要的。政府可能会义不容辞地应对公民根深蒂固的自私性，并且利用它来激励人们更加努力地工作。这和社会科学家应该处理的事物是一个不同的问题。在努力理解和说明人类行为过程中，他们不得不假设人类的理性本质和其对人类行动的影响。他们不得不面对，对每个人而言，理性对策是否就是最大化个人自身的利益这个难题。换句话说，某个人想要的可能性越多，甚至要以别人为代价，不仅是一种普遍的人类特点，而且是人类行为的一种规范特征？这个假设对人类本性来说太夸张了，但是却被现代经济学所决定。阿马蒂亚·森（Amartya Sen）写道：

当经济学理论把一致性作为理性的一个必要条件时，对于个体应该最大化什么，通常用一些实质性的观点来补充这一要求。对自私自利一致性追求的规律性被经常用作理性行为的假设……这点隐含地存在于很多传统经济学理论之中。[3]

如果人类确实是按照这种方式来行动，那么预测的可能性将更大，因为如果你知道他们想要什么，你就会知道他们将会试图获得什么。从另外一个方面来说，他们试图得到的是由他们想要得到的所定义。欲望在行为中被揭露，经济学家可以不受试图获取他人意识内容困难的困扰。他们关于优先权的信念和他们的理性进程看起来没什么
136 关联，除非他们进入行为领域。科学客观性的方法论要求拒绝了他们，因为对于科学家来说他们是难以达到的。

第二节 经济学和利己主义

经济学家不仅看透了人类盛行的自私，同时也给理性加上了一个条件。一个理性的人变成了一心寻找满足自己欲望而不顾别人有无的人。两位经济学家提出了所谓的“原始的经济人”。他试图“在没有考虑到这将如何影响其他人福祉的情况下，最大化他自己的福祉”[4]。他们自己批判了这种概念，并且指出，如果每个人都假设只关心个人的得失，“公共物品”就会很难出现。没有人只是为了服务别人而去交税。他们也会这么说：“个人基本的价值，比如诚实、真诚、信任、约束和义务，对于一个有效率（也令人愉快）的契约社会来说都是必需的，但是所有这些都没有重要的报酬直接提供给他们。”[5]

可能存在一种间接的报酬。关于自私的理论通常不得不承认，开明的利己主义要求一种和立即疯狂追求自己利益不同的策略。和其他人合作对于满足长期的一种欲望来说有时是必需的。现在我帮助你可能对我没有好处，但是以后我需要帮助的时候你就可能同样也帮我。

类似地，如果现在我不诚实，也许能挣更多的钱，但是一旦被发现之后就没有人再相信我，也就什么都挣不到了。一个自私的人会热情坚持“诚实是最佳策略”这个准则。

不过这也可能是，经济学家只有假设所有个体都会是为了自己的“最大化效用”才能进行预测。换句话说，我们都在追求一种使得我们能够获得我们最想要的，并减少最不想要的策略。这里可以通过在数学中赋予不同的权重来分析。有时候人们会认为，目标应该是最大化所有效用，因此，一个人的利益不能被认为是比其他人更重要。所以，我可以权衡社会的总成本和总收益，或者我可以把对于*我*而言，什么将是有利的或者不利的限制在我的视角下。两种情况都好像我仅仅是显示了我自己的偏好。在第一个例子中，我表明了有关我自己福祉的偏好，而在另外一个例子中我也表明了对他人福祉的一种偏好。 137
纵容后者看起来是自私的，因为毕竟那是我的偏好，反之则恰恰相反。谈论揭示偏好的行为是如此简单和明确，可能正是这个原因才导致了利己主义的假设。

森认为偏好承载了太多的内容。它应该是按照一种选择的方式来定义，即不管我选择了什么，展现的就是我的一种偏好。对于有人说偏好在数学上可以理解为个人选择的二进制表示，他评论道：“如果用一种在通常感觉上的属性来定义偏好，在解释所定义的偏好时就会出现一个困难，那就是如果假定一个人的偏好是 x 大于 y，那么，他必须自认为得到 x 要比得到 y 更好。”[6] 森指出，选择、偏好和福利概念的分离可能使事情变得更加简单，但是会产生一个重要结论。经济上的动机可能不是影响人类行为的唯一方面。我可能是为了影响他人而不是自己的物质需要。涉及的一般商品可能和“传统经济理论”所假设的没有什么关联。

除了假设每个人都是按照他们最想要的（等同于最强烈的欲望）

来行动之外，大多数经济学家都坚定承诺，要按照有固定不变的欲望的原子个人来说明。社会特征按照欲望来说明，不允许反过来用社会特征来说明欲望。理性关系到了由欲望所设定目标的实现方法。在这方面，经济学家坚定地站在了休谟的经验主义传统之上。像他一样，假设欲望是不变的，那么，对于经济学的说明和预测来说就有了一个适当的基础。如果品位和欲望是随着主观变化的，那么经济学的有效范围就会大大减少。只能在给定关于人类欲望的一个特定集合下，它的预测才有可能是有效的。一个社会中所坚持的，在另外一个社会中可能并不坚持。

关于人类本性稳定的假设，经济学家更有自信。斯蒂格勒（G. Stigler）和贝克（G. Becker）明确建议一种假说“广泛和/或者持久的人类行为可以通过对效用最大化行为的一般计算来解释，不再需要对‘相同品味’进行量化”[7]。通过设定稳定的偏好，并且假设人们按
138 照偏好来行动，经济学家仍然手握坚固的基础。斯蒂格勒和贝克担心如果考虑品位差异的话，经济学家就不得不把对行为的说明交出去，正如他们指出的，“到底谁来研究和解释品味（心理学家？人类学家？骨相学家？社会生物学家？）”[8]。他们认为，在偏好解释的问题上，经济学家绝对不会打破这种僵局，但是对价格和收入差异的研究可以说明行为的差异。他们反对禁止“或许将来会有某种同类型的行为科学可以用更为简单的办法对不透明和复杂的问题给出进一步的说明”[9]。

任何社会科学会相当合理地把其方法论的一部分，看作一种不应该轻易放弃的策略。经济学家不再寻找进一步的说明而说是一种特别的事物，这点是令人费解的。结果就是，他们把本可能属于经济学范畴的问题交给了其他社会科学。不过，拒绝承认其他社会科学的关联同样也是很危险的。斯蒂格勒和贝克似乎是在说，经济学并不需要关注社会学。因为他们相信，即使在不同的时代，人类的偏好也会保持

稳定，他们没有给社会创造欲望的一种社会学理解留有任何余地。比如，人们经常认为的，在一个消费社会中广告会让人们产生一种原先没有的需求。显然斯蒂格勒和贝克拒绝这一点。

一位研究经济学哲学假设的作者注意到，这个学科的方法论根源是高度个人主义的。他直截了当地说“经济学的一种趋势是把社会作为个人选择的产物”。他继续说道：“但是说到需求的解释，实际上主要是先前个体无法忽视的文化和社会现象反应的一部分。”[10]

这已经站在了关于塑造人类本性力量作用方式的大规模论战的边缘[11]。关键是，关于这个问题的假设决定了任何社会科学的特征。确实，有时看起来好像是假设决定了社会科学的转变方向。只有一种稍微夸张的看法认为，相信人类是理性主体，并且社会是他们交互结果的人会被经济学所吸引，而那些确信人类主要是由他们社会背景所塑造的人更多地赞同社会学。但是社会科学不应该提供与人类社会观点相冲突的另外一种选项。任何招致和其他社会科学相冲突的方法论，都存在一些基本缺陷。即便忽略其他学科的发现也是一种错误。如果 139
社会学有权从一个整体的角度去看待社会的话，经济学家就没有权力用一种个人主义的态度来看待社会。如果经济学有权把每个人的需求作为一种相同的需求来看待，那么社会学就没有权力去谈论需求的社会创造。

这些争论在学科内爆发，就像在学科之间的争论一样，但寻求一种统一的社会理论的社会科学目标，以及我们在其中的位置才是重要的。经济学倾向于主张一种知识垄断。就像知识社会学所说的，它产生了一种忽略其他社会科学分支角色的无所不包的说明。比如，它不允许理性观点的变化，因为其将人类理性等同于一种利己主义的特定形式。其他学科要么是符合经济学家“理性人”的思想，要不就只能处理人类行为的非理性方面。麦克弗森（M. S. McPherson）评论道：

不断拓展超越市场行为的理性说明范畴，作为政治的“理性选择”理论，真正意味着把在这些领域和取代经济学方法的其他说明模式推到了一边……当（从已知的经济学角度看）社会学或者心理学被看作是关于非理性的科学而经济学看作是关于理性科学的时候，他们之间对于意义方面交流的前景似乎就非常暗淡。[12]

即便按照它自己的标准看，经济学家“理性人”的概念也是有缺陷的。著名的“囚徒困境”例子中的“囚徒”提供了这方面的一个说明[13]。虽然有很多不同的版本，但是简单来说，就是两名囚徒知道他们犯下了一种严重罪行，但是除非其中一名来指证另外一名，否则就都没有足够的证据来证明他们有罪。他们被隔离开来，并且都被告知对方可能坦白并影响到自己。如果两者都不坦白，他们将被指控较轻的罪名并会判处两年有期徒刑。如果一方坦白而另外一方没有坦白，则坦白的一方将获得自由，而没有坦白的一方将获得二十年徒刑。如果两个人都坦白了，虽然他们相互指证，由于他们的合作，刑期将从二十年减至十年。结果，每个囚徒都有一种坦白的动机使其能够
140 获得自由。情况如下：

如果都不坦白：每人 2 年徒刑
如果 A 坦白，B 不坦白：A 自由，B 获得 20 年徒刑
如果 B 坦白，A 不坦白：B 自由，A 获得 20 年徒刑
如果都坦白：每人 10 年徒刑

如果 A 坦白，从 B 的利益看他也会。否则，他的刑期将会是 20 年，而不是 10 年。如果 A 不坦白，那么 B 仍然会坦白，因为这样他将获得自由，即便 A 将会获得 20 年刑期。和 B 一样的理性使得他们都将坦白。似乎看似理性的策略就是坦白，不管希望另外一名囚徒做什么。但是这将会导致每个人都会入狱 10 年。利己主义的无情追求会产

生一种不良的结果，即便是对于利己主义者自己而言。

可能二人还没有足够的信任来确保对方不坦白。虽然相互信任在这种情况下是非常重要的，但是仍然存在出卖对方的可能。毕竟，如果 A 能够确信 B 不坦白，那么对于 A 来说，理性的选择就应该是坦白然后获得自由。他保持沉默的惩罚就是两年徒刑。但是 B 也可能有类似的理性选择。仅仅是对他人的行为有信心并不会有必要的帮助。一些义务是有约束力的，即便因此一方感觉更糟，但这种感觉是必要的。在这点上就涉及了一种类型或者其他类型的道德标准。

矛盾之处似乎在于，如果一个人只是单纯有意地追求他自身的利益，而不去考虑别人的成本，那么实际上如果其他人也都是同样想法的话，结果是并不能很好地得到这些利益。囚徒困境的例子已经证明社会应该为每个人追求自己的利益提供一种基本的体系。这和 17 世纪政治哲学家托马斯·霍布斯（Thomas Hobbes）的观点类似，他试图基于审慎考虑作为政治义务概念的基础。他坚定地认为人类是利己主义的，但却看到将会出现“自然状态”的灾难。用一个著名的话来说，生活应该是“肮脏、残忍和短暂”的。因此，从一个人自身长期合作的利益看，就应该禁止这样按照其他人做事的结果来量刑惩罚。这肯定会改变这种态势，利己主义者将会考虑被发现的可能性和今后的惩罚。尽管当某人的唯一动机是其自身利益的时候，那将还是有很多这 141
种情况出现，甚至在一种社会语境下，一种利己主义者只是为了渐渐破坏社会，即便所发生的没有涉及任何人的利益。总存在这样一种环境，那就是我通过故意放下我当下的利益来支持社会。那么问题就成了，利己主义者到底在多大程度上能做到这一点，特别是他们希望从其中有所获得的时候。实际上，他们可能甚至被号召为了社会的利益而牺牲他们长远的利益，甚至献出了他们自己的生命，但是没有利己主义者会一直这么做。不可能保持“公共利益”和“个人利益”始终一致。

经济学家试图用多种方法解决像囚徒困境这样的困难，但这似乎是自我寻求理性整体观念中一个根本弱点。当然，间接的结论和直接的一样必须被很好地解释，但是即便“理性”行为过程也不再依赖最好的结果。这就使我们洞察到，相互合作而不是单干才是社会形成的根源。然而，如果我们只是把关心别人的利益，全部作为进一步增进我们自身利益的一种方法，那么很容易产生一种人人皆输的局面。我们对社会需求的承诺，不能按照理性利己主义和自我寻求的“经济人”标准来看待。毋庸置疑的是，如果经济学家在评估人类行为的动机上是正确的话，那就还需要有一种确定的合作标准，但是社会安排又会处于危险之中，因为每个人都试图获得一种比其他人都要高的利益。

这点在很多不同的情况下都有例证。在一种军备竞赛中，两个超级大国的可能目标是以最小代价获得核优势。那么，为了领先对方就会违反双方签订的军控条约。可以假设在没有被发现的条件下它们的确可能会这么做。然而不幸的是，如果双方都这么做的话，那双方也不会获得它们想要的优势。如果每一方都假设对方会违反条约，它们担心落后于对方而不得不继续军备竞赛。但是这会让双方付出极大的代价，而如果双方能够遵守协议，则它们会以非常小的代价而获得相同的结果。“理性”显然产生了一种事非所愿的状态。给定获得优势、较低代价的参与、较高代价的参与和不参与四种选择，唯一最有可能的选择就是第三种。

142 投票选举是民主社会的核心实践之一，如果所有投票者都是寻求自我利益的利己主义者，那么投票选举似乎很难被说明。这不仅是对于投票反对他们自己利益和他们认为是理性利益的人来说是非理性的，而且似乎很难理解为什么有这么多人这么做。如果投票结果看起来是有疑问的，那么很多人对投票就会非常担心。但是当结果已经非常清楚的时候，为什么人们还要忍受夜雨而出去干投票这种麻烦事？预测有时候也会出错，但是即便如此，一个人的投票在大规模的选举中也是无足轻重的。但是很多人仍然在坚持投票，认为他们是非理性的观点似乎攻击到了关于民主运行方面理论的根源。像这样运用的政治权利似乎不再需要进一步地辩护。

森准备考虑人们选择反对他们自身利益的可能性，并认为我们不应该忽略他称为人类行为中的“承诺”。这个概念显然涉及行为原则，而不去考虑个体行动者的结果。因此，行动者可能采取以一种让他更糟的行为方式。森评论道：“我最为关心的承诺的特点是，承诺在个人选择和个人福祉之间形成了一个楔子，而大多数传统经济学理论依赖于对二者的鉴别。”[14]他指出，在投票的例子中，人们可能并不是被一种最大化预期效用的选择所引导，只是一种记录他们偏好的希望而已。人类行为中一种常规和可以理解的部分按照传统经济学理论的观点被判定为非理性，这的确是一件让人关注的事情。

第三节　私人利益和公共物品

内在的一致性并不能确保理性。一些人可能在他们的偏好和他们要达到目的所采取的行动上完全一致。但是，他们的偏好自身不应该被认为在人类本性中是必须固定不变的。其中一些可能是，但另外一些也可能是理性的结果。正如休谟所说的，理性是激情的奴隶，使得我们无力去修改我们的偏好或者采取新的偏好。通过他关于人本质上 143
会同情其他人的信念，使得他的这种观点变得友善。可是，如果假设我们的偏好就是对自我利益的寻求，那么我们就是能将理性理解为，一种通过对个人短期利益追求而摧毁社会最有效和最一致的方法。

一名经济学家并不情愿去检验需求的来源，“这样做会渐渐破坏将经济学主体视为一种自治的、自由的、选举人的承诺”[15]。但是拒绝接受人类理性可以控制我们的欲望，会打击所有自由的基础。不管是什么产生了我们的欲望，它仅仅是确定了我们行为的原因。将原因从社会转向生物个体，并没有减少任何决定论的立场。对社会决定需求的拒绝并不会提高个体的自主性。确实，很多认为把行为根源定位于社会中的人会坚持变化的可能。他们认为，因为社会可以被改进为所希望的，通过改变社会，他们实际上可能改变个人。与之相比，如果我们的需求是固定和不可改变的，那么我们所想要做的能力就不包含自由。由此，看起来我们只是在某种超越我们控制的事物指令下行动的木偶——可能是通过自然演化的方式来指挥我们的行动。实际上，不管我们的需求是由生物还是社会创造的，看起来已经破坏了我们的自主性。不管我们是否意识到这一点，似乎都是非个人的力量塑造了我们。

经济学家的理性是一个非常广泛的概念，而且经常被认为是不证自明的。比如，约翰·罗尔斯（John Rawls）的正义理论明确运用了类似的观点。附加条件是他相信一个理性个体不会遭受嫉妒，他把理性定义如下，说它是“社会理论中公认的常客”：

> 因此，在通常意义上，一个理性的人面对他可选择的方式之间，有一种合乎逻辑的偏好集合。他会按照更好实现其目的的方式来对这些选择进行排队：他会选择能够更多满足其愿望以及成功概率大的计划。[16]

除了认为偏好需要自私之外没有其他什么。正如我提出的，我可
144 以有一种为了他人福祉的偏好。利己主义是一种更为重要的组成，这
使我们关注于“偏好”和“欲望”。罗尔斯的自由主义版本给利他主义

留下了很大空间。他所关注的不是人们应该是利他的还是利己的，而是每个人都应该有平等的选择自由。他希望达成一种社会合作，人们可以自由地寻求他满意的欲望，而不管这些欲望可能是什么。唯一的限制就是，其他人也应该享有这种自由。这个立场在很多方面都是古典式的自由，确保个体执行他们自己选择的最大自由。因为没有假定什么是好的概念，一切都依赖于个体所坚持的偏好。一些人可能非常愿意去提高他人的福祉。然而，这样一种愉快的选择不足以创造一个社会。如果任何类型的社群都需要一部分成员自发牺牲他们自己的利益，那么在人类社会的存在和利他主义的出现之间必然存在一种关系。前者依赖于后者，因此利他主义必然不只是一种偶然的存在。它肯定不是随机选择的结果。我们需要一种能够说明社会主张和个人需求之间关系的一些理论。

如果个体被认为是从社会中抽象而来的，这个问题就不会出现，因为这样就假设了是社会创造了人类欲望。如果从个体出发，我们就需要缩小个体欲望和合作需要之间的差距。这可能不只是一个理论上的事情，因为个体可能不得不表明，为什么在需要付出一定代价的情况下还要关心他人的福祉。有时候人们认为，法律和政府存在的目的就是要弥补这种差距。确实，霍布斯相信，理性的利己主义者可以坚持他们自己的观点并创造这样一种政府。但是，一个理性利己主义者的国家如何能够生存仍然是成问题的。违反个人眼前利益的合作必须不断实施。因为在没有付出的情况下获得合作果实可能符合每个人的利益，如果这种可能不被发现的话，就存在违反法律的一种动机。这些都依赖于执行成效。如果法律在某些方面会助长私人利益而不是作为一种目的，社会看起来就会非常不稳定。法律不能代替道德，没有法律能让人们变得利他。它只能作为一种重要的约束，但是没有办法让每个人为了他人的利益而行动。即便法律强迫某人做出奉献，他也 145

不会变成利他主义者。行为的结果可能是好的，但因为这是出于对法律惩罚的恐惧，他仍然会不断追求自身利益，并尽可能地逃避法律。

当我们面对社会中寻求自我利益的“经济人”时，就会出现“搭便车”问题的难题。让我们想象一种公共物品，如对新鲜空气的需求。这种物品的特征是，它们对所有人都是有用的，同时它们并不需要每个人都参与的情况也可以生产出来。然而又没有办法阻止所有人从中获益。结果就是，拒绝在生产这种物品中做出贡献的人，仍然可能享有别人努力的果实。如果人们在不这么做的前提下仍然可能获得相同的收益，问题就是为什么还有人愿意付出。为什么他们不让别人做？一个冒烟的烟囱不会让空气显著变脏，一个污水管道流出的水不会完全污染一条河流。一个逃税者不会让政府停止运行。为什么一个人不应该在干旱时用花园的水管浇水，或者在电力短缺时用电？当要求限制一般的报酬时人们为什么不寻找更高的报酬？这些问题都非常类似。当我们想试图利用别人的贡献时，我们每一个人都可能有机可乘。

对这些问题常见的反驳是“如果每个人都这么做会发生什么？”曾经有一个儿童故事，一个国王希望在庆祝日的那一天，他的喷泉里能够喷出牛奶。每个人都被要求往喷泉的蓄水池里倒牛奶。当他们做完之后，喷泉再次被打开，结果流出了和前一天一样清澈的水。每个人都认为，自己用水代替牛奶不会造成多大影响。但是，“搭便车”问题就会出现这种情况。群体中的每个成员被假定会理性地跟着这么做。要不就是有其他足够的人继续对期望的结果做出贡献，要不就是没有。如果足够，那就没有必要再贡献，在没有消耗自己的情况下物品也会得到供给。如果不够，也没有必要再贡献自己，反正无法生产物品了。因此，看起来，好像理性的自利要求其不需要贡献。

如果我们关注总体的最大化效用而不只是我们个体的福祉，问题就会以类似的伪装出现。对于贡献来说，这似乎没有什么意义，因为 146
要不就是有足够的人，要不就是没有。有人认为这是理性的问题。一位作者评论道：“关键不是不作为和理性是兼容的，是理性要求不作为。”[17]产生这样的结果，意味着我们理性概念中有些地方肯定是不对的。任何一开始就考虑对比成本和收益的行为都应该是理性的，但是这就含蓄地把理性等同于自私。那些更在乎他人利益而不是自身利益的假设是非理性的。除非按照个人成本收益来说，可以立即证明对公共物品的贡献，否则不做贡献就是理性的。这就是假设，个体能够脱离他们的社群而存在，并且能够决定他们准备对社群付出多少。个人主义可以用一种被认为是理性缩影的方式与利己主义相结合。

反驳者会说，即便一个人是利他的和真正为了他人的利益，如果这个人的行为是无效的话也没什么意义。除非我的贡献能使天平倾斜，否则就会是一种没有收益的付出。由此得到说，这样无意义的行为是非理性的难道不对吗？即便理性不是按照自私来定义的，不徒劳的努力似乎也是理性的。麻烦的部分在于，我们经常无法确定我们的努力是否是徒劳的。这件事似乎必须要处理，在起初根据将要完成结果的可能性来计算成本和收益。尽管数学是很精确的，但是在预测我们行为的结果时还是有大量的不准确在其中，特别是涉及预测别人会怎么做时更是如此。还有一个问题也很重要。如果我们在降低污染时产生成本，其他人可能被鼓励做同样的事情。仅仅是因为从个人主义的观点看，社群不过是个体成员的结合体，其中发生的一切完全依赖于每个成员的行为。一些人可能非常不公平地“搭便车”，并且对这点的怨恨本身也是社会中非常重要的因素。如果提供公共物品，不可避免的结果就是，一个个人主义者对社会的理解必须假定成员之间有一种严格的道德法典。一种责任感会确保人人贡献。当人人都试图在别人努力的基础上获得收益时，情况就会变得混乱不堪。

147 第四节 个 人 主 义

社会的需求经常会和始终如一地追求自我利益不相称。道德原则在个体对他社会的承诺中是非常重要的，并且一种道德概念和一种社会概念之间存在一种紧密关系。如果在一个没有一些道德形式的社会中鼓励其成员自愿牺牲自己的利益，这看起来很令人怀疑。但是在此背景之下埋藏着两个问题。第一个问题是利己主义和利他主义必然会和人类本性的问题联系在一起。如果人类本质上都是自私的话，那么规劝要考虑社会的利益也是没有效果的。再一次，关于人类社会功能的主要问题，显然又要依赖于对人类本性的思考了。

第二个问题是涉及个体对社会贡献的理性假设基础。关于社会的观点，整体论和个人主义之间的区别没有比现在更为清晰的了。问题出现在引诱自主个体为社会做出贡献的方面，而如果社会定义了一个个体的本质，那么后者的自主性就仅仅是一种抽象（abstraction）。有人可能会质疑说，在社会中个体可能不会脱离社会语境而存在。一种个体的概念可能是，一个特定类型社会中特定环境的创造。马克思和维特根斯坦都强调，社会的优先性是对原子个体合并形成社会观点的破坏。对于马克思来说，社会语境是随着历史变化的特殊社会-经济结构。它们决定了我们的思考方式，并且如果人类生活要提升的话就必须做出相应的变化。这意味着马克思主义更加关注结构的变化，而不是由这些结构所产生的思想变化。他们认为隐含在社会经济关系下面的症候要比其本身的研究价值更重要。一位作者评论道：“历史唯物主义是一种实质性的意识形态批判，这种批判的前提，是否定把‘作为观念的观念’与‘作为社会实践的观念与其物质性的关系’进行分离意识形态的分离。”[18]因此，越是孤立地去检验这种思想，越是承认了我们关于社会实在的观点被扭曲了。这种观点充分利用了表象和实在之间的一种显著区别。呈现给社会参与者的和实际发生的可能相去甚远。由此，作为一种科学，会要求马克思主义揭示社会关系的真正本质。那么即便是在马克思的追随者之间观点也是矛盾的，因为这是一种认为在各种意识形态之下只有一种实在的强实在论立场。主张马克思的理论是科学的，因为它能帮助我们明了这些。其他的观点则试图改进这种立场，比如试图去克服知识主体和客体之间的区别。但是，马克思主义者面临着一种困境：如果他们放弃下述主张，即认为他们的理论给出了社会实在之本质的唯一洞察，并强调*所有*观念的社会根源，那么，他们就会冒相对主义威胁之危险。另一方面，主张特殊知识会使得精英过度无情地追求他们的目标，因为他们要确保在知识上他们是对的。 148

社会对结构的强调的转变，掏空了个体概念的所有真实内容。所有的注意力都聚焦在了不同类型意识的社会和历史前提上。特别是在马克思的后期著作中，反对任何关于人类需求或者欲望在变化的环境中继续存在的观念。比如，他在《资本论》中说，由外在世界的行为及其变化，人们“同时也改变他们自身的本质”[19]。有一段经常引用的话，为知识社会学提供了一种灵感，马克思说：

> 物质生活的生产方式制约着整个社会生活、政治生活和精神生活的过程，不是人们的意识决定人们的存在，相反，是人们的社会存在决定人们的意识。[20]

强调社会优先性，就必须否认任何超越时代影响的、个体是在真空中运用理性的观念。他们的理性将是他们所构成社会的产物，同时，马克思的唯物主义认为潜在的经济因素塑造了社会模式。他的思想提供了很多不同的解释，但是共同点是，他没有把经济基础置于任何其他东西之上，包括所有的人类生物学。如果他有，那么一些人类
149 需求的社会特征就有可能会出现这样的问题：他们也许会建立在超越历史变幻无常的基础之上。

受古典经济学家欢迎的抽象个体，是马克思的一个明确目标。实际上，在《政治经济学批判大纲》中，他试图探寻抽象个体思想发展的轨迹，说明过去的个体如何不能和社会整体相分离。[21]最初的社会是家庭，然后家庭就拓展成一个部落，再后来各种部落结合就会出现社群，通过社群就会形成社会。马克思认为，个体化只能随着以自由竞争为特征的资本主义社会的出现而出现。在这样一种社会中，他说："单个的人表现为摆脱了自然联系，等等，而在过去的历史时代，自然联系等等使他成为一定的狭隘人群的附属物。"[22]关键是，这是一种在特定经济结构的特定条件下创造的一种幻觉。抽象个体的信念本身就是一个确定类型社会的产物。

对于很多经济学家的个人主义假设而言，这是一种严重的挑战。不仅"理性"个体不再是生活中经济事实的根源，而且还宣称西方资本主义社会才是思想产生的地方。这不仅仅是经济学中的争论，因为它关系到我们到底觉得个体和社会结构哪个更为优先。社会是个体相互作用关系创造的结果，还是因为他们自身就是这种背景创造的产物，所以个体只能在社会背景下来理解？我们必须面对这个之前遇到过的问题，但是这个例子中的争论很显然涉及政治。如果我们希望用一些方法来改变社会，如何完成这项工作呢？我们应该首先改变个体，还是改变社会的经济结构？后者就是马克思的方式。前者不会是灾难性的，不过是它更渐进而可能不那么有效。

如果马克思是对的，那么个体只能通过改变经济结构来改变，但

是，如果是错误的，那么至少个体部分是由其他因素所形成的，那么不管是他们的生物性，甚至是他们自己的理性选择，改变社会与此无关。如果个体是利己主义者，改变系统并不会对他们的利己主义产生影响。马克思的理论经常批判这是一种乌托邦，因为它假定了人类的完美性，它保证了一个完美社会的达成自身会产生人类的完美性。但 150
是在新体系下人类也可能变得和原来体系中一样的贪婪和自私。然而将革命理想付诸实践的难度可能会关系到人类本性的基本事实。对社会经济结构过度的强调可能会忽略人类自私的无情事实。

在提到“原罪”时，基督教神学家表达了这种人类本性的观点。他们当然希望这些能够在人类社会结构中反映出来，但是并不期望能够通过社会变化的方式治愈它。所需要的宁可是，由词项“赎回”所表达的变化类型。结果，人性的一种神学理解不仅开始严肃看待自私，而且假设能够处理它。因为后者，它们不再需要任何我们先前讨论的“理性经济人”之类的观念。

对于马克思主义者来说，基督教神学家是意识形态的一个主要例子，因为既定利益作用的原因，一种社会经济条件的影响使得我们看不清他们的真正本质。由于这种观点，马克思主义者和非马克思主义者之间的真正对话看起来十分困难。这里并不涉及关于什么是真的简单不同意见，它是可以进行理性讨论的。马克思主义者会把反对者的扭曲追溯到他们的社会背景，而非马克思主义者仍然在他们假设的基础上检验马克思主义理论的利弊。

第五节　理性和革命

可以通过个体和社会之间关系的观点来说明马克思主义者和非马克思主义者之间的区别，比如，通过基督关于爱的思想，特别

是，通过慈善的萨米亚人寓言的邻居之爱，似乎关系到了个体应该如何忽略种族或者宗教等因素来善待他人。甚至认为寓言的关键就
151 是，个体应该不要在乎他们的社会经济背景和出现的社会权力结构，这似乎很有道理。但是这也很容易受马克思主义的影响而坚持认为，如果允许社会经济结构继续作为压迫和剥削合法形式的存在，那么这样的爱是没有什么意义的，甚至只是幻觉。一位作者在描述“支配结构”时说：

> 像这样的这些结构，只能在意识形态层面来表达他们内心的爱情……结果，基督教的一边——在一种非常剧烈的重压之下——和马克思主义者共享着一种类似的信念，这是商业不是爱，更确切地说是确保爱的可能性条件。[23]

强调个体重要性的观点和强调拥有正确社会结构重要性的另外一种立场，这二者之间有重要的哲学区别。强调个体需求并不会关涉到忽略更广泛社会和经济考虑的重要性，但是会对仅依靠社会和经济变化就能完成的程度产生怀疑。另一方面，对于社会罪恶来说，强调社会优先性可能会涉及赦免所有个体的责任。在传统基督教信仰中，个体的重要性要想轻易和强调社会结构的马克思主义相结合，看起来显然是不大可能的。不需要多说，这是一个具有高度争议的问题。

对于如何区分个人主义和集体主义，这里还有另外一种说明。为什么会出现被剥削阶级的成员会继续支持本该对剥削他们负责的剥削阶级和压迫制度情况，这看起来令人匪夷所思。比如，为什么印度的仆人阶层会热心地支持种姓制度。马文·哈里斯（Marvin Harris）是这样解释的：

> 穷困的仆人阶层成员热心支持种姓同族婚姻规则，并坚持有昂贵嫁妆的合法婚姻。简单来说，显然如果穷困的仆人阶层成员实行异族婚姻且不再坚持巨大的婚姻支出，他们的物质近况会变得更

> 好。但是种姓制度的受害者不能在长期抽象计算的基础决定他们的行为。仆人的工作，比如像建筑工人、酿酒人、制作麻绳的人等，这些只有在遵守种姓规则的情况下才有合法的社会地位。[24]

任何破坏等级的人都会受到制度的惩罚。因此，尽管是压迫的，与失去所有职业前景相比，它的永久存在对每个人还是有利的。社会底层的这些人并没有完全摆脱上层特权的能力。哈里斯评论说，“这似乎看起来是堕落的，这些从制度中获得最小好处的人却每天都在支持这个制度”。这个立场从“理性经济人”的角度看是完全可以理解的。没错，如果有足够的人不再服从种姓制度，它就会崩溃，但是个体就必须愿意忍受出现的真正变化，并且他们还远没有为此做好准备。 152

在这点上，马克思主义者会说革命的必要性，这是事情的核心。无产阶级成员可能会和印度低等级世袭阶级有类似的立场吗？这些革命一开始可能必须得忍受，并且他们可能并没有这么做的准备。如果有人假定已经涉及了某种利己主义，那么疑虑就会上升。利他主义者可能已经做好了为他人利益牺牲自己的准备，但是这些只能最大化他们自己效用的意图。问题已经概括如下：

> 即便革命是无产阶级的最佳利益，并且即便无产阶级的每个成员都能认识到这点，只要其成员的行为是理性的，这个阶级也不会完成协定好的革命行动。这个令人震惊的结论依赖于一个前提，在技术层面上看，对于无产阶级来说革命是一个公共物品。[25]

因此，除了利他主义的问题之外，所有与“搭便车”问题相联系的矛盾都会接踵而至。希望每个人都试图建立一种新的社会结构而不顾其他人怎么做，特别是当死亡是一种可能的结果时，这样有道理吗？“理性人”可能更倾向于把赌注压在，继续在一个不公正的制度下活着。这就意味着参与革命的人是不理性的，这样一个结论显然和马克思主义是不相符的。但是马克思主义者不会接受已经做出的假设。除了把一个社会图景视为一群个体之外，他们也拒绝把理性的概念看作是效用最大化。在马克思主义中，理性不是去寻找满足个人欲
153 望最有效方法的事情。因为马克思主义者相信，欲望是受社会制约的，他们的关注点直指创造一种最好的社会类型。他们认为，这种社会就不会像资本主义社会一样，与人民存在显著和真正的冲突。那将不会给意识形态留有余地，但是我们会去有意识地控制社会，因为我们对它的理解会揭示出事物的真正情况。这就是马克思主义者寻求理性的目的，因此对于他们来说也就定义了理性。正如一位作者指出的，“从马克思的观点看，理性行为的观念会导致社会性的非最优化——确实是灾难——结果就是个人效用最大化理性观念的*归谬反驳*”[26]。

马克思主义者也认为，把理性的概念看作效用最大化，特别是和利己主义结合时，其本身就是一种特定社会经济环境集合的产物。他们会论证说，利己主义就是资本主义社会的典型产物，用反映市场经济中个体之间流行的竞争精神来描绘人们。从马克思主义者的观点看，这就是意识形态的一个很好例子。利己主义宣称服务社会现存权力的结构利益，在一定程度上掩盖了马克思主义者所说的真实情况。作为人类理性的标准，它显然只是一个特定社会的局部条件，似乎严格限制了变化的可能性。争论在于革命是非理性的，会进一步阻止现存社会关系任何激进的变化。

因此，我们面对两种完全不同的人类社会概念和人类理性的本质，一种是基于个体，另外一种是基于社会。虽然这些观点之间在很多方面是对立的，但是拒绝一种观点并不意味着接受另外一种观点。并不是所有强调个体优先性的立场都是利己主义者。坚持个体需要用他们的理性去关注追求的目的同时也会认真考虑他人的利益，这点是完全可能的。类似地，并不是所有整体论观点需要采纳一种马克思主

义关于社会经济因果性的立场。正如维特根斯坦做的，在没有接受马克思主义理论关于社会物质基础思想的关系情况下，可以把理性的概念植根于社会实践。

经济学家“理性人”的概念和马克思理论关于社会的概念都假设了人类本质。对于经济学家来说，人类欲望是固定的和不变的，设定好了人类生活的生存舞台，但是对于马克思主义者而言它们是一个特定社会的产物。关于理性本质的这些假设，每一个都是基于他们对个 154
体的看法。真的能够清晰地从脱离社会的角度去独立看待他们，抑或不能？我们所采用的社会理论，甚至是我们喜欢的经济体系，都依赖于我们对这个问题的回答。

注　释

1 Max Weber, *Selections*, 1978, p. 61.

2 Ibid., p. 85.

3 Amartya Sen, *Choice, Welfare and Measurement*, 1982, p. 5.

4 F. Hirsch and J. H. Goldthorpe, *Political Economy of Inflation*, 1978, p. 273.

5 Ibid., p. 274.

6 Sen, *Choice*, *Welfare and Measurement*, p. 67.

7 G. Srigler and G. Becker, “De Gustibus non est Disputandum”, *American Economics Review*, 67, 1977, p. 76.

8 Ibid.

9 Ibid., p. 89.

10 M. S. McPherson, “Want Formation, Morality, and Some Interpretive Aspects of Economic Inquiry”, in N. Haan et al. (eds.), *Social Science as Moral Inquiry*, 1983, p. 107.

11 见我的著作 *The Shaping of Man*, 1982.

12 McPherson, “Want Formation”, p. 102.

13 例如, Sen, *Choice*, *Welfare and Measurement*, p. 62.

14 A. Sen, “Rational Fools”, *Philosophy and Public Affairs*, 6, 1977, p. 329.

15 McPherson, "Want Formation", p. 98.

16 John Rawls, *A Theory of Justice*, 1972, p. 143.

17 A. Buchanan, "Revolutionary Motivation and Rationality", *Philosophy and Public Affairs*, 9, 1979-80, p. 66.

18 D. Turner, *Marxism and Christianity*, 1983, p. 181.

19 K. Marx, *Capital*, 1967, vol. I, p. 177.

20 K. Marx, *A Contribution to the Critique of Political Economy* (*1859*), 1970, p. 21.

21 K. Marx, *Grundrisse*, Harmondsworth, 1973, p. 84.

22 Ibid., p. 83.

23 Turner, *Marxism and Christianity*, p. 214.

24 Marvin Harris, *Cultural Materialism*, 1979, p. 62.

25 Buchanan, "Revolutionary Motivation and Rationality", p. 63.

26 N. Holmstrom, "Rationality and Revolution", *Canadian Journal of Philosophy*, 13, 1983, p. 324.

第八章

文化：功能和适应

第一节　社会的功能

每当讨论人类本性时，总会提及一个基础特征。当我们在文化中表达自己时，在很多方面我们都是那么不同寻常。如果社会科学家想要完成比归类人类神秘生活方式更多的事情，就必须对这点给出一些统一的解释。一个重要问题就是，人类行为在多大程度是基于生物的，在多大程度是基于文化的。比如，如果允许用人类基因说明一部分人类行动，那么文化之间的差异要比实际的更加显著：同样的生物需求也会导致显著不同的习俗。另外，坚持人类本性是社会性的产物，意味着生物学和对社会实践的理解大部分都没有什么关系。

争论通常集中在平分秋色的选择上，也就是说，人们到底是由生物学还是由某种文化环境来支配的。一个人，要不就是由他的基因，要不就是由他的社会来塑造的。[1] 比如，哈里斯提出了一种叫作“文化唯物主义”的观点，并和社会生物学家争论说：“不管什么时候，只要一有表现自己的机会，就会积极寻求扩张由基因决定的特征清单。”他写道：

> 文化唯物主义者追求的一种策略，是试图把假设驱动、天性和遗传决定的反应选择，还原为与社会文化理论之有效语料库的构建相兼容的最小数量条目。[2]

156 结果在他“社会文化差异和相似的整体目录清单的起源、维持和变化提供解释”的目标内，他主要看到了一种非生物的因素。特别是，他检验了文化的因果性因素，也就是他称为由“生产和再生产”组成的“基础结构”。正如他承认的，这种基础结构是“文化和自然间的主要接口”[3]，但问题仍旧是，人类生物学到底有多大影响力。其实哈里斯只是不同意社会生物学强调的重点而不是原则。他相信大多数人类文化并不受基因控制，并坚持“*智人*已经进化为具备能够独立于遗传反馈去获取和修改文化的全部技能”[4]。他指出，世界上所有大量出现的文化多样性，都可以在一代人的空间内获取或者消亡。一个人说的语言和吃的食物才是这个人成长的关键，而不是谁是他的父母。

对于人类文化完全不受人类生物学影响和完全被人类生物性所决定而言，要在二者之间维持一种平衡是非常困难的。文化变异的事实看似来已经足够否定后者了。说到前者，也只能好奇地去想，如果我们全部都是十英尺①高，或者有三种性别，人类生活又会是什么，以此来认识生物学特征对人类生活某个方面有一种起码的影响。在一定程度上，可能因为社会科学家不是生物学家，他们更偏向于用自己的词项来看待人类文化，而把生物学背景当作理所当然。许多人怀疑，用生物学的词项来看待文化范畴，只会把最重要的人性全部榨干。始终有一种对还原论的恐惧，凭什么把人类概念变质为，只是对基因和生物化学的谈论。也因为生物学家总是谈论生物个体，任何从社会科学到生物科学的转换中，显然都意味着个人主义者在与整体论者的争论

---

① 1 英尺＝30.48 厘米。——译者注

中是正确的。进一步，如果社会不能还原为它的个体成员，那么个体生物学的科学研究不会对理解社会功能有所帮助。

几乎所有人类社会的研究都得去处理两种遍布的特征。大多数人生活在家庭群体里，同时大多数人类社会都信奉某种宗教。这两种特点是否具有普遍性，而不仅仅是广泛分布，这点是有争议的。通过定义一个词项有可能使它们变为普遍的。国家无神论（state atheism）是一种宗教类型吗？公社是一个家庭吗？无论答案是什么，社会科学家 157
都希望给这种广泛分布的社会现象提供说明，也希望把这些限制在社会层次，而不是生物或者物理层次的说明。

一种非常流行的做法是，按照社会功能来说明。文化提供了一种提高马林诺夫斯基称为“个体和集体生活标准”[5]的方式，这被认为是文化的关键所在。他将文化和人类需求相联系，并得到了结论“功能不能用其他方式来定义，只能是通过人类的合作、使用人工制品和消费商品的活动来对一种需求的满足”[6]。他认为，一些需求是生物性的，其他则是“衍生的”，由文化所创造，这种理论在与生物学的关联上是相当中立的。他确信，在社会中家庭是至关重要的。他相信，它的功能可以提供给社群的居民：

> 从文化的开端开始，家庭就被视为一种能够满足人类绝大多数基本需求的制度。这种制度主要基于生殖的需要，也与生产、事物的分配和消费直接相关……习惯、秩序和权威都能在家庭中体现。[7]

马林诺夫斯基明确试图去用这类解释来匹配所有人类文化，把它们多样化的差异转为一种普遍的体系。在不同的文化中，家庭可能有很多形式，但是马林诺夫斯基会假设，比如它总会表现出训练儿童的功能。他对人类婚姻和家庭的本质或者“文化实在”的寻求，将会损失不同社会的差异性，同时会试图发现关于制度功能的“有效的科学概括”（valid scientific generalizations）。像其他社会科学家一样，他想在与其工作没有任何直接关联的情况下来复制物理科学的方法。但是，在绝大多数显著的文化多样性中寻找普遍要素，显然会导致对不同家庭或宗教形式最低普遍分母的寻找。马林诺夫斯基写道：

> 158 当泰勒（E. B. Tylor）在他伟大著作《原始文化》一开始，就最广泛的意义上，或者自己的语言去询问宗教是什么，当他试图给出这个主题的“最小化定义”时，他就是一个真正的功能主义者。[8]

涂尔干对宗教的处理的这种方法得到了进一步的展现。在试图表明宗教的功能时，他不可避免地认为宗教之间的差异并不重要。他们相似性的关联是什么，因为他是作为一名社会科学家来研究这些事情的，所以只能看到他们社会的影响，他感到最重要的地方在于“如果所有宗教都是在社会中产生的，那是因为社会思想观念就是宗教的灵魂”[9]。他相信，每隔一段时间，所有社会都必须重申一下他们的集体情感和思想。他认为，社会的统一依赖于个体聚集起来参与仪式，目的是把他们吸引在一起：

> 假定无论是在它们的对象，它们产生的结果，或者是得到这些结果的过程中，出现的仪式都无法和正规的宗教仪式相区分。那么，在一个基督徒集合庆祝耶稣重要日子，犹太人纪念脱离埃及或者十诫的颁布，和居民重新聚集起来纪念新的道德法律的颁布或者一些国家生活中重要事件，这二者之间的本质差别是什么？[10]

答案可能是，按照社会功能来看，几乎没有。像其他制度一样，宗教有社会功能，并且显然不是所有人都参与。莫顿（Merton）在

“显功能”和“隐功能”之间，以及在他称作“社会行为的意识动机和其客观结果”[11]之间提出了一种差别。这里存在一个永恒的问题，特别是在社会巨变的时期，在没有意识到它们的隐功能时，社会制度已经开始有意改变。家庭就提供了一个明显的例子。在没有意识到会对社会产生广泛影响的情况下，家庭关系的模式已经发生剧烈变化。

一名社会科学家能够也应该观察到社会制度的社会影响，即使他们也有宗教信仰。但是忽略宗教之间的主要差异，而强调它们对社会的相似影响，这种观点是一种危险的承诺。按照其社会作用来识别宗教忽略了不同宗教对世界的不同主张。之前我们看到，社会科学家冒 159
险去忽略信念的内容而去关注信念的事实。实际上，不管这些仪式是不是出于宗教目的，涂尔干就是在无差别地对待公共仪式。制度的功能夺去了宗教仪式的光彩，这种类型的制度是什么已经不再重要。唯一重要的问题是，功能是否被满足。

功能主义有时会宣称拥有一种保守的偏见，因为他们看起来赞同，一个社会不管拥有什么制度的原因都在于，它们能够满足重要的需求。但实际上强调社会功能可以有助于削弱所谈论的制度承诺。当展示出宗教功能时，似乎已经强调了社会中宗教的重要性。然而，因为宗教产生了什么并不重要，似乎其他任何类型也可以，非宗教的教义也可能履行相同的社会功能。因为不相关的原因，可以把宗教所主张的真理放在一边。对宗教承诺的真正说明似乎是社会性的，没有理由相信信念是真的。功能主义者似乎对这些知识社会学有着相似的影响。在两个例子中，社会学说明看起来取代了依据理性的说明。如果我非常确信，对于什么是超验的和一切社会的需求来说，信仰上帝的理由与这些一点关系也没有，那么我没有理由相信上帝存在。最大的危险是社会科学家既因为超出他们的专业能力而不去理会真理和错误的问题，同时又假定他们能够处理宗教的核心问题。如果理所当然地认为宗教的社会功能是其最重要的特征，那么在宗教的社会学解释中一定包含一种失真的成分。社会科学家也必须认识到，揭示为什么接纳的是这种而不是另外的宗教，是一项重要的任务。

即便接受任何社会需要宗教制度来保持平衡，剩下的问题就是为什么一个特定社会需要这种制度而不是另外的制度。正如乔治·C. 霍曼斯（George C. Homans）在批判功能主义的过程中评论道："我认为，社会学必须说明实际社会的实际特征，而不只是普遍社会的普遍特征。"[12] 他感觉到，功能主义说明最后不得不依赖于，对人们喜欢什么和不喜欢什么所做的心理学说明。从抽象社会系统和制度功能的方
160 面，除了说明为什么一个社会能够持续运行这个问题之外再无其他。关于制度起源或者已有社会变化的因果说明，似乎受到了功能分析的冷遇。宗教可能是为了整合社会服务，宗教衰退可能导致效果的瓦解，但这也没有完全说明为什么人们有宗教信仰。给定一个已有的宗教，功能主义的解释可以帮助说明其为什么能够持续存在。无神论的制度化形式必定也可以想出同样的社会功能。无神论能够满足人类的其他需求是一个更为深远的问题。因为它可能超出了社会学的范畴，但并不意味着它不是一种真实的存在。

第二节　意识的作用

显功能和隐功能之间的区别蕴含着，一个社会系统的参与者可能总会没有完全理解他们所做的重要性。这就包含了一个类似虚假意识的问题。一种制度可能和其成员知觉到的方面是不一样的。他们可能因为某种原因支持它，而实际上它可能拥有相当不同的功能。社会科学也许能够揭示为什么会这样。关于这种情况，一种恰当评论是："当

下随着社会学家忙于在社会的每个角落和缝隙中搜寻我们的隐功能以及他们作品获得的金钱，隐功能看来不会隐藏太久。”[13]这样的知识变成了它自身的拓展的事实，成了社会中的重要因素，同时一些可能会只是为了先前的这种隐功能而试图有意识地保留制度。

我们已经看到，在社会中正在发生的和其成员理解之间的区别，是多么饱受争议。一些社会学家不会接受二者之间的区别。比如，彼得·伯杰（Peter Berger）和布里吉特·伯杰（Brigitte Berger）直截了当地说：“我们认识论的假设是，社会不是一种观念系统，而是一种有意义的建构。”[14]他们用这个来思考家庭：“从某种程度上说，人们知觉到的家庭可以作为意义、价值和身份的主要来源，*即*家庭——与一个系统分析可能必须说到的功能化没有关系。”[15]这可以看作是对功能主义方法的修正，而不是完全的否定。家庭制度可能有隐功能，但是核 161
心问题仍然存在。就像一个宗教常常会主张真理，那么也可以论证说，家庭的核心特点也是基于成员之间相互的意识关系。在每个例子当中，社会科学都是在扭曲，而不是在澄清。

彼得·伯杰和布里吉特·伯杰非常关注的是，把家庭看作一个系统和另外系统交互的说法本身，就是机械论式比喻的鼓励。结果，在没有看到“人类生活中意义和价值的重要性”的情况下，社会工作者可以通过“服务”来满足家庭的需求。非人性化的官僚主义方法最终会毁掉他们理应帮助的对象。这是一个关于社会科学基础的哲学立场如何影响社会政策的好例子。由个体拥有的理解决定了他们所参加实践的本质，彼得·伯杰和布里吉特·伯杰把它作为一种公理：“情境不能被理解，除非‘身在其中’，也就是，要理解情境对身处情境中的人的意义。”[16]这是一个经常受到现象学影响的类似观点，但研究像家庭这样的制度时，它就会至关重要。显然，忽略个体的观点会错误表现人类家庭的本质。彼得·伯杰和布里吉特·伯杰认为，如果他们忽略个人的意义和意向，那么拒绝“系统的”功能概念就是有帮助的。他们评论说，人们不大可能将自己看作社会系统的运行单元，除非他们学习了足够多的社会学课程。

给予个体意识这类优先性，会再次引发社会结构和意识之间关系的问题。比如，在最初的社会变化时意识的作用是什么，彼得·伯杰和布里吉特·伯杰把社会变化“作为制度和意识交互（或者设想为偏好一种辩证法）的结果”[17]。这与认为意识除了是社会根本结构变化的副产品（或者是附带现象）之外，可能什么也不是的观点形成显著对比。即便这些变化和意识的联系很弱，仍然有一个问题，意识自身能否成为变化的动因。女权主义的兴起提供了一个相关的例子。这些年，在一些方面许多妇女出现了显著变化，特别是那些受过高等教育的妇女开始意识到自己的角色。彼得·伯杰和布里吉特·伯杰承认“很难确定是什么*引起了*女权主义在行为上的变化，或者所发生的只是
162 合理的变化”。他们的哲学假设并没有给意识可能创造社会变化的可能性留有什么余地。

反对这种立场的人多得都可以排队了，像哈里斯这样，强调决定意识的基础结构的重要性。他自己也用提高女性意识的例子，重点是追溯当代生活条件变化的约束，而不是观念的内在力量。他指出，女性的角色随着城市化的提升而发生了改变。一个以农业为基础的社会，特别是边疆社会，应该强调的是女性母亲和持家者的角色。城市生活的情况，当对比获得的收益和家庭不断提高的消费时，女性工作的机会大大增加。对于大部分城市家庭来说，农场不再重要。哈里斯用技术的巨大变化作为女性角色变化的部分说明，非常确信“基础结构”和“超级结构”之间因果关系不均衡的本质。换句话说，物质条件将会影响意识的内容，而不是意识的变化影响生活条件。为了说明这一点，他问道，男性群体能够恢复 19 世纪的性别角色吗？决定性的

因素是他们对目标的坚定程度吗？或者，我们可能补充，观念自身在不管一般的社会条件下可能去评价权力？哈里斯相信男人应该没有机会“对现在的城市工业基础设施进行足够的支配”。

这点的争论实际上就是“唯物主义”和“观念论”的传统争论。观念或者人类理性的权力可以影响人的生活吗，或者他们自己是受物质力量的控制，用他们的想象来塑造社会？观念的力量当然能被他们所在社会的一般环境所增强或者抑制。然而，对于特殊观点的力量来说，一些社会将比另外一些社会更加可接受，这个问题并不是不言自明的。问题在于，社会中人们的思想方式自身能否开始变化。思想自身可能仅仅是当下社会已然强烈变化的一种症状。但是，唯物主义的各种传播者看起来很难让他们自己相信：他们当然觉得，通过写作和辩论去说服他人是合适的。同时，相比于其他社会，这种教条在一些类型社会中更容易被接受，大多数唯物主义者用努力说服他人的事实来为思想的实际权力作证。他们自己提出理性论点的事实表明，他们 163
并不满足于社会可能使我们相信的东西。

试图说明人类意识的内容终究会弄巧成拙，因为他们自身就是意识的产物。结果，社会科学家在没有公正研究他们对象本质的情况下，可能会改变主题而谈论系统、结构和功能。或者，他们可能会感觉他们的任务完全不是说明，而是理解社会中参与者的意义。前者当然成功地检验了社会，而将组成它的男女排除在了考虑之外。但是第二种似乎给关于人类社会行为的建构提供了很少的范围。近些年来试图把社会科学和物理科学，特别是生物学联系在一起并不是什么新鲜事。在一个合适的背景下，仅仅是效仿物理科学并复制他们的方法，至少在某些方面如果把社会科学作为一种其余科学的延续，这样做的不足可能会消失。那么，它将不会是一种和研究物质世界的物理学相平行的，试图研究人类社会的事业，而实际上是在用物理科学的洞察力来处理人类行为。

第三节　生物学和社会科学

起初，任何把生物学应用到社会科学的做法可能都被看作是没有前途的。生物有机组织的科学研究如何能够用到人类社会的复杂组织上去呢？昆虫或者动物研究所需的方法和曾经把人类意识及其产物变成研究对象的方法是不相关的。承认生物学的相关性似乎包含了还原论和个人主义。如果社会被带到生物的范畴并由此进行物理说明，那么这就关涉到了还原论，所有社会范畴必须被转换为其他的一些东西。也由此，现代生物学关注个体的繁殖成效，它的所有说明将必须通过个体行为来进行。

社会行为有一种生物学基础，甚至更加复杂的社会安排也可以由生物学理论来说明，在这些假设基础上，社会生物学这个全新的学科
164 已经发展起来了。当然，生物学通过自然选择来支持进化，本质上属于达尔文主义。不像达尔文，现代生物学家有基因，甚至在行为差异和遗传差异之间建立联系。事情很少能如此简单，一个基因能够作为一个特殊行为类型的原因。不管怎么样，基因都用一种复杂的方式和环境进行交互，以至于最简单的生物是在基因精密地控制下来应对环境的刺激，而不是不管环境而盲目地行动。

社会生物学贡献了研究行为的生物学基础。当昆虫、鸟类和动物在严格审视之下，这项任务是没有什么争议的。这些例子中，很容易接受自然选择影响了一些行为的传播同时又阻碍了其他行为的传播。品尝有害事物或者没有意愿照料其后代的鸟类，正常情况下会很少有后代留下。即便是布谷鸟也需要其他鸟类来抚养它们的幼鸟。如果其他鸟类不是这么容易被骗，布谷鸟早就灭绝了。类似地，如果有太多

的布谷鸟，其他鸟类只能以损失自己后代为代价来喂食布谷鸟，其他种类很快就会陷入危险，那么不久之后，就没有足够的鸟类来抚养布谷鸟的幼鸟。事实上，一种微妙的妥协已经形成，被称为“演化稳定策略”。有足够的布谷鸟保持它们自身，其数量恰好不会让其他的种类处于危险之中。

行为会导致结果。如果一类行为拥有更好的繁殖成效，那么基因就会鼓励它去传播，但是其他类型如果是有害的，那么，个体或者他们的后代就无法把他们的基因传至下一代。必然的结果就是，基因促使有害行为会在将来消失。自然选择会鼓励一些行为而阻止其他的行为。关于非人类的有机体，这显然是达尔文原则的明智应用。它表明了为什么动物先天的更加喜欢按照关联度区分同类，并且照顾它们的后代。然而，当认为社会生物学也能说明人类行为的时候，这里就产生了极大的抗议[18]。许多人相信，人类不能被简单地分为动物中的某个类型。用基因多样性来单独说明文化多样性看起来非常困难。社会生物学，至少在它的早期阶段，似乎已经明确把人类作为另外一种生物学物种。但是人类心灵的灵活性与人类文化实际相结合，已经确保了人类行为比动物更加有柔性和可变性。很多社会理论家会很轻易地假 165
设人类具有无限的可塑性，以至于我们只是一种特定文化的产物。

然而，如果社会生物学只是部分正确，那么我们从几千年以来获得的基因遗传就已经预先配置了我们的一些行为模式，并让我们认为其他模式是令人讨厌的。当流行文化开始进行“反对自然”时，这就限制了文化中的多样性，并在社会中引起了紧张。我们应该期望，不管表面上有多大的差异，所有人类文化都有一种根本的相似性。对于相同的刺激而言，不同的传统可能只是由相同基因控制的不同方面。

这并不是提倡用一种头脑简单的基因决定论来反对同样简单的环境决定论。尽管仍然认为文化不能只靠自己存在，同时除了在一种阻碍或者实现人类基因发展的环境之外就不能理解。换句话说，它有满足生物个体需求的功能。然而，有时候又允许他们有一点背离。拉姆斯登（C. Lumsden）和爱德华·威尔逊（Eward O. Wilson）已经提到了“控制（leash）原则”，根据“基因自然选择用这种方式来实施就是要保持文化在控制范围内”[19]。这将允许文化发展的一种独立性，意味着人类社会中的每个事物，不是都要用非达尔文的生物学理论来说明。比如，他们已经宣称，现在使用避孕工具的意愿不是社会生物学原则就能说明的，尽管它的文化很重要。那么是不是意味着，一个家庭自愿对生育的限制，甚至拒绝要一个孩子，对于最大化生殖优势的理论来说，就是一件很令人费解的事情？但是，社会生物学已经认识到在孩子数量较少时，最大化父辈的投资要比需要照顾一个大家庭要聪明。即使在动物之间，不同种类之间也有差异，比如兔子会寻找安全的地方繁殖大量后代，而一头大象会照顾更少的后代，这都是基于它们将会生存下来的假设。如果可以的话，人类有意识地选择后面大象的策略也就不奇怪了。

完全拒绝要孩子会引起一个更为困难的问题。在这里，可能与控制原则相关。显然，按照新达尔文的理论，一种不愿意要孩子的愿望
166 在基因层次上是不受鼓励的。的确，反之就是如此，因为我们应该希望鼓励照看孩子的基因得以传播。这些由父母照看的孩子，很可能有父母一半的基因，后者有相同的基因来激励这种行为，让相同基因得以继承。他们会存活下来传递他们的基因，但是如果没有照看好孩子，那么就不太可能继续传播这样的基因。那么，人们怎么能选择不要孩子的行为呢？有孩子的愿望而不是对孩子漠不关心，更可能接近基因的基础。任何鼓励亲子关系的基因突变都会在基因池中获得确认。

控制原则承认文化不完全依赖基因。一个基因引发行为的简单模

型并不适合人类行为的大多数方面，特别是由于文化的影响。人类意识需要发挥一种积极作用，但是这并不意味文化可以完全脱离基因的控制而自由。在人类创造了文化并打破了基因影响自由的情况下，这也不只是人类进化方向的问题。人类基因的组成不只是承认创造文化的能力并受它的影响，而且也必须至少对某些人类文化内涵的负责。控制原则的关键是，主张文化可以反对基因的唆使，如果可能的话，事实上文化还可以控制基因发展的方向。不论人类的天然愿望是什么，它们都可以抗拒。继续“反对自然”通常会付出一种代价。那些理性决定不要家庭的人们，可能有时还会发现他们还是渴望家庭的。即便他们不这么做，一种鼓励无子女的文化将会发现自身处于麻烦之中。少数选择不要孩子是可能的，但是，如果有大多数选择这么做，那么文化也就签署了自己死亡的保证书。当孩子越来越少时，它会渐渐衰弱。没有文化可以长久反对人类本性的基本事实，同时还希望繁荣昌盛。

第四节　人类社会生物学

爱德华·威尔逊是社会生物学的“奠基人”，通过研究昆虫社会开始，接着用一种有争议的方式将其发现应用到人类上。但是，他考虑到了人类意识与众不同的特点，已经修改了先前的立场。在和拉姆斯登写作时，他提到了“值得注意的事实，即关于人类意识和文化多样 167
性，社会生物学并没有给出一种合理的解释”[20]。这相当于把人类社会生物学作为社会生物学的一个不同分支来介绍。人类不能像昆虫或者鸟类那样来研究，像解释动物行为一样来解释人类行为必定会失败。人类意识的存在及其产品创造了一个新的环境，这个环境中自然选择只能对大部分起到间接作用。

间接作用仍然很重要，而且会影响文化的内容。任何忽略生物理论的社会科学一定会遇到极大的阻碍。靠它们自身的能力把文化和人类社会作为现象来研究，只能说出一半的故事。对社会特征的所有说明如果只能从社会角度来寻找，那么我们的理解依然会严重受限。当前，正统的社会科学认为，生物学是不相关的，这种看法一定会受到挑战。不需要像一名还原论者那样，在把文化或者意识溶解成一些相当不同的事物，并对抛弃生物学而会感到不安。拉姆斯登和爱德华·威尔逊公开批判这个问题，但是仍旧坚持他们称为的“基因文化的协同演化”以及文化在人类发展中的积极作用，这个我们会在下一章看到，他们显然想把对文化的讨论分解为对个体人类头脑的讨论。因此，他们把文化分解为从社会到个人的层次，也把提到的个体心灵的内容分解为大脑的交流。许多人正确地拒绝了这种从文化研究到大脑研究的转换。但是这并不意味着，拉姆斯登和爱德华·威尔逊在他们一般性论题上是错误的，文化和基因可能不会相互独立地发展，文化提供了一种环境，基因在这种环境里可以传播或者消亡。

基因是给我们预设了一些文化形式而不是其他吗？拉姆斯登和爱德华·威尔逊的论证是，即便人类开始于*白纸般的*心灵状态，完全由环境塑造，基因突变也不可避免地开始偏向个体的一些文化特征，而不是其他。如果这些特征是有益的，他们将会繁荣，反之，如果特征是有害的，他们将会越来越差。一些突变在基因池中自己就会建立，而其他则很快会被淘汰。文化特质会随着基因渐渐传下去。乱伦就是
168 应用这类理性的一个很好例子。[21]社会科学家经常会用一些假设研究乱伦禁忌，因为它们是文化的，它们只能在文化的层次上来说明。但是，一旦把近亲繁殖归纳为生物适应性，那么显然社会生物学解释本身，可能会对说明人类文化的这个方面有所帮助。用基因预设的方法似乎可以直接说明乱伦的废除。乱伦的放任会减少后代的适应性，不

乱伦则不会，并且这种偏好在基因层次上不会传得太久。这甚至可以看作是确实厌恶乱伦的证据。[22]

这类社会生物学的解释看起来非常引人入胜，但还是有批评的声音。哈里斯问道："如果废弃乱伦是人类生物程序的一部分，保守地估计，为什么每年在美国还有成百上千起父女乱伦的情况发生？"[23]这点不必让社会生物学家恐慌。除非他们拿出一种非常简单的基因决定论版本，否则他们就必须承认，人类有非常完美的能力来反对遗传趋势。只需要坚持他们将必定会为此付出代价。乱伦会造成灾难性的生物影响。哈里斯自己对乱伦禁忌的说明忽略了基因成本而关注了经济的基础结构。他认为：

> 原子家庭中对兄妹、父女和母子之间性关系的严格约束，反映了一种选择，避免群体中出现那些没有能够发展坚实的婚姻联盟的人，并因此忍受缺乏稳定性和机动性的人，在武装冲突事件中结果成为资源受限制以及缺乏贸易伙伴和盟友的人。[24]

这些观点可能是合理的，然而生物社会学家会感觉到，这些属于次要因素而没有提及根本原因，尽管回答为什么会出现乱伦也是一个非常重要的问题。如果我们在基因层次上已经"程序设定"去避免它，那为什么文化禁忌是必要的？人类的欲望可能很强，而他们总是能够被压垮。与不是忽略问题就是积极怂恿乱伦相比，一种能够增加自然厌恶的文化比这些做得更好。后者的成员具有更强的生物适应性，而前者的代价将是巨大的，范登伯格（P. van den Berghe）在他避免近亲繁殖的调查中说："人类的本性和文化，与产生最优适应性的解 169
决方案难以分开地纠缠在一起。"[25]他相信乱伦禁忌是清教徒式社会的产物，是自然反感的替代品。他的观点是"社会中禁忌的出现是对裸露、性表演和按照性别隔离儿童的不满"。换句话说，太过于亲近会招致轻蔑，在这种语境下，像这样缺少特定的亲密关系，可以防止在基因和环境一种微妙交互下自然厌恶地发展。他的结论是：

> 文化已经潜在地干涉了自然，而且当它真的这么做时，经常会出现新的问题。乱伦禁忌就是对由清教徒式抚养孩子的方式引起问题的一种笨拙解决方法的一个例子。[26]

即便要付出代价，人类的灵活性还是确保了我们能够抵抗自然癖好（natural tendencies）。但是在这个例子中，即便确实有一种一般的经验主义关系，也没有理由用这种方式把乱伦禁忌和一种清教徒式的态度联系在一起。清教徒的社会可能更多意识到性的“危险”，可能会准备用明确的规则强化确定的自然癖好。但是，范登伯格认为，一种自然癖好已经被清教徒莫名其妙地挫败了。他论证说，为了遏制任何日常自然厌恶的发展，这样的社会不得不提出禁忌。清教主义是伴随着对沉迷于乱伦的一种巨大自然意愿出现的，除了这种难以置信的观点外，范登伯格还做了一个错误的假设，一种自然癖好*消除了*而不是*加强了*一种文化规范的需求。但是情况恰好是确保了，对乱伦的反感应该在基因控制之下，也强调了这个问题对文化的重要性。如果社会通过禁止已经被裁定为“非自然”的演化来规避它们的风险也就不足为奇了。这仅仅是一种在人类语境中，完全被排除简单基因决定论之后的实际结果。

有人可能会认为，如果一个社会生物学的解释在乱伦的例子中不起作用，那么，它可能在其他地方也不行，因为乱伦和生物适应性的丧失有关系。但是，类似的解释，用自然选择的语言可以说明很多广泛的人类特质，特别是对自我保护而言非常重要的方面。从演化观点
170 来看，对危险情境的恐惧是一种优点。对蛇的恐惧，对湍流的恐惧，对高处的恐惧，全部可以用这种方法来说明。一些恐惧看似是从我们

遥远的祖先遗传下来的，更为重要的是，对同样可能危险的现代情境，我们并没有相同的本能恐惧。比如，孩子不会对电插座做出像看见蛇那样的反应。

第五节　生物学和利他主义

许多人可能会接受社会生物学对禁忌和恐惧症有强大的说明力量，但是会感觉到它与对现代社会复杂结构的理解没什么关系。在现存社会里，可能最重要的就是和他人合作的一种意愿以及可能顺从别人的爱好。社会生物学能说明这些吗？家庭是发生合作最基本的单元，我们已经注意到，这是社会科学家永恒兴趣的源泉。社会生物学可能会认真研究家庭关系，因为对于任何关注人类基因传递的理论来说，性关系的规则和照看儿童的规定必定是核心问题。

对同类的普遍偏好可能有一种生物学基础。我们的亲属更像是共享我们的基因，非亲属则不行，同时人性中一种抽象的爱是很难在基因层次上传承的。那就意味着，对于那些不愿意共享的人来说，我们牺牲了我们的基因。关心亲属，从另一方面看，包含了关心那些自身就包含了拥有激励关心基因的人。社会生物学家提出了“亲缘选择”的概念来说明对亲属的一种自然偏好，同时他们进一步区分了近亲和远亲。基本的问题总会被问及，基因传播的必要条件是什么？社会生物学必须考虑共享我们基因的一种亲属关系的可能性。如果我为别人牺牲了自己，而这个人有不太可能共享激励这种牺牲行为的基因，按道理来说，这些基因就会慢慢消亡。拉姆斯登和爱德华·威尔逊提到了面向亲属的利他主义，即一种在牺牲利他主义者利益的条件下提高他们生物适应的行为。因为一个人的哥哥或姐姐将通过同样的血统和他一样分享他们一半的基因。他们说：

> 如果一个人为了他的哥哥或姐姐的利益牺牲自己，他的行为
> 结果就是其兄弟姐妹有更多的孩子，整个人的利他行为将会引起
> 171 和他自身相同的基因数量上的增长。……一个利他主义者牺牲的
> 结果就是他兄弟后代数量的翻倍，对于利他主义来说基因得到了
> 传播。第一代堂兄妹就获得了同样基因的1/8，如果利他主义直接
> 指向了第一代堂兄妹，那么他们的后代所携带的利他主义的基因
> 至少以八倍的速度增长等。[27]

因此，与第一代堂兄妹相比，我们会更加喜爱和关心兄弟姐妹的福祉，对于远亲的关心则更少。尽管社会学的结论似乎是，一个家庭的爱是自然的，但利他主义关心没有关系的人则不是。但是，不管怎么拓展，这并不能说明，如果社会组成要比一个家庭更复杂，为什么一个社会还是能够成功运行。因此，这个空白由社会生物学家提出的一种奇怪术语“互惠利他主义”所填补。这使得他们能够说明复杂社会中的合作不是基于宗族。的确，他们接受当有彼此互利的优势时动物之间的确有合作，比如可能相互帮助梳毛。只要能够获得期望的回报，在人类之间也有一种类似的意愿。但需要说明的是，我对你将是利他的，只有你也对我回报利他，意味着我们并不是真正的利他，而是自私的。不管什么促使我变成了开明的自私，但仍旧是自私而不是无私，实际上为别人自我牺牲才是真正利他主义的品质。如果社会是由理性的利己主义者组成的，那么社会功能到底起了多大作用仍旧是一个很棘手的问题，而且我们已经看到，在由社会生物学家在系统阐释他们互惠利他主义原则的假设下，经济学理论发现解释“公共物品”是多么困难。

因此，社会生物学引起了社会可能是什么类型的尖锐问题。它是一种纯粹的竞争类型吗，也就是个体会试图尽可能多地得到他或者他家庭想要的，而不去关心其他人的爱好作为最终结果吗？合作自身真

的是以个人获取为目的？这个问题的出现，是因为现代生物学有一种倾向观点，认为实施选择的层次是在个体有机体，或者甚至在基因层次，而不是在群体或者物种层次。从自然选择的角度，个体为物种利益牺牲自己的观念是难以理解的。个体很可能为物种内不相关的成员做好事，当他们必须和鼓励自私的基因竞争时，鼓励这种行为的基因 172
不久就会消亡。类似地，“群体选择”很难获得支持，因为为群体中不相关的人牺牲自己看起来并不利于自己。有些群体可能非常充分地结合在一起，以致所有成员之间都是相关的，那么，群体选择也仅仅是作为亲缘选择的一个例子。一个群体能够繁荣，是因为它实际上是一个大家庭。

可是，为什么不应该是一个无私成员的全体能够获得成功，而相互矛盾的群体失败呢？尽管鼓励这种利他行为的基因没有被传播，但由于群体一些成员的自我牺牲，这个群体可能使其成员达到更高的生物适应性。尽管其一些成员被杀害，但群体可能夺取更多肥沃的土地。不愿意冒险的其他群体会发现，他们掌握自然资源变得越来很弱。最后，甚至那些保住性命的人们会发现，他们的未来或者他们孩子的未来，将处于更大的风险中。一名社会生物学家可能会坚持这一切都是明智的，因为*个体*的生物利益方面受到了影响。一个群体繁荣或者凋零，对其成员的繁荣或者面对的困难来说仍旧非常重要。群体只不过是个体组成的。甚至我们在谈论一个成功或者失败的群体时，我们的意思只能是，对于成功的群体而言，它们的成员能够获得生物优势并保持得很好，而失败的群体则是因为它们的成员不能获得并保持生物优势。这么做的理由非常简单，群体没有孩子，只能是个体。

作为一种生物学理论，群体选择一般不会被接受。但对于鼓励利他主义来说，很可能是非常好的社会理由。物化（reify）社会可能是非常危险的，但是尽管确实有种感觉，社会教导利他主义可能要好于不教导。这就意味着，一个无私社会的成员比自私社会成员会获得更多的优势。社会生物学家仍然会担心，一种不是为了亲缘或者任何希望回报的利他主义行为，很难在基因层次上来说明。确实，当存在不同类型的基因竞争时可能就不好解释了，但是在文化中则可能有很好的理由来鼓励这种行为。

社会生物学家常常认为，没有在基因层次上的说明就不算解释。结果，在认真研究面向非亲缘关系的真正利他主义的可能性时，他们
173 失败了。爱德华·威尔逊甚至被迫说，加尔各答的特蕾莎修女，其动机根本上还是出于对自私的考虑。[28]他认为，相比较其他对手，特蕾莎修女承认基督教是至高无上的，因此必定是为个人的不朽而努力。那些不同种族的人们没有办法来回报这些做慈善的人，对于这种高尚的利他主义来说，从严格的演化理论角度看是非常令人困惑的。但是像宗教这样有关复杂信念的事实，被认为与文化思考有着清晰的关联。人类不仅受到基因的影响。实际上，拉姆斯登和爱德华·威尔逊现在谈到的“基因-文化的协同演化”就强调，长期的文化思考可以与其他周围的方法一样，对基因发展生产重大的影响。

一种把无私作为一种美德来赞颂而自私和裙带关系会令人不满的文化，和坚持自私是正常的文化，有着完全不同的影响。一些社会生物学家已经证实，对一种简单理论形式的迷恋，使得他们敢于表明每个人实际上是真的自私，甚至如果我们已经被基因所设定而自身没有意识到这点。[29]这更像是文化让人类倾向于远离自私遗传趋势的可能。我们的生物性可能鼓励我们只关心自己或者自己的亲属。在文化中我们可能会受到不同观点的教育，比如劝告我们要爱我们的邻居，即便他不是我们的亲属，也不会有回报我们仁慈的立场。社会生物学家可能说明，为什么对我们来说这方面经常会很难，为什么只是因为我们的遗传基因就不想如此。进一步的论证要求是不可能的，因为这就拒

绝了文化对人类行为的一种塑造性影响，尽管矛盾的是，这种拒绝可能导致人们更加自私的结果。很多文化提倡无私的行为，同时如果不是这样的话，那么一种重要的文化元素就被视为一种骗局。对于人类真正的影响似乎是，必须到别处去撒谎。

如果接受这个结论，我们就必须面对这个问题，即为什么这类无效的说教会一直包含在文化中。为什么我们有这么多的文化形式？仅仅是创造文化的能力就能给人性带来一种演化上的优势。这样做的唯一短板就是，会看见不同文化自身对其成员的生物影响上可能是多样的。即便一些人在无私方面做得不好，大多数的利益也会比这些不足要有价值。文化不会通过鼓励所有成员沿着破坏繁殖优势的方向去播种毁灭自己的种子。对此社会生物学家的忧虑在于，如果它假定，甚 174
至有效的道德告诫内容也是由基因控制的，那么，如果鼓励利他主义的话，会导致鼓励利他主义的基因也必须传承下去。但是，这仅仅是将文化层次还原为了基因层次，并且拒绝接受一种文化形式会传承下去，不管基因是否鼓励。事实上，非常有可能的是，许多文化规范的目的是限制人类的自然冲动，而不仅仅是反映它们。人类基因构造的形成条件和现代城市社会有很大不同，许多社会可能发现，人类本性并不是在现代环境下如何合作的最好指导。

注　释

1　见我的著作 *The Shaping of Man*, 1983.
2　M. Harris, *Cultural Materialism*, 1979, p. 127.
3　Ibid., p. 57.
4　Ibid., p. 123.
5　B. Malinowski, *A Scientific Theory of Culture*, 1944, p. 116.
6　Ibid., p. 38.
7　Ibid., p. 206.

8 Ibid., p. 148.

9 E. Durkheim, *The Elementary Forms of the Religious Life*, 1971, p. 419.

10 Ibid., p. 427.

11 R. Merton, *Social Theory and Social Structure*, 1968, p. 114.

12 G. C. Homans, “Bringing Men Back In”, in Ryan, *The Philosophy of Social Explanation*, 1973, p. 55.

13 R. P. Dore, “Function and Cause”, in Ryan 1973, p. 67.

14 P. and B. Berger, *The War over the Family*, 1983, p. 202.

15 Ibid., p. 203.

16 Ibid., p. 144.

17 Ibid., p. 90.

18 例如 E, O. Wilson, *On Human Nature*, 1978.

19 C. Lumsden and E. Wilson, *Genes, Mind and Culture*, 1981, p. 13.

20 Ibid., p. 13.

21 参见 P. van den Berghe, “Human Inbreeding Avoidance: Culture in Nature”, *Behavioral and Brain Sciences*, 6, 1983.

175 22 Ibid., p. 97.

23 Harris, *Cultural Materialism*, p. 132.

24 Ibid., p. 80.

25 van den Berghe, “Human Inbreeding Avoidance”, p. 99.

26 Ibid., p. 98.

27 C. Lumsden and E. Wilson, *Promethean Fire*, 1983, p. 30.

28 Wilson, *On Human Nature*, p. 165.

29 例如 R. D. Alexander, “The Search for a General Theory of Behavior”, *Behavioral Science*, 20, 1975.

第九章 176
社会生物学和决定论

第一节 “控制”原则

在上一章中，我同意很多人类文化都不受基因的直接控制，并且评论说，社会科学家感觉到他们可以安全地忽略生物理论。甚至看起来，文化规范可能非但不受基因的控制，反而它们的目的有时可能是控制仍然存在的欲望。那么，这怎么能够与拉姆斯登和爱德华·威尔逊的基因控制文化观点相符合？范登伯格拓展了这点，通过将基因演化比作一个人带着一条狗去散步，而狗就代表文化。在方向上，显然狗被限制在一个选择的范围之内，然而不久又被他的主人牵回去了。范登伯格评论道：

> 许多社会科学家长期试图做的就是，通过杀死主人和摆脱控制来说明狗的运动。社会生物学的范式则是，我们尊重主人、皮带和狗作为一个整体系统，其中狗的运动总是由人和狗相互关联的运动来解释，由皮带来调节。我们应该合理论证的是，我们怎样处理被学步小孩牵着的大丹犬、被相扑选手牵着的吉娃娃犬或者介于两者之间的一些配对等。[1]

有时，狗能拉着主人走，而不是主人控制狗，这个与拉姆斯登和爱德华·威尔逊的文化自身能够创造出一种可以发生基因演化的环境
177 是相符的。尽管，正如控制原则表明的，社会生物学可以说，基因演化是我们对文化理解的主要因素。狗不会经常带着主人去散步。

自然选择不只是提供了戏曲表演的舞台，而且也影响了表演的进程。一位社会生物学家一定会质疑那些忽略生物学发现的社会科学家的智慧。事实是，只有在限度内来理解人类文化，才能为我们能够理解外来文化成员的假设提供有限基础。[2]因为所有文化最终都会按照能否成功满足人类基本的基因构造来评判，文化相对主义受到了人类社会生物学的挑战。足够松的控制允许不同类型文化的发展，但是如果其中一些没有很好地满足人类生物需求，它就会被很快地拉下马。

我们已经看到，一种不允许其成员生存和后代健康的文化自身不会长久地存在。没有文化会鼓励青年人自杀并持续这样，但是一个非常沉溺于制造战争的部落可能发现自己会灭亡。文化中更多的复杂元素可能产生更多微妙的影响。即便生活在高层住宅中，也可能会有一种最终的生物学代价。特定文化饮食的喜好类型可能与它的生存有关系。然而，不管什么样有效的特定例子，不同的文化形式会造成不同的生物影响，最终总会表现出来。文化会变得很虚弱以至于它们会改变或者死亡，但是其他文化可能让它的成员繁荣，从而变得更加根深蒂固。

那么，是不是没有任何事物能够超出社会生物学的范围？爱德华·威尔逊的答案是，没有。当我们同意宗教的出现给社会生物学带来了巨大的挑战时，他试图证明，即便是这个也可以用生物的影响来说明。[3]他发现，如果宗教不能被证明对人们有利的话，我们很难明白宗教怎么会是如此普遍的人类现象。他的结论是“宗教实践的最高形式……可以被看作给予了生物优势”[4]。他提到了一种古怪的短语“总

之他们要凝结成一体”，像涂尔干一样，在这里给出的是宗教功能主义者的说明，尽管他不同意功能主义的观点，以至于他在这范围内不谈论社会或者系统，但描绘了把宗教返回到个体生物有机体的好处。这里有明显的还原论和唯物主义暗示。他论证道：“通过在基因层次上把 178
自然选择原理用在大脑主要结构的演化方面，社会生物学可以解释神话的起源。”[5]

和社会科学家可以研究宗教的社会影响一样，宗教的生物学影响可以被社会生物学所检验。一些宗教可能会超越一般生物学可接受的范围，比如提倡完全禁欲和大规模自杀。这样的立场不会维持太久。相反，就是因为这些问题核心的生物学重要性，才希望宗教能对流产、避孕和性关系等这类事情提供指导。对个体生物适应性有不利影响的宗教规则终将会被改变。如果他们的信徒都没有繁荣，任何宗教一开始自身就会失去根基。从神学的观点看，这点确实不奇怪。但如果是鼓励人们把传递上帝之爱作为一种行为准则的宗教，实际最终伤害了它的信徒，这看起来倒是非常奇怪。

然而，爱德华·威尔逊*只*关心生物学优势的问题。他不理会信念的真理和错误的问题，像一些功能主义者一样，他把相互矛盾的信念系统放在一起进行分类。但是，一旦赋予文化和意识内容以一种角色，那它就不能拒绝真理情况而把注意力放在信念的生物学结论上。爱德华·威尔逊甚至认为，在共产主义者许诺的例子当中，“在没有神学理论的情况下，盲目效忠宗教的力量也可以发挥作用”[6]。即便我们假设共产主义和不同宗教最终会有相似的生物学影响，也只能说明，生物学甚至伪装的社会生物学的作用是非常有限的。强调文化的作用是因为信念的主旨很重要。基本问题不在于宗教是否具有生物学上的优越性——它不仅仅是由一种特殊的社会产生的，或者是一种重要的社会角色——而在于它是否正确。

不管是好是坏，关于文化的社会生物学和还原论观点自身包含了理性所乐见的信念。它们自身是人类文化模式中富于变化的一部分，而不仅仅作为一些生物进程的结果。只有从坚决主张真理与生物学的
179 最终结论没有关系的立场出发，才能不去考虑真理和错误的问题。社会生物学可以主张，不管人类理性可能有多大范围，它的结果必然是基于文化和人类基因的相互作用。

第二节 反对社会生物学

很多人认为，作为一种学科的社会生物学能够长久存在，说明社会对人类理性有重大影响。他们会说，这只是因为它预设了社会能够产生理性。经济学关于人类理性本质的基本假设，以及社会生物学关于生物有机体行为的那些假设之间，存在一种值得关注的相似性。二者都被利己主义构成了绝大多数理智的行为类型的观点所吸引。经济学家认为，人们只是去满足他们的欲望或者偏好，这些很容易让人联想到这些必定是自私的。确实，没有什么显著的原因来说明他们为什么不自私。社会生物学家认为，所有的行为最终都会进一步提高生物的适应性。二者都发现，人们故意违背自己的兴趣爱好而帮助他人的奇特现象是很难说明的。社会生物学家倾向于放弃面向非亲缘关系的纯粹利他主义这种不可能的事件。他们有时候会通过重新定义术语来掩盖这点，但是他们这种互惠利他主义的概念和所有的经济学家所提倡的自我主义非常相似。

通过假设进化会禁止动物（或者人类）帮助一个再次故意拒绝回报善行的动物，社会生物学家可能会不公正地处理“搭便车”问题。这就预设了记忆的能力，因此不能被用来说明一些低等动物。很容易看出，愤恨那些只享受好处而不做贡献的人很可能是自然的。这可以

看作是，在鼓励合作和拒绝让一些人从别人贡献中获益方面，存在着
一种演化优势。寄生行为被严格禁止，因为寄生的繁荣是以这些人的
贡献为代价的，他们在没有付出他们本应共同承担的代价下获得了收
益。群体中所有的个体都开始变得差劲，因为寄生的人可以得到好处
而会变得数量巨大，那么就剩不下多少足够的贡献者。要想恢复原有 180
的平衡，只能尽可能确保有贡献的人劳有所得。少数人总会去想办法
保持剥削态势，对动物行为的研究也证实了这是可能发生的。不过这
种理性类型还是说明了，通过自然选择的演化如何限制不合作行为的
发展。

因此，经济学家在理性层次上提出的问题，可以由社会生物学家在社会行为演化的层次上来处理。但是他们的观点是非常相似的，因为他们都用唯一的个人主义术语来看待社会。那么，这必然会出现为什么个人必须对社会有所贡献的问题。因为社会只能靠个人的努力而建立，那么说明就必须基于，为什么努力实现这个目标就满足了他们的利益。利己主义者的味[1]也很重要。不仅在丁一个社群可以被看作是由原子个体组成的，也在于原子个体也会希望和其他人进行碰撞。一定会有冲突发生，因为不管是不是有意的，每个人都只关心他自己的利益。

动物行为中最有趣的一点是仪式冲突，动物通过打架来确立胜者，但是很少有致命性的伤害。因此，在没有损失的情况下它们得到了冲突的好处。撤退的意愿在基因层次上可以明显传承下来，因为如果它这次没有配对成功的话，可能有另外繁殖后代的机会。但是，一种“活着或者死亡”的策略非常可能导致一种动物的消亡，在它将其基因传给后代之前。如果用这种只是代价和收益的简单方式来看待人类，那么结果必然是一幅竞争激烈的社会图景。甚至可能出现一些人

① 物理学中用以区分不同类型的夸克和不同种类的粒子。——译者注

会本能“知道自己的地方”。用适当的术语就可以把社会关系描述为发情季节的雄性火鸡。每个个体必须采取能够获得最大好处的策略。越想霸占他们所能霸占的，越少费力去捡剩下的面包屑。这样的解释可能非常适合动物行为，但是不适合文化介入的复杂情况。比如说，一个动物学家写到动物行为中当前个体策略的压力时说：

> 现在强调自私的个体通过竞争将他们的基因最大化地传给后
> 181 代。如果一些男性试图用呼唤来吸引女性，那么我们将会发现其他男性像随体一样寄生于他们的努力和行为中。[7]

他接着给出了一个例子，雄性海象多大就可以和红鹿一样，通过战斗成功维护雌性群体。更年轻和更小的雄性不能指望“在眷群周围转悠并试图偷偷交尾”来获得他们自己的眷群。在动物中间，可以通过大多数动物的行为来使得策略不断进化，但是抑制和平衡必须得到发展，以确保不会让每个动物潜在的“自私”造成灾难性的解体。

将推断从动物世界移至人类的社会现实显然是危险的，但是，对社会生物学的批判形成了一种更为深刻的观点。事件的关键在于，社会生物学的生物类别来自哪里。它们和经济学的相似性可能引起了一种怀疑，即它们来源于社会生物学家恰好生活的社会经济情况。也学他们甚至没有把这些类别投射到动物社会？那么进一步的主张便是，他们会不会用这些显著的动物行为类型来作为西方资本主义社会所发生的一种实际理由？如果某种确定的行为形式是看起来“自然的”，那么什么也不能改变它们，因为看起来没有事物能这么做。

社会生物学起源于美国，这点非常重要。美国社会强调个人的情况，可能已经预设了很多美国人会非常喜欢这个学科。那是一个社会学问题，除非我们准备投入相对主义的怀抱，否则我们应该坚持它与真理问题没有一点关系。在生物学理论中，社会生物学的根源是非常确定的，因为它全部都是达尔文主义在社会行为方面的应用。混合了现代基因学的洞察力，这会产生令很多人反感的个体选择。无可怀疑的是，一些人常常可以接受用社会生物学的术语来理解动物行为，但却拒绝接受用来理解人类行为。这样就可以确保人类社会的与众不同。社会科学中的许多人就是持这种立场，并主张与生物学没有关系。然而，除非生物学可以彻底切断与物理科学的关系，否则社会科学将会愿意使用生物学。社会科学可能会发现，用一些生物学方面的知识对自己来说非常有帮助，而不是仅仅采取物理科学的方法。通过已经发展的自然选择来理解这些人类的需求和利益，将帮助我们理解可以应对这些需求和利益的成熟社会。 182

有时候社会生物学倾向于提出一些想取代社会科学的夸张主张。对那些相信物理科学设定了知识唯一标准的人来说，这种观点非常有吸引力。[8]结果就是，社会和文化范畴被还原为排除任何心理有关的词项。对于行动者而言，不得不忽略行动的意义。对于其强硬的还原论，社会生物学已经引起了激烈的反对，这点并不奇怪。拉姆斯登和爱德华·威尔逊认为，意识和文化必须考虑一开始就消除这个幽灵："文化不只是一种被动的实体。它有一种强大的力量用它自己的权力拖着基因向前发展。作为一种快速突变的操作，它把新的变化带入了自然选择的齿轮中。"[9]

这似乎为文化自身的研究提供了足够空间，而不是作为我们基因的一种副产品去研究。可是，对"基因-文化协同演化"的鼓励必须谨慎，因为可能导致对基因文化影响的一种过分强调。数千年来，文化可能对人类基因的演化有影响，特别是如果环境足够稳定的话。但是，在当代世界，将文化变量和基因变量联系在一起，这看起来非常危险。超过数个世纪的迁移和异族通婚帮助人类基因池被划分成单独的隔间。重要的是，拉姆斯登和爱德华·威尔逊自己承认这点，并给出了一个早前我提到的印第安种姓制度的例子。他们说，尽管这种制度极其严格，并且已经流传超过两千年，但它是通过文化习俗来保持的。他们继续说：

183 至今为止我们知道的是（虽然这事从来没有被彻底研究过），不同等级在血缘、其他可辨别的解剖结构以及生理特点上只有轻微的差别。[10]

假设任何相同的基因混合都会出现在人类社会中，看起来似乎是比较保险的。社会生物学家似乎强调了人性本质的同一性，而不是给任何种族主义以便利。在它们被皮带拉回来之前，文化差异绝不可能变得很大。但是，它们是充分实际存在的，不能由生物学家来说明。毋庸置疑的是，对于说明这些差异来说，不同环境下相同基因的交互就足够了。然而，“基因-文化协同演化”的论点必定会导致一些文化差异是无法用生物学术语解释的。

第三节 决 定 论

假设因果说明是唯一合理的说明，就会出现一种构建更为简单因果说明体系的愿望。社会生物学似乎就提供了这样一种体系，因为其原本就倾向于支持生物决定论的主张，即一切都可以用基因来解释。其他人则在其他方向上寻找因果说明，并采用了环境决定论的一些形式，即把社会或者经济系统作为他们说明的源泉。比如说，哈里斯写道：

在对科学方法规则的承诺中，文化唯物主义反对拒绝科学解释人类行为的合法性或可行性的策略——比如，人文主义者主张在人类事物上没有决定论。[11]

假设认为每件事都有其原因是决定论的论点，那么决定论中的信念包含了一种主张：所有人类行为都可以被因果地说明。甚至对决定论信念的采纳也是一些因果链条的产物，提倡决定论的人必须接受，他们自己的承诺自身也可以因果地说明。因此，决定论是一种有着非常强力的整体学主张。它们是形而上学的，因为它们远远超过了任何有效的经验证据。决定论的信念甚至可以被视为科学进程的一个重要因素，因为一个人绝不可能发现因果链条，除非他已经准备好去发 184
现。正因为如此，有时候形而上学的决定论和方法论上的决定论还是有区别的。一种是去寻找原因，但不是必须相信他们肯定能找到。有时候，明显的困难可能来源于关于世界非决定论的主张。因为在亚原子层次，非决定论的战争已经在量子力学中蔓延开来。问题就是，如果量子力学仍然允许非决定论，是否应该把量子力学的描述看作是不完整的。[12]是由于我们始终存在的无知，还是由于我们的研究触及了实在的本质？这里总是存在一个困难，因为说这是由于实在的本质可能意味着我们轻易放弃了我们的科学研究。另外，拒绝非决定论可能包含了对观察实在的一种坚决拒绝。

当所研究的实在是人而不仅仅是物质的情况下，这些考虑同样是致命的。没有预测能力是因为对现在的无知吗，而科学的前进会进行修正吗，或者它的确表明了人类自由的某些方面？因为我们能够确定的是，我们没有预测成功，那么我们的答案将依赖于我们形而上学的预设。任何希望用物理科学来模型化自己的社会科学更有可能是决定论的（即便现代物理学不是），因为它想给出活动的一种确切说明。原则上它不允许有任何不可预测性，因为它坚持一种比认为人类活动受到所有类型因素影响观点更强的论点。没有人怀疑，生物学或者环境因素比其他方面更易于影响一些行为举止。他们可能会问哪个因素最重要，但是每个人都会同意人类活动不可能发生在真空中。它发生在一个特定社会和文化语境中，而且可能受到人类生物性的限制。争论的地方在于，这些因素是一起还是各自就能足够说明人类行为，或者仅仅是说明一种趋势。

社会生物学家和他们反对者之间的争论在一定程度上会对决定论问题造成影响，一方将人类活动追溯到基因层次，另一方则追溯到社会生物层次。但双方都非常乐意用因果性来谈论人类行为，并且将说明的科学范畴应用到人类行为中。他们的不同意见不是关于决定论，
185 而是关于哪种因果类型应该作为人类语境中的说明。我们已经碰到过一些专家声称其学科无所不知，几乎没有给其他学科留下什么余地的例子。如果生物学能说明所有的人类行为，那么社会科学家就是多余的。反之，如果社会科学家对社会行为能够给出他们自己充足的说明，那么生物学也不能介入进来。“基因-文化协同演化”概念吸引人的原因之一是它可能给生物学和社会科学都留有一定的余地。对于生物学来说，文化的目的是一个适应性的主题，而其独立于基因控制又可以让社会科学家用自己的术语来研究文化。但同时，物理社会和人类社会之间建立起了一种联系。他们在没有相互隔绝的情况下可以相互补充。

可是，社会生物学的假设必须是决定性的吗？一个还原论的程序试图用人类大脑的进化来说明行为，眨眼一看这是彻底的决定论。它假设，大脑的物理结构可以给人们做的事情提供一种满意的说明。拉姆斯登和爱德华·威尔逊似乎准备从心灵的内容转向大脑的结构。比如，他们提到，“大脑中符号间的联合”[13]。在定义“符号”时，他们说“大脑中一种符号的物理基础被认为是一种神经元网络或者簇”[14]。但符号是心灵内容的部分，和意义问题有关。通过在脑中定位从而把它们变为别的一些不同事物。拉姆斯登和爱德华·威尔逊谈到了节点

的连接结构，但从来都不清楚，这些是属于记忆内容的部分还是属于物理大脑的部分。如果它们是通过进化直接成型的，那么它们将是后者，但如果它们是前者，那么它们对于文化论题就非常重要了。任何想通过最大限度地缩小区别，从而实现从基因到文化意义内容的直接跳跃都是非常冒险的。当拉姆斯登和爱德华·威尔逊把“节点”定义为“一个符号的抽象表示，或者大脑中的基本单元”时，这个问题就会非常突出。但重要的是，因为按照许多观点，对一个符号的心理理解，和脑中不管发生了什么根本就没有关系。拒绝注意这种区别自身就等同于把社会科学还原为物理科学。

精神到物质的还原，最清楚的莫过于拉姆斯登和爱德华·威尔逊关于性的说法，他们认为性不是给予愉悦。恰恰相反，他们评论道：“大脑 186
中愉悦的感觉更容易出现性表演。”[15]虽然可以接受他们有关性的愉悦本质可以促进生殖的论点，但它非常难于观察，因为任何情况下都可能感受到愉悦，而且它肯定不在大脑里。再一次，在大脑中的进程可能是感受感觉的基础时，他们会对个体的心灵内容感到非常迷惑。它们被认为只是一种显著的唯物主义理论的结果，拉姆斯登和爱德华·威尔逊很赞同心灵的中心-状态同一性（central-state identity）理论，也就是大脑中特殊的生理事件可以发现特殊的心理事件。[16]因此他们能够说：

> 心灵的清泉是由一种神经元的机械通过基因图谱创造的，但其生长在一种由预先存在的文化所创造的环境中，也就是一种特定的历史嵌入记忆中并将这些传给它的东西进行归档。[17]

文化被完全以个人主义的方式所解释，其仅仅存在于可识别的特定大脑储存中或与个人相关的档案中。文化变成了心理学家甚至是神经生理学家的事情，因此它的发展和传播显然应该完全由物理定律来说明。他们的假设除了受到大脑物理特征的限制之外，没有给可作用于大脑的，文化或者心灵的任何概念留下多少余地。

拉姆斯登和爱德华·威尔逊提到了所相信科学之内固有的数个原则。他们首要坚持的就是“人类生活的所有领域，包括道德领域，有一种基于大脑的物理基础，并且是人类生物学的一部分”[18]。他们继续坚持说“任何事物都可以用自然科学的模式来分析”。这似乎和他们的还原论以及唯物主义假设是一致的。他们甚至将社会生物学作为“自然科学战场上发展的先锋队”。但是因为在某些方面，粗糙的还原论还不充分，他们也希望强调心灵和文化的作用。他们另外的原则之一是人类科学中固有的，即“心理发展的偏见只能是这些偏见：基因的影响甚至非常强烈的影响，都不会摧毁自由意志”[19]。他们坚持认为，“基因创造和支持了意识选择和决定的能力”。

187 ## 第四节　社会生物学和自由

一般认为自由的信念和决定论是不相容的，即便有时候想试图表明它们的相容性。在那些认为人类活动的所有说明必定是因果的且包含了科学规律，和那些认为只能依靠理性的概念，并且相信理性活动没有起因，这两者之间还是有一种正常清晰的区别。争论当然涵盖了理性能否成为原因的问题，但最终看来，选择和决定，要么都是一个因果链条的尽头，要么就都不是。科学对说明人类行为的大部分自信是来于，原则上看人们对自己所做的事有多大的预见性。这可能仅仅是一种统计规律，但是很多科学家希望能够解释个人行动以及一般趋势。拉姆斯登和爱德华·威尔逊显然想在争论双方都获得一种优势。不管他们把“自由意志”理解为什么，他们提到的概念正好打破了他们用大脑机制来说明文化的愿望。文化可能是部分个体自由决定的结果，就像他们大脑已经被编好程序一样。要想轻易地说明选择和自由看起来已经不太可能，这同时还会涉及神经生理学的概念。可以确定的是，一个复杂的理论即便只是可能也需要调和二者。

很难断言任何形式的还原论都具有一致性，尤其是因为将其应用到自身的困难性。一种理论自身，如果需要用特定大脑可预测的运行方式才能确定，那它就应该要求一种其本不该提出的合法性。但是这点却抓住了社会科学的命运。如果引用的一些评论是正确的，那么神经生理学家将比任何社会科学家能更好说明文化的起源和本质。但是，文化在自己的权力范围内成了能作用于头脑的强大力量，就像由文化产生了头脑一样，如果接受这些，那么用大脑进程来确定它就不会令人满意，只能在它自己的权力范围内来研究它。即便只能接受，文化可以通过个体的大脑功能化来影响个体，也不意味着对大脑本质的研究是社会科学的一种复杂形式。实际上，人类大脑的特点给文化发展提供了一种必要的条件，而却可能预置了一些特定的人类文化类型，但是不会增加辨认二者的论据。观念和其他心灵内容可能有一种 188
更为积极的作用，而不只是仅伴随着物理进程。

拉姆斯登和爱德华·威尔逊非常乐意假定，基因和文化是相互独立的。如果文化能够还原为基因，那么谈论他们的“协同演化”就是不可能的。麻烦似乎来源于，用基于头脑物理性的记忆和物理“档案”来确定一种文化。那么，当他们说人们“既不是基因决定的也不是文化决定的”，他们就会继续主张“他们是两者之间的某些东西”[20]。这样，他们仍旧能够用物理决定论来思考，对于他们来说问题就成了，人类行为的出现是基于基因程序还是环境刺激。二者将都可以用大脑的功能来理解。

社会科学的作用来源于一种假设，即用适合自然科学的术语并不能充分研究像社会和文化这样的范畴。拉姆斯登和爱德华·威尔逊的工作，把试图在物理科学和社会科学之间建立一座桥梁存在的困难说得过于清晰了。一旦接受生物学与理解人类社会的轮廓相关，就很难避免被生物学并且最终被物理的范畴所主导。对物理科学和社会科学统一的寻求经常以还原论作为终结，且不论什么概念，如果不能用物理科学来处理都会被抛弃。可供的选择似乎只能是两种完全独立的科学类型。但是，除非社会科学能够发展出很多方法，否则它们就会被还原为简单的关系，不再可能达到严格要求的标准。

但是，社会生物学的“基因–文化协同演化”概念，可能提供一种用自然科学发现的方法来描述社会科学。承认生物学对社会类型的限制会长期存在，这点非常重要，认识到人类本性也会影响社会的选择也是很关键的。社会生物学对社会科学最大的一种贡献是，给人类本性的概念赋予了一些经验性的内容。如果概念没有赋予任何实际事物，那么社会科学只能陷入一种自我毁灭的相对主义，这也是显然的。

拉姆斯登和爱德华·威尔逊对人类本性的科学研究观充满了信
189 心，他们主张用一种合适的方法来“创造一种价值无涉的社会科学”：“当道德和动机的根源完全被揭露时，政治科学、经济学和社会生物学就从产生它们的专业基因和文化基础上脱离开来了。”[21]这只是其中的部分观点，如果我们只能发现控制我们的力量，在某种程度上我们将也能控制它们。如果我们只知道使我们存在偏见的价值，我们将能够促使我们摆脱它们。但是，如果假设某些形式的决定论，那就绝对不可能这么做了。知识自身可能是一种决定论因素，但是另一方面，知道我们对甜味的喜爱的演化根源并不能阻碍我们想要吃甜食。基因决定论的偏见在于，我们必须充分利用它。我们可能并不总是同意它们，但也不能根除它们。“基因–文化协同演化”原则传递出的全部信息就是，文化忽视了我们基因的危险性。社会生物学可能帮助我们理解现在所处的情境，但是不能给予我们变化的力量（除非我们在基因工程方面有邪恶的计划）。知道我们是自私的本身，并不能给我们带来治愈我们自私的力量。类似地，仅仅是文化偏见的知识，可能并不会改变我们的文化。如果我们自身的愿望都是由它产生的，我们可能并不想改变它。比如，如果社会生物学是资本主义社会的典型产物，接受这点并不是意味着，必须鼓励社会生物学家去净化他们工作中的歧视和偏见。如果他们的结论是，它*只*是一种文化的表述，而不是真正的科学，他们可能会耸耸自己的肩膀，认为这不能帮助改变他们自身所受到的限制，要不就得完全放弃社会生物学。

对人类本性的“科学的”研究和价值负载的社会学之间的对立是错的。我们已经看到，目标不应该是去创造价值无涉的社会科学，而应确保对于它们的主观事物来说，它们所固有的价值是适当的。问题是社会生物学在多大程度上能够说明人类本性，它的假设和价值会在多大程度上导致误导的情况。它越有野心，那么允许留给社会科学自己的权利空间就越少。但是，如果它能做出一种温和的主张，并且认识到，它不能希望去说明人类社会的所有怪癖，那么它就能为社会科学提供一种潜在价值。它们自己必须用自然科学的洞察力来看待人类 190
本性，因为那是人类社会的基础。

在整体主张的类型上，社会科学家自己和社会生物学家经常是一致的。二者都主张对人类行为的说明需要一种基础的洞察，结果每一种都把对方看作是竞争对手。拉姆斯登和爱德华·威尔逊看到了，不是基因决定论就是文化决定论二者必选其一的问题，他们轻浮地用自由意志概念将把争论再次推向更深层次。最终，人类社会可能不会被任何科学分支所充分理解，因为在所有人类行为被说明之前，不久可能会证明，寻求因果解释是徒劳的。因为关于人类自由实在的争论，即便是一种受到了限定的类型，也会严格限制社会科学的视野，很多社会科学家可能不太喜欢这种可能性。但剩下的就是，社会科学无法做出精确预测，可能不是因为所采取技术中的任何错误，而是与所研究的本性相关。如果我们有一种重要的自由维度来选择我们要做的，那么一种知识快速增长的力量会让我们倾向于一种行为路径，而不是另外给我们控制自己命运的更大能力。拉姆斯登和爱德华·威尔逊可能相信，增长的知识会提供一种更大的独立性，但是这只有在我们能够自由地抵御或者控制我们本性的基础倾向下才可以。他们关于社会生物学力量可以带来启迪和一种增强控制我们生活能力的观点，依赖于一种关心人类自由的假设，而这种假设必须限制在那个学科的范围内。

第五节　人 类 自 由

对于社会生物学来说，人类自由的可能性不仅仅会使事情复杂化，它还会常常困扰着社会科学。应对该问题的常用方法就是忽略它。比如，朗西曼（W. G. Runciman）在写社会理论时说道："职业的社会学家、人类学家和历史学家会安全地忽视一种观点，即他们所观察到的或者报告给他们的任何行为，都完全超出了因果解释的边界。"[22]他不仅指出，不这样做的话，他们所进行的研究就没有任何意
191 义，而且还直截了当地断言，没有任何令人信服的论证说任何事件"在完全不依赖先行条件的情况下还能保持是真的"。朗西曼认为，社会科学家应该把关于"所有可能促进"[23]意志自由的"陈旧的争论"放在一边。他的观点是，社会科学必须假设，人类决定*是*"可解释的而不仅仅是合理的"。换句话说，必须得出因果解释。他承认这个预设最后不会被证实，但是他仍然对实证主义关于世界的假设所着迷。他提到了"所有科学的最终假设，那就是所有一切都是可解释的"[24]。按照这点看，社会科学要想成功，自己就必须寻求因果说明。

可是，一旦接受人类社会实在可能不同于物理实在，把因果说明作为一种目标就非常令人生疑。经常提到的一点就是，不管怎么试图

去对物理实在的任何方面进行预测，都不会对实在产生影响，而关于人类行为的预测很容易会改变事件的进程，假设他们都能知道的话。甚至在亚原子的例子中，也存在一个问题，只是对系统状态行为的测量也会改变系统自身。在社会科学中，还有人类意识这个附加因素。人们会考虑预测来决定自己怎么做，而且还能设计一些精巧的局来误导他们。在口头测验中，一位候选人被提问到关于自由意志的问题时，一个检验者说，他们都知道那一刻他不会自由地走出考试。于是，候选者立即起身离开，因此证明了他所希望的观点。他人希望我们所做的知识，会诱导我们改变我们的行为，有时候只是出于一种绝对的任性。

不管在人类自由的限制上说什么，人类行动必定和单纯的身体运动有所区别。前者涉及的是选择和决定，而后者对于我们仅仅像一种无意识的抽动。许多人认为，对于人类行动区别于物理科学的那种预测而言，这本身就已经非常充分了。受到持枪歹徒威胁的银行职员会认为，除了交出钱之外可能不会有什么其他合理的选择。但是，如果一个银行劫匪抓住他并迫使他做他已经拒绝的事情，他就处于一个非常不同的立场上。在前者的例子中，他是一个职员，而后者是因为他的身体已经不在他自己的控制之下了。许多决定论者的观点显然忽略了这种区别。他们可能辨别不同类型的因果关系，但是全部看起来都 192
是被迫的。结果就是社会影响是无法改变的，就像银行职员身上的物理外力一样。这很容易转向了另外一种立场，个体任由社会中非个人的力量来摆布。这可不像卡尔·波普尔攻击的立场以及他的“历史主义”：

> 我说的“历史决定论”是探讨社会科学的一种方法，它假定*历史预测*是社会科学的主要目的，并且假定可以通过发现隐藏在历史演变下面的“节律”或“模式”、“规律”或“倾向”来达到

这个目的。[25]

但是，波普尔仍然准备信奉社会学定律或者类似自然科学假说的概念。虽然他承认它们的存在经常受到质疑，但他给出了一些例子，目的是要把它们和物理定律相提并论。[26]安东尼·弗卢（Antony Flew）评论道，波普尔的疑虑早该出现了，当他发现必须提供他自己的例子，并且确定例子并没有物理学教科书里设计的那种物理学定律众所周知的特点。[27]波普尔给出了一个例子："没有通货膨胀时你不会有充足的就业。"毋庸置疑的是，作为一个定律，这个信念是一个很重要的政治结论，但是很难看出它为什么是一个定律。弗卢自己发现，它是波普尔例子中"最有说服力的"，因为在充足就业的条件下就会出现工资推动通货膨胀的一种措施，但是他评论道："我们强大的和基础牢固的自信在于，我们绝不可能抑制想让我们自己和家庭条件变得更好的坚定愿望，不过我们全都知道我们可以做到。"

关键之处在于，尽管我们很乐意利用有利于我们的短期经济条件，但按照人类总是目光短浅的定律，我们却忽略了一个简单事实。如果我们全部都准备牺牲短期利益，我们可能通过避免通货膨胀的不好结果而全部长期获益。经济学倾向于把人类自私设定成是最糟糕的，使得对于一些经济学家来说，这类事情很难理解。但是通货膨胀只能伴随充足就业，因为当人们知道可以获得更多时不会情愿去少拿钱。如果考虑工资推动通货膨胀这个更广阔的结论，这个绝不是非理
193 性的。关于这个观点，现在让任何人减少收入当然是不可能的，但是按照某种长远的眼光，甚至关于一般的商品，这样做都是非常明智的。这种情况并不像囚徒困境。无论什么情况下，对于每个工薪人员来说，想要获得更高收入显然是理性的。毕竟，如果你涨薪了，我也要涨薪，但是如果你不涨薪，我还是会想办法提高收入。这类理性导致了通货膨胀的失控。矛盾之处在于，放弃对自己利益的考虑会有利

于全体利益，而且也可能会有利于个人自己的利益。

根据社会生物学的观点，还是有可能发现人类本性的普遍规律的。然而，问题在于关注点不是人们想要做什么，而是人们必须做什么。在海平面上，在100摄氏度时水一般不会沸腾，或者有一种沸腾的趋势；它总是如此。关于人类社会行为一个可比较的定律，应该看起来必须能够处理可比较的规律。有时我们很轻率和自私，但是我们每个人坚持我们会做得更好，并且我们能够提高要求能力也并不只是幻觉。可能在海平面水的沸点例子中就承认了定律的条件本质。其他像水的纯度也可能是相关的。一个定律应该说，100摄氏度的水在某些特定情况下才会沸腾。人类行动的例子中有没有类似条件呢？那么，在关于工资推动通货膨胀的定律中，人们总是去关心他们的短期收益，这点就是众多条件中的一个。如果他们不总是按照这种方式来，那么定律就会在应用时失败。它不是无效的。这个意见看起来有几分似是而非，甚至可能将定律还原为常识，人们会继续自私的行为，除非他们没有行为。问题是在于，人类正常的自私和水正常在100摄氏度时沸腾是否一样呢。即便定律可以用恒常联系的事件来解释，就像休谟那样的经验主义者所做的一样，那么假设如此广泛的自私还是太过于愤世嫉俗了。

不仅仅是相关联的现象，我们还可能用引发现象的自然机制的术语来解释定律和思想。[28]在那种情况下，从人类基因构造的社会生物学说明必定是相关的，这种诉求可以看作是很多人类行为的一种原因。但是按照一个定律来看要求仍然太多。水的沸点可以用其化学构造来说明。我们可以简单地用我们的基因构造来说明人类的自私吗？虽然 194
那可能说明对我们自身利益的一种自然关心，但是很难让我们做出，关于人们是否会按照欲望来行事的任何严格预测。我们只能坚持自私冲动，而且他们可能真就如此。

波普尔给出的公认的社会学定律的另外一些例子看起来很古怪。其中之一是“你不能引进农业税的同时又要减少生活成本”[29]。它可能和其他事情一样非常平凡，如果你提高税率就不能减少生活成本。然而，波普尔的意思大概是，他的定律是一种大量真实的存在，一个政府不会通过减少其他项目的价格来补偿提高的税费，这显然是不可能的。波普尔另外的建议直接被弗卢扔在了一边。波普尔坚持认为“在没有根据改革规模确定一种相当比例来增强反对派力量的情况下，你不能推进政治改革”[30]。弗卢说“很简单这不是真的”，他指出“许多曾经实施的改革，或多或少都赢在了这些先前反对派的勉强接受”。

再看波普尔清单中的最后一个例子，说“你不能在一个工业化的社会里组织起消费者”来给群体压力，就和你组织起生产者来对群体施压那样有效率。因为波普尔写到，消费者组织的权力已经明显地提高。谁最有影响力可能是有争论的，但问题是，有任何事物能够像其他组织一样有效率地组织起消费者群体来吗？和其他例子一样，在这个例子中不管有什么明显障碍，看起来总是在不断尝试一种合适的回应。人类社会不像无法改变的自然定律那样运行。社会中的压力，甚至是必须面对的可见冲突，都是由人类直接或间接创造的。正由于此，社会可能受到人类的影响而变化。人们的活动会产生一种无法预见的无意识结果，这是真的，社会科学的一种功能就是表明这种活动如何影响社会的本质。波普尔给出了一个例子，在这个例子中心理学如何说明一些人对大山和独居的嗜好。他继续指出“实际上，如果太多人喜欢大山，他们就不能在那里独居，这不是一个心理学的事实”[31]。他评论这类问题是“社会理论的真正根源”。尽管这些无意的结果甚至都没有呈现出那种无法改变的定律特点。波普尔对历史主义
195 的攻击，也使得他对以一种自然定律出现的限制人类自由的社会产生了更多的怀疑。

关于拒绝接受心理学作为社会科学基础，波普尔给出的一个理由是，他相信它自身“只是社会科学的一种”[32]。他论证道，“‘人类本性’会随社会制度发生相当大的变化，因此对它的研究预先假设了对这些制度的理解”。这就把我们再次带回到了社会生物学，因为波普尔的断言和那个学科的基础完全是不一致的。任何相信个体是由社会创造的，肯定是受社会科学可以发现定律观念的诱惑，或者至少是受现在能够显示社会如何运行假说的诱惑。但是，一旦接受，人类本性有时候可以说明社会制度的特征，而不是被其说明，社会科学就不再会对它的独立性感到自豪。那它必定非常愿意像社会生物学那样使用其他学科的洞察力。更多注意力集中在个体而不是他们的社会语境。但是后者可能有一种强大的影响，剩下的事实就是，个体的决定将会帮助决定社会的特点。当社会可能被忽略时，科学事业必须以个体作为出发点。希望可以说明多少人类行为，取决于人类自由能拓展到哪里。

这是那些希望反对波普尔的一种可能答案，同时告诉说人类和自然科学根本没有相似性。弗卢论证这点的基础是“人类行动应该没有任何像自然科学的定律”[33]。反对试图模仿物理定律来构建社会学定律，在这方面他是正确的。但是如果物理科学在一般意义上，生物科学在特殊意义上，都可以说明人类行动又该如何？在那种情况下，社会科学既不是模仿物理科学的，也不是完全不相似的。它们的可信性，依赖于它们能够在多大范围将物理科学思想应用到社会运行中。对于那些害怕还原论的人来说，回应只能是在任何层次上用科学方法对人类行动进行完全解释是绝无可能的。

由此看来，我们似乎被夹在斯库拉（Scylla）的决定论和卡律布狄斯（Charybdis）的不能说明一切之间了。一方面，每个事件，包括人类行动都可能有一个原因，并且科学的工作似乎就是为了说明过去和预测未来而去发现相关的因果链条。另一方面，如果因果说明被排 196

除，而预测因此变得不可能，这不就破坏了整个社会科学工作的根基了吗？如果社会科学能被理解为，必须用物理科学处理物理对象相同的方式来对待人类的行为，那么答案只能如此。这就很容易得出结论，他们应该采取不同的技术和目标，完全忽略物理科学。对实证主义的反应经常意味着，社会科学感到了自由，不只是发明了它自己的方法论，而且可以忽略任何物理科学的进展。人类社会生物学可能已经指出了一种在没有还原为物理科学的前提下，在其基础上建立社会科学的一种方法。

注　释

1 P. van den Berghe, “Human Inbreeding Avoidance”, *Behavioral and Brain Sciences*, 6, 1983, p. 101.

2 See my *The Shaping of Man*, 1982, ch. 9.

3 E. O. Wilson, *On Human Nature*, 1978 p. 175.

4 Ibid., p. 188.

5 Ibid., p. 192.

6 Ibid., p. 184.

7 N. B. Davies, “Competition for Scarce Resources”, in *Current Problems in Sociobiology*, 1982, p. 363.

8 例如，见 Alexander Rosenberg, *Sociobiology and the Pre-emption of Social Science*, 1981.

9 C. Lumsden and E. Wilson, *Promethean Fire*, 1983, p. 154.

10 Ibid., p. 151.

11 M. Harris, *Cultural Materialism*, 1979, p. ix.

12 见我的著作 *Reality at Risk*, 1980, p. 165ff.

13 C. Lumsden and E. Wilson, *Genes, Mind and Culture*, 1981, p. 376.

14 Ibid., p. 383.

15 Lumsden and Wilson, *Promethean Fire*, p. 28.

16 Ibid., p. 76.

17 Ibid., p. 77.

18 Ibid., p. 181.

19 Ibid., p. 182.

20 Ibid., p. 84.

21 Ibid., p. 174.

22 W. G. Runciman, *A Treatise on Social Theory*, 1983, vol. 1, p. 198. 197

23 Ibid., p. 201.

24 Ibid., p. 183.

25 Karl Popper, *The Poverty of Historicism*, 1957, p. 3.

26 Ibid., p. 62.

27 A. Flew, "Human Choice and Historical Inevitability", *Journal of Libertarian Studies*, 5, 1981.

28 例如，见 Roy Bhaskar, *A Realist Theory of Science*, 1978.

29 Popper, *Poverty of Historicism*, p. 62.

30 Flew, "Human Choice", p. 348.

31 Popper, *Poverty of Historicism*, p. 158.

32 Ibid.

33 Flew, "Human Choice", p. 346.

第十章
市场和社会制度

第一节　个体和市场

正如在第九章看到的，我们很难形成令人信服的社会学定律。为了证明寻找定律是合理的，社会科学家总是忍不住去假设决定论是真实的。他们这么做就是因为他们认为，应该像物理科学的例子那样在社会科学中寻找预测和控制。当然，在21世纪的大部分时间里，无论是通过建筑风格和大规模的房产建筑，还是通过教育系统和学校组织，或者是通过其他社会控制的方法，人们总是热衷于社会规划和“工程”。但是如果将物理学看作社会科学的一个模型，那么显然就需要假定甚至在物理世界也成问题的预测和控制。众所周知，物理实在的量子层次有一种基本的不确定性，原则上限制了预测的精度。还有天气预测的风险，也表明了对我们预测能力另外的一种限制。混沌理论[1]说明很大的物理巨变对初值的敏感性，即开始被测量的变化可能非常微小，结果也可能会导致灾难性的后果。测量是它们的本质缺陷，因为多一位小数的精确度可能非常重要，不管什么程度，看起来精确测量还是可能的。实际上，对于气象学家来说，原则上要想充分精确说明当前的天气态势接下来会发生什么是不可能的。

所有这些物理科学中产生的问题以及令人恼怒的争论，说到底就是，对于所有的一切，用亚原子粒子到底能说明到什么程度。适合低层次的说明对于新层次来说可能是不充分的？这次是应用到了物理系统，让我们经常想起，这和从心理还原到物质的问题是何其相似。一种严格的还原论总会破坏社会科学，因为它主张，所有真正的变化发生在物理层次，甚至是微观物理的层次。其他的事仅仅是泡沫。社会力量，社会中力量的运行，社会变化，所有这些都应该在生物个体的层次来说明。因此，社会计划者，在社会层次寻找说明和原因看起来是一种误导。他们计划和试图对大规模的人群和群体进行控制，但是又主张变化发生在个体层次上。如果在我们预测个体行为的能力上有一种限制的话，那么社会科学就变成了一种决断性（decidedly）的事业。 199

这些问题出现在了更为广泛的政治争论中。东欧剧变与中央计划信念的崩塌有关系。很显然，原则上要想获取有效计划的足够信息是不可能的。要想监督这种计划的间接和无意识的结果是不可能的，即便它在最初就被很好地控制。中央集权社会的错误会变成灾难。关于鞋厂被命令只生产左脚鞋子的故事肯定是可疑的，但是这说明了一个简单错误是如何影响这个社会的。计划之所以成为这样，是因为计划者自认为计划是必需的，除非他们是全知的，否则他们注定是要创造出一些特殊情况。他们没有足够信息可以让其合理地计划。部分原因是，市场被认为是关于人们选择和偏好的唯一可靠的信息来源，许多经济学家都强调其核心的重要性。偏好顺序显示出了有多少人准备出钱，这被认为是比一个中央计划者关于他们需要或者应该要多少的判断，或者一个社会科学家关于社会运行影响的判断更好的指标。

但是，一旦强调市场中的个体行为，许多人就会忽略无法用金钱价值或者其他量化方式估价的事物。他们将会关注个体的偏好，同时

200 对可能形成这些偏好的社会语境置之不理。偏好被认为是给定的，就像认为个体是孤立的，而不是更大群体的一部分。虽然这种方法与现在在哲学上已经名誉扫地的实证主义相吻合，但仍然对社会科学研究有着很大影响。对可测量选择和个体交互的关注可以看出，这种方法仍然沉浸在一种粗糙的经验主义假设之下。然而，同样在被称为“理性选择理论”的方法来源于博弈论，也就是我们知道的囚徒困境，现在被广泛应用在社会所有最基本的特征中。就像一位作者写到的“所有关于人类行为理性选择理论的出发点，就是行动者按照其偏好所决定的最大化收益来做出选择的”[2]。

宗教总是吸引社会理论家，但是很难用社会科学给予完全说明。这是大多数人类社会的基础，而且主张能够超越人类社会的本性，甚至与一种超验的实在有关。当社会科学能够抓住宗教信念坚持的事实时，仍旧很难说明他们的内容。但是，那并不能阻止理性选择理论家不断把说明方法从经济学拓展到社会更广的方面，特别是宗教。在第八章我们提到，涂尔干认为宗教从本质上来说是社会的，这方面他们正好提供了涂尔干方法的对立面。但是，理性选择理论家是基于他们关于市场类比的分析。他们把宗教视为个体之间的一种交易，个体在宗教之间进行选择，就像商品一样。形而上学所主张的、奉若神明的宗教竟然被还原为商品的供给，这看起来确实很怪异，但这就是所有事情的基础。个体理性选择的思想被认为是提供了一种强有力的说明形式，甚至可以加强社会科学的基础。

在第七章，我们已经看到了狭隘理性观的一些问题，像利己主义的行为可以在经济学中出现。在更广泛的语境下同样的方法会陷入更大的问题之中。但是，由狭隘经济语境下的行为去推断关于社会本质更大问题的能力，要求将像买鸡蛋和土豆这种真实市场中的个体行为可以复制到所有地方。它们不只是回荡在华尔街或者伦敦股票交易所

稀薄空气中的附和声，而且涉及人类生活中似乎和经济问题完全没有 201
关系的方面。这就是为什么理性选择理论家的方法在应用到宗教时受到挑战的原因。

第二节　宗教和理性选择

罗德尼·斯塔克（Rodney Stark），一位关于社会和宗教相互作用特点的理论家，没有因为使用市场语言而感到内疚。他说，这样可以“引入经济学的一些基本思想来帮助说明宗教现象”[3]。他继续问道，在什么条件下，“宗教公司”可以创造一种需求。他问说，当只有“一种为数不多的、懒散的宗教公司面对潜在的宗教消费者”时会发生什么。从这些问题中，通过对比美国基督教派的形势，他研究了已有教会的作用问题，他认为，甚至整个宗教都处于一种相互竞争之中，而且在经济学家看来都是一种正常的竞争。这其实是在主张“多元论的发展，美国教会的会员层次也会相应发展”[4]。当代美国对宗教的热情和英国18世纪已有教会的怠慢之间，勾勒出了一种鲜明的对比。

这种理论的假设其实就是，人们选择宗教以及他们将会在多大程度上参与其中都是一种理性选择。类似地，教会和神职人员被视为“对在宗教市场中发现的制约和机会的理性响应”[5]。因此，宗教承诺一个方面表现出了看似是一个自相矛盾的问题，即宗教对参与者要求越多就越繁荣。对自由主义者而言，基督教派处于下降的趋势，对其参与者要求越来越少。理性选择理论对此提供了一种说明。根据扬纳科内（L. A. Iannaccone）的理论，“需要付出代价的需求会减缓搭便车问题，否则就会破坏宗教群体”[6]。换句话说，一个教会越是与众不同并且对行为有着特殊的标准，三心二意的成员就越会被更多地过滤出去，而全心全意履行承诺的成员则会受到鼓励。一个宗教越多地融入

周围社会，其所宣称的属于它自己观点就越少。和社会的其他人离得
202 越远，其成员会随着参与其活动而越加排斥其他兴趣。因此，成本-收益分析可以解释为什么严格的教会会繁荣。不做一名践行很多承诺的参与者，就得做局外人。没有给冷漠的参与者或者只拿好处不付出的人留有任何余地。

在这些当中有部分可能是对的，而且把个人效用最大化作为理性的模型是有帮助的。然而，不是对存在的任何社会实在概念的关注，而是对个体的过多关注，再和对那些认为是效用的粗糙测量相结合，这样就歪曲了社会科学。一切都可以看作是对个体优势的追求，或者从供给一端看，就是给个体提供有价值的商品和服务。因此，在扬纳科内的模型中，他把教会严格视为“专门提供宗教产品和服务的追求利润最大化的公司”[7]。这和其他更加传统的、经常有一种集体主义倾向的社会理论形成了鲜明对比。它把宗教视为一种社会的而不是个体的现象，只能在集体层次上涌现。那么，它就不能用面向个体的商品供求来说明。社会理论中的一种集体主义不能将宗教视为一种商品，去和汽车的生产销售那样进行类比。而应该把社会本质和它的宗教看作是相互交织在一起的。它不是个体信念的原因，甚至结合起来看也是如此。相反，社会应该被看作一个新层次上伴随着它自身特点，并超越其成员意向和理解涌现出来的。涂尔干不会去问，宗教信仰者从宗教中获得了什么。相反，对于他来说，参与宗教关涉到了参与实在的社会建构，这种实在事实上就是社会自身的一种替身。

理性选择理论出人意料地变得很热门，即使经济学和政治学领域才是它真正的家。个人主义和集体主义的斗争已经进入了先前出现的集体主义者所占的领域。宗教的复杂性因素使得任何社会研究方法都对它敬而远之，不考虑宗教是非常关键的。涂尔干和其他研究经典社会学的人都认为，所有宗教在达到超自然方面都是非理性的。他们会

稳稳当当地忽略那些从他们观点看是错误的内容。他们必须说明的是，为什么有人会坚持这样的信念。因为他们已经不去理会所有宗教的内容，所以他们明白这种信念的社会基础，这就是它在社会中的存 203
在和具有重要性的唯一说明。因此，涂尔干的结论是，没有宗教是错的。他说："按照它们的样式来说，全部都是对的，对于人类存在的既有情况来说，尽管是用不同的方式，但全部都会有答案。"[8]一名宗教信徒给出的理由可能是错误的，甚至可能包括涂尔干已经排除掉的超自然。他认为，社会学家的任务是去揭露社会的真正本质以及它的制度所起的作用。这与对个体理解和个体选择的要求显然是没有关系的。真正的社会实在，虽然是从个体引出的，但不需要实际上也不能用他们意识的意向性和目的来说明。

理性选择理论不需要漫不经心地面对超验和超自然概念。他们不需要假设，信以为真的宗教信念是错的，因为他们很乐意留在一种个体意识动机的层面上。相反，他们指出很多宗教许诺的好处本质上是有风险的，它们的存在依赖于信仰。需要说明的不是为什么每个人都应该相信错的东西，而是为什么每个人都要冒着这么大的风险，去获取一种可能有很大好处但现在又很难确定的商品。一位作者说，在他不停地运用理性选择理论时说：

> 大多数宗教产品的不确定性要远远大于行驶的汽车。因此，我们能够通过预测制度的涌现和设计好的安排来提高信息量（或者至少是在信息的外表上）并减少欺诈。[9]

不过，如果能用可测量的成本-收益来处理可观察的结果，显然理性选择理论自身将会更加有用。从科学的观点看，永恒生活的期望不是很容易处理。理性选择理论家不可避免地将这个主题转变为个体信仰者对它可能性的考虑。那么，风险和信息缺乏的问题将变得至关重要。这些问题不解决的话，就会出现怀疑它们的趋势。反之，理论家会关注那些在宗教制度发展中能够被量化的因素。特别是，作为宗教
204 承诺的一个结果，时间和金钱的花费和已经获得可观察的“宗教商品和服务”变得平衡。当扬纳科内主张“宗教生产的原则——时间和金钱——是可测量的，而且研究者确实已经可以进行常规测量”[10]时，这一点就变得非常明显了。这种活动的目标就是最大化“宗教商品”衍生出的全部效用。扬纳科内已经承认，宗教产品是“复杂的且大部分是不可观察的（可能不过是娱乐享受）”[11]。

但是，若不是测量宗教收益的固有困难，参照所有的娱乐享受是非常重要的。显然，实证主义关于测量和量化的偏见，已经和强调的个人中心地位结合在一起了。看起来，宗教许诺必须被看成是，我或者我的家庭所取得的收益。与我们从宗教得到的相比，我的时间和金钱投入是合理的吗？这里存在与这种计算高度相关的人类生活的很多方面。去看一场专业足球比赛是合理的吗，当我们把去那里的时间和入场费、吃饭等一般花费也考虑在内的时候。在拥挤的人群中摩肩接踵的麻烦会被个人看球的快乐所抵消吗？每个人都会进行这种类型的计算，而运动赛事的赞助商也会进行严谨的计算，当他们要付出票务成本的时候。他们必须知道他们的市场。

宗教也是这样吗？正如所有都是半真半假一样，理论也是部分适用。这种粗糙成本-收益计算会影响宗教生活的各个方面。但是，宗教是一种私人的以及个人只关注自己利益的观点，违背了对宗教的大多数理解。传统上，宗教被视为是提倡道德和利他主义的。否则，自我牺牲和殉难的起源，更别提一般的道德，都会变得很难说明，因为这些会被看作是非理性的。确实，在这类模型下，利他主义不可能被说明，除非它仅仅被看作是帮助他人的一种基本偏好。正如我们看到的，生物学并不能说明宗教，并且作为正面影响的“社会”已经被排

除掉了。

作为一种决定我们最希望的任何结果的方法，理性选择理论把自己限制为一种理性工具主义的观念。在没有确定一开始什么是实际上最值得追求的时候，它向我们表明了如何寻找这种目的的意义。它给予测量以非常崇高的地位。当理性仅仅被视为是效用的最优化，以及 205
效用被视为首要的测量对象时，用理性来质问任何活动的基本价值就变得不可能了。鉴于涂尔干已经摒弃了把宗教信念的内容作为非理性的主张，并且寻找超越个体意识计算的一种更深的理性层次，理性选择理论就不能再将宗教理性作为一种活动来讨论了。问题变成了个体能否在参与中得到满足，就像能否证明足球比赛是值得进行的一样。关于理性或者参与一种特别宗教的其他问题，和足球比赛如此特别的问题一样令人不知所措。一个人的乐趣或者满足就是充分的说明。

社会科学家可能用一些辩护来反驳真理难题，特别是一种形而上学的类型，必定超出了任何社会科学领域。后者研究的是人们为什么这样做。它不能在自己的参照领域内就开始推测神学的或者是其他类型的真理。不过，社会理论也不应该让这样的推测变得不可能。越是把理性看作是一种对已知偏好的追求工具，对关于什么才是理性的广泛观点破坏就越大。如果在一种粗糙的成本-收益分析形式下把一切都归类，那么更广泛的真理问题将会被忽略。实际上，我为什么选择相信一些是真的，这个问题本身就会受到这种分析的影响。是因为我的爱好而相信？我从其中能够获得什么？与确定的成本相比，获取其收益的风险有多大？正如所有类型的社会理论一样，理性选择已经超越了自己。确实，一开始作为一种理论，我们可以合法地问采纳它会有哪些成本和收益。对于实在而言，在没有万物是什么这种终极寻求下，坚持使用一种标准会造成内部的崩塌（implode）。正如我们常常看到的，任何普遍性的理论必定会用到自己身上。

第三节　社会语境

理性选择理论提倡的个人主义会引起大量问题，个体和社会之间的关系被很多人认为是社会科学面对的主要问题，也是本书的永恒主题。这个问题经常体现出一种显著的政治性。20世纪80年代的英国首
206 相玛格丽特·撒切尔（Margaret Thatcher），曾经有一个非常具有争议性的言论，即没有社会这回事。人们普遍认为，她鼓励发展以市场为基础的社会分析，是因为她强调个体的中心地位。在她自传里对“社会”无意义的辩护中，她说：

> 我的意思是，社会不是一种脱离了组成其男人和女人的一种抽象，而是一种个体、家庭和志愿协会的生动结构……对于我们来说，社会不是一种借口，它是一种义务的来源。[12]

实际上，大多数社会理论家联合起来谴责把社会“具体化”为一些从其组成成员中分离出的某种东西。即便是像马克思这样的集体主义者，也把个体和社会看作是辩证关系。社会可能与组成它的这些个体的行动完全不同。我们可能难免是由一种社会所形成的，但是我们将为它的永生、再生，或者甚至是一次导致它毁灭的革命继续做出我们的贡献。

但是，我们不能被简单理解为一种在真空中做出决定的个体。什么使得这种选择变得可能？我们如何能够选择？对于像撒切尔夫人这样希望强调个体重要性和个人责任为核心的政治家，这看似如果承认社会力量和影响超越我们自身的话，只能使得我们对我们自己和社会的控制力有所减少。走极端的话，就会存在一种认为一切都是社会性的建构，甚至包括社会自身。但是这样的话，谁或者是什么建构了已

经存在的社会，这点就会更不清楚了。这对于集体主义者或者整体主义者而言，用社会的观点反对一种强力的个人主义观点就太容易了。结果就是一种立场的缺陷可能看起来是另外立场下的真理。

但是在社会和个人选择之间单纯地对立并不能说明所有问题。即便是撒切尔夫人提供的自愿协会也开始有了问题。社会制度的作用是什么？它们可以在很多层次存在，从一个地方的俱乐部到国家政府。很明显，当人们在一起通力合作时，结果不能总是按照他们个人的意 207
愿来说明。实际上，社会科学的最重要的动机之一就是要说明，当我们在一起合作时，我们为什么不能充分理解我们一起行动的结果。这就像一个家庭假期里去往一处风景胜地，如果其他数以千计的家庭也在做同样的事情，那么绝大多数的时间将会耗费在他们从来不曾见过的拥堵之路上。他们将会对农村产生破坏，而不是享受它的宁静，引起的交通事故会让警察和医院手忙脚乱等。这种非预期的结果绝对不能被忽略。有时候，它们就是行动与机缘结合的结果，就像是互补联系的各个家庭决定去同一个地方所发生的一样，有时候也是在一些合作体系中故意合作的副产品。我们所做的结果确实帮助我们创造了后来构成选择的一种环境。

个体和社会环境纠缠不清的关系，可能让一些人冒险去强调社会语境而忽略个体的作用。另外一些则可能关注个体的“理性选择”而忽略社会语境。过多的个人主义会让人们忘记语境的至关重要性。它不仅仅是由我们同辈人的同步选择所组成的，就像我们全部都是无意识的，但却出现了交通拥堵一样。一种社会观念必须考虑到时间的流逝。我的选择可能会创造一种影响下一代的情境，就像我的选择是在一种由前人无数选择所创造的语境下形成的一样。社会不能只按照它现有成员的眼光来看待。一个社团必然不只是个体的一种意外聚集，这种类型就像一个特定时刻机场广场前的人群一样。为了成为一个社团或者一个社会，个体必须经历一种合作关系。对过分看重个体的常见批评，主要是没有看到制度持久的重要性。换句话说，怀有各种目的的人群集合以一种方式存在和发展着，即便是有些人可能通过退休或者死亡而退出，同时另外一些人也会进来。

我们在第三章看到，制度能够一直存在，即便其成员可能逐渐发
208 生变化。同一所中学、小学、大学和教会可能有着同样的目的，拥有同样的功能，一代接着一代。成员没有彻底中断，但是100年之后与这个制度相关的人都将不复存在。然而，大学或者其他什么，可能很好地保持着同一性。这不仅仅是有着相同物理特征的事情，尽管建筑的连续性可以帮助保持制度的身份。但是如果一所学校搬到另外一个地方，这也没什么矛盾。制度更加触摸不到，但是仍然受到属于它成员的约束和影响。确实，通过排除其他人，他们可能对他们所在的社会有更加深远的影响。

如果没有制度的存在，一个社会自身不会真正地存在。没有如何行事的普遍同意和惯例，个体就被剥夺了一种对他们选择有意义的语境。这不是在拒绝个体选择的重要性和个体责任的地位。我需要一些能够选择的观念以及我如何来实施我的选择。这种信息只能来自我周围的环境。为了能够谈论宗教之间的选择，即便是理性选择理论也得假设教会和宗教组织的存在。换句话说，制度将帮助提供选择。它们将给予我们力量，即便在一些情况下它们可能被视为是在限制和约束选择。我们可能不是我们社会所创造的，尽管很多人相信身份完全是由一个社会环境所决定的。含糊之处在于，我们的身份必须是在一个特定社会语境下才能被表达。我们发现自我的时空用来创造一些机会并限制其他机会。换句话说，我们必须对围绕默认的一致性关系网和在我们周围的习俗有清醒的认识。我们必须对历经沧桑流传下来的制度和做事方式有清醒的认识，我们必须对传统有清醒的认识。

第四节　社会制度的本质

当我们谈论社会制度时，必定会有在某种意义上它们是否是“真实”的这样一些疑问。它们看起来必定依赖于人们的理解，并且不能在没有人类理解的情况下存在。这是一个永恒的难题。极端来看，像罗蒂这样的哲学家并没有对人类意识所理解的物理实在和作为人类构 209
建的社会世界进行明确的区分。显然二者都仅仅是我们语言的一部分。因此，罗蒂评论道：“我们可以和福柯说，人权和同性恋都是最近才出现的社会建构，但是我们只有和拉图尔才能说，夸克也是如此。”[13]但这就使得社会建构成为人类意识的一种投射，可能是一种集体的语言时尚。这是一种观念论的形式，认为像权力、同性恋和夸克这样的不同思想是构成他们提到的同一实在的思想类型。那么除了罗蒂的实用主义和后现代主义的说法之外，就没有这样的实体，关键是这点不仅对于我们的一些概念来说是真的，在谈及科学中的实体时也是如此。后者仅仅是人类实践的一种形式，并且可以主张不存在优先立场。

但是如果一开始就做出一种实在论的区分，那么社会制度就不能放入这种范畴之中。除非科学是错误的，否则夸克就是被发现的，不是被建构的，这或者就是科学实在论者所要说的。它们是世界结构（fabric）的一部分，不管人类有没有这样来认识它们。它们可能并不是科学中一个错误观念的内容。在另外一个极端，“人权”和“同性恋”肯定是我们语言使用中的一个概念，但是一旦我们再次回到一种观念，即语言是典型地与世界相关，那么显然就有足够的空间来谈论它们的地位问题。银行、学校或者教堂都不是简单多余的社会机构。如果它们被称为社会建构的话，是因为它们依赖于信念和理解的身体，而不是认为与一个独立于信念的真实存在有关。那么这显然是矛盾的，那些谈论社会建构的人不情愿接受还存在另外一种选项就不会感到奇怪了。如果我们生活的唯一实在是普遍信念和概念的一种产物，我们就不会担心“真实”在哪里。我们谈论人权是因为我们想，不是担心它们是否是事物某种不可知的部分。但是，这个硬币的另一面是，如果我们不希望谈论人权，我们就不需要。在我们身上没有一种让我们一定要这么做的客观约束。

可是这又立即就会出现一个难题，社会制度的运行能否仅仅被视为一种共享概念的问题。人权，不管它们的地位是什么，都没有显示
210 出能够独立于我们思考它们的方式，来对我们行使任何因果权力。但那是关于制度的一种建议。它们的本质以及实际权力，不仅仅是我们思想和谈论方式的一种反映。这样的社会制度可能是一种集体的产物，而不是个体的建构，但是不管怎么样，它们经常超越每个人对它的理解。约翰·塞尔（John Searle）问道，制度性的实在如何具有因果作用？[14]毕竟，正如他指出的，钱之所以是钱，是因为大家相信它是，它自身怎么能拥有一种力量呢？在制度的例子中，看起来建构比简单投射意味着更多。它们不仅仅是我们意向的一种反映，而且对于构建它们的人以及继承者有一种好的或者不好的影响。它们不能脱离人类存在，也不能被具体化，但同时它们有一种实在，这种实在能够轻易超越对它的正常理解。在这个意义上，塞尔提到的这类人类制度甚至超越了集体的承认。它们不仅仅是思想或者理解的范畴。银行不像是人权，即便塞尔自己也会用同样的术语来分析，并最终彻底理解它们。他认为，权力和其他任何制度一样，都是用相同的方式由集体性承认所创造的。但是，银行不像教会和大学，不只是一种强有力的观念。它们蕴含了复杂的社会安排，使得我们能够完成一些本来没有可能完成的事情。但是，至少通过一些思想家，社会科学可以揭示这种

类型制度运行的事实，而几乎没有涉及我们对它们存在和目的的集体性承认。

约翰·塞尔通过明确区分他所谓的“无情性事实”（例如物理对象）和制度因素来进行争论，他说这些制度性事实只是人类同意的结果。他说，“在某种意义上说，存在着一些只是因为我们相信其存在才存在的事物”[15]。他继而给出了像金钱、财产、政府和婚姻这样的常用例子。他认为在创造和形成这些事实上，语言发挥了非常重要的作用，甚至强力主张：“语言就是制度实在的本质要素。”[16]这可能认为，他是在强调制度的社会方面，但是语言的使用和语法规则可能追溯到个体大脑的神经结构问题上。如果那样工作能够完成，塞尔应该就会支持这种研究，那么理论就会显示出更多的个人主义。

塞尔的客观性，使得世界上的人类制度的存在变得合理，正如他所说的“完全由力场中的物理粒子组成”[17]。但是，这又背叛了一种根 211
本的物理主义，关于最终唯一实在的一种信念肯定是物理的。即便实际上没有扭曲，也必然会影响对社会实在的解释，因为除了通过物理上构成的信念和其参与者的希望之外，它不会再看作是任何独立的因果力量。这种反驳可能意味着，它不再有任何权力，除非我们把社会实在设想为，是以某种方式游离于人类理解和控制之上。那么，我们就得重新定义它，好像它自身就是某种类型的物理对象。塞尔自己也很用心地构建了一幅通过习俗形成制度的图景。像很多人一样，受到维特根斯坦后期规则支配游戏思想的影响，他把制度看作是一种基于集体性的同意，某人对一种确定地位的占有。塞尔在谈到游戏时说，“得分欲望并没有独立于社会已接受系统的内容”[18]。他在论证钱、财产和其他类似的制度现象时也是如此。结果，他能够说“一种检验真正的制度事实存在的方法就是，我们能否明确地把这些规则编入法典”[19]。

塞尔希望建立的立场是一种关于我们的生物学，通过神经物理学、我们的认知能力，限制我们建立一起交互的规则，以及这其中产生的义务。确实，他认为，像区分身体和意识那样对生物和文化进行区分是一个错误。他写道：“心理只是在神经细胞更高层次上描述大脑的一种物理特征。同样，在文化和生物之间没有对立：文化是生物所采取的形式。”[20]他认为，如果文化和生物学存在任何对立的话，那么生物学总会是赢家。但是，这里存在一种矛盾，正如讨论社会生物学所表明的历史一样。“自上而下”的因果可能和“自下而上”因果一样，都是心理和社会运行的一部分。涌现层次不仅是语言学描述层次的事实，它们可能涉及世界因果框架的真正复杂性。

塞尔关于人类一致性构成制度的实在，这种构想符合他“自下而上”的方法。这实际上是一种制度存在的观点，因为它们通过个体的
212 一致性而构成。塞尔说：“理解制度性事实持续存在的秘密很简单，即直接涉及的个人和相关共同体足够多的成员必须继续承认或者接受这些事实的存在。”[21]他坚持认为，制度的权力依赖于集体性的同意。如果足够数量的成员不再同意，那么制度就会崩塌，权力就会消失。类似地，我们可以通过集体性的同意建立新的制度来产生新的权力关系。制度实在性的产生是通过集体性的接受和承认。当不再坚持这些时，权力也就消失了。

争论就在于，甚至是强加的力量也与一种承认系统相关。塞尔说，警察和军队就是一种他称为地位功能的例子。[22]换句话说，它们之所以有这种作用，是因为它们已经获得了集体公认的地位。塞尔在研究苏联权力崩溃时就认为，其崩溃的原因在于地位功能系统不再获得承认。他说：“苏联干涉的恐惧不再可信，本国的警察和军队也不再愿意去尝试维持这个系统。”[23]

权力系统和一般制度的运行能够用这种伪还原论的方式来分析

吗？我们谈论的制度真的能够翻译为个体的态度和行动吗？塞尔试图用提及的个体承认来说明社会制度的作用。当足够的人不再承认制度，它们就会停止存在。如果没有人再把一片纸看作是法律意义上的货币，那它就不再是金钱，即便它曾经是。显然这里存在大量的真理。人类的制度需要人类的参与者。但是，如果认为我们的一致性构成了一种制度，那么制度的实在性和本质只不过是我们对它的集体理解。推论下来就是，没有给制度非预期影响的可能性留下多少余地，由此呈现出了超越我们的直接控制而具备了自己的生命。

和往常一样，必须在社会观念之间取得平衡，这种观念在某种程度上与我们所有人的思想和行为有所不同，而且只是我们个体信念的总和。尽管塞尔的图景已经适当考虑到了制度的公共和共享属性，但作为一个乐观的观念论者，他还是认为制度安排仅仅是同意和协商的一种简单反应，那么社会实在就是人类集体意识（或大脑）投下的影子。“自下而上”的分析，把社会看作是从自发的情境和同意开始建立起来的。塞尔没有考虑到，我们总是能够意识到人类制度的组成规则。他承认参与者可能对它们有错误的信念。不过，尽管个人对于他 213
们所属的制度会有简单的错误认识，就像一个游戏参赛者可能对游戏规则有所误解，或者可能是没有完全理解，但制度也是依赖于足够多认识到它本质的成员。如果没有人知道规则，游戏就没法玩。像游戏一样，制度变成了参与者的一种理解功能。

权力的事实就能说明这个困境。权力只能如此认识才能发挥作用吗？如果没有人承认这一点，一个警察机构就不能按照警察的方式去作为，这点塞尔完全正确。我们不能推行一项没有人认识到的法律，除非其比对手拥有更强力的命令，这才是关键。每个人都同意在摇摆立场中，一项法律完全依赖于人们使其正常实施的能力。但是，权力经常被认为是破坏了这样一些计算。恐怖就是将一种政治制度强加于国家之上。塞尔会反驳说，它只能是强加的，因为它得到了人们足够多的支持。他主张“武力系统自身也是一种接受系统”[24]。这就是说，要按照个人承认的，而不是个人选择可能存在的限制来看待一切事物。那么显然，限制只有它们被视为限制的时候才是。成本和收益就是这样被认识的，不仅仅是为了影响人们，而且在它们产生任何因果作用之前就必须被认识。它只是他们的知觉，而不是它们存在的任何事实，那就是一切。所有这一切都意味着权力？无论他们是否承认其有效性、同意它的强制甚至在不知道人们能否完全意识到它的作用的情况下，它是否必须被视为权力，或者能够对人们产生影响？

塞尔评论道，“在许多民主社会，一旦破坏法律的人达到临界数量，警方力量大多就只是在作秀了”[25]。他设定的道德是，警察必须意识到这一点。集体的权威性必须通过全体人民的同意才能获得。但是另一个结论就是，如果足够的人希望对抗警察的话，那么承认的问题和权威就变得没什么关系了。问题不再是关于地位了。确实，违反法律的人从某种意义上还把他们作为警察来看待，那么问题就成了谁是最有权力的。无可置疑的是，在一个民主社会中警察的反应可能会被
214 禁止，但是如果他们有足够的武器装备，他们就可能对付大量的人群。当然，多数人的支持或者反对，可能与反对残酷的暴君没什么关系。塞尔自己也承认，恐怖体系可以维系一个国家，使其长期存在。问题的难点在于，这种恐怖能否用个人的反应和同意来分析，不管这种同意是如何不情愿达成的。这种强加的权力是如何获得承认的？它的实在性可能更多的是基于它的特点和它的效果。对于我发生了什么，可能并不仅仅是我看到发生了什么这么简单。在没有明白地认识它时，任何类型的方式都可能伤害我。类似地，我就成了我没有注意到的社会力量的受害人。至少应该这么主张。

集体承认在社会制度的产生和维持过程中当然是非常重要的因

素。如果这样的社会制度被看成是人类所创造的，那它们必须能够改革或者变化。但问题终究还是谁有权力，而不是谁愿意使用它。如果我被杀了，这与我或者其他人是否认识到这种情况，以及我对手的权威都没有关系。我还是死了。一些权力和力量形式可能帮助通过影响他们成员的方式来维持制度和他们的权威性，不管成员愿意与否。他们可能都没意识到发生了什么。在它们对我们影响认识不足的情况下，制度不能简单地看成是由人们当下的一致性构成的。“我们”可能要为我们的社会环境和人类创造它的感受负责，同时我们无疑还要帮助维持它。可是这并不意味着，它不会对我们有一种因果影响。我们可能受到它的影响，就像我们影响它一样。这至少应该是争论的焦点。

很多人认为塞尔关于制度的思考过于个人主义化。制度可以授予个人权力，但也能约束个人，但是所有这些都与成员的自愿承认或者认识关系不大。一种制度的恫吓效果和人们参与其中的原因也并无多大关系。另一种制度的好处可能与其创造者的意图完全不同。制度作用可能随时间的变化而变化，因此曾经是非常有用的，现在就不一定了。各种社会安排所发挥作用的重要性会不断增加，尽管实际上当初这些做出这种安排的人、维持这种安排的人可能并没有注意到这一点。以当代的一个例子来说，随着计算机技术和互联网的建设发展，新的社会交往形式即将来临。但是尽管这些都依赖于参与者共同的同
意，也不能轻率预测可能的社会结果或者这一切如何被影响。这无疑 215
将创造一种意想不到的机会和无法预计的成本。我们正在创造一种我们无法预知结果的事情。我们同时代的人已经创造了它，并且我们在一起使用，但这并不意味着它的社会作用只是按照我们的理解或者承认而形成的。

注 释

1 见我的著作 *Rationality and Science*, 1993, pp. 189ff.

2 Darren E. Sherket, “Embedding Religious Choices”, in Lawrence A. Young (ed.), *Rational Choice Theory and Religion*, 1997, p. 69.

3 Rodney Stark, “Bringing Theory Back In”, in Young, *Rational Choice Theory*, p. 17.

4 Stark, “Bringing Theory Back In”, p. 36.

5 Laurence A. Iannaccone, “Rational Choice”, in Young, *Rational Choice Theory*, p. 27.

6 Ibid., p. 36.

7 Ibid., p. 40.

8 Emile Durkheim, *The Elementary Forms of the Religious Life*, 1971, p. 3.

9 Iannaccone, “Rational Choice”, p. 34.

10 Ibid., p. 30.

11 Ibid.

12 Margaret Thatcher, *The Downing Street Years*, 1993, p. 626.

13 R. Rorty, *Truth and Progress*, vol. 3, 1998, p. 8.

14 John Searle, *Mind, Language and Society*, 1999, p. 114.

15 John Searle, *The Construction of Social Reality*, 1995, p. 1.

16 Ibid., p. 59.

17 Ibid., p. xi.

18 Ibid., p. 67.

19 Ibid., p. 87.

20 Ibid., p. 227.

21 Ibid., p. 117.

22 Ibid., p. 91.

23 Ibid., p. 92.

24 Ibid., p. 91.

25 Ibid.

第十一章 216
传统和理性

第一节　传　　统

经过时间的洗礼，制度一代一代传了下来。确实，其中一些仅仅因为是祖先传下来的，所以才非常受人尊崇。传统的作用和制度本质紧密联系在一起。我们所居住的社会世界，大部分都是由传承给我们的事物创造的。然而，我们可能所希望的“现代”甚至是革命，出发点必然是我们已经所处的这个社会，而不是创造我们的社会。实际上，我们可能就生于其中。我们已经被传统的重要地位所包围。那么，传统的功能是什么呢？仅仅意识到传统有重要作用，对我们来说并没什么具体价值。在对待传统的态度上，社会理论家自身就有很多分歧。

马克思主义者强调，革命基于如下假设，即认为传统本身已经损害了其他一些人的利益。马克思主义关注的是，社会中基于经济利益的阶级结构。马克思认为，许多人甚至没有意识到，他们的判断是如何被他们的阶级利益所扭曲的。因此，必须揭露他们已经被扭曲的意识。世界并不是资产阶级所说的那个样子。看似自然的社会，其实只是为一些特殊利益而精心构建的社会组织。甚至无产阶级都没有意识

到他们自己是如何被剥削的。未来必须对阶级社会进行颠覆性的革命。资本主义，一切痛苦的源泉，将会被它自己内部矛盾的压力所摧
217 毁，社会主义必将胜利。共产主义社会能够使所有人繁荣兴旺。

不管资本主义的错误是什么，作为一种经济系统（共产主义者时刻准备去批判资本主义对个人的强调和对自私的鼓励），有一件事是清楚的：马克思主义的这种说明模式不能轻易丢掉。一些人认为，把马克思主义看作一种经济理论已经被证明是错的了。但是，对很多人来说，用传统所产生的虚假意识对社会进行分析仍然很有吸引力。一旦认为，少数人的利益可以控制很多人的意识，便会燃起对传统的深深怀疑。后马克思主义对虚假意识的指控，并不只限于对阶级和财务利益的追求。他们开始关注另外的焦点，尽管我们仍然应该通过社会结构来探讨经济剥削的可能性。

指控主要聚焦在诸如两性关系这样的领域内。在法国哲学家保罗·利科（Paul Ricoeur）看来，传统被形容为“怀疑的诠释学”。数个世纪以来，传统大部分都是由男性按照男性利益所构建的。它是一种家长制社会的产物。一直被我们思考的“自然”实际上只是一种社会中把一些人的利益强加于我们之上的观点，但这不是其他人的利益。很容易看到，实际上认为妇女的作用只是抚养小孩。从这种观点可以得出关于社会组织方式的主要结论，特别是在婚姻方面。但是，一旦这些实践，作为家长制传统的结果，无论是对还是错，都是可以也应该会改变，到时人们的理解也将发生变化。社会的结构，也就是所认同的做事方式，也会发生改变。

类似的分析也可以用于其他受到质疑和改变的社会制度。实际上，我们被教育去相信一些事情是合理的和对的，而实际上这些可能只是我们社会流行的假设而已。我们人类的权力观念，即一种普遍性
218 的主张，就是在文化中形成的。我们可以掌握一种地方性习俗，而对

于事物的一些方面，其实我们是错误的。广播中又一次听到说捍卫假日的权力后，一个英国面包师联盟的领导人宣称，面包师拥有银行星期一公休那样的假日是一项基本人权。他这是将地方性制度和普遍性真理相混淆了，而社会科学的任务就是让我们知道，不要将二者混为一谈。

虚假意识的属性确实预设了，存在一种真理和错误的可用标准。这样的话，我们所相信的和我们应该相信的就可以进行区分。我们在最后一章中将会看到一些论证，社会科学的确实至名归，因为其能够把握社会实在，甚至可以向人们表明，对于周围发生的一切，其实人们总是没有充分理解。即便我们没有意识到发生了什么，社会潮流可能会一直载着我们向前流动。如果社会科学只能告诉我们已经知道的，或者用我们已经在使用的语言和我们谈话，那么显然就是在贬低它的作用。

但是，传统总是歪曲我们的判断，比如，认为即便不是革命，社会科学必定也是颠覆分子之类的，我们对这些不加鉴别的假设必须保持清醒的头脑。毋庸置疑的是，这的确是一种很受欢迎的观点，但是，也可以有另外一种看待传统的方式，即便我们是从其中诞生的。传统抑制、阻碍和产生了绊脚石。但是，它们这么做也可以帮助我们。库恩的工作就表明了，在科学的发展中传统有多么重要，据说科学家依赖“范式”的传递，即便这种范式实际上已经被推翻。科学家一开始就需要范式。不像经验主义者，库恩相信，他们在没有理论指引下是无法面对世界的。科学传统已经告诉他们去寻找什么。但在危机时刻，单靠传统是一种无把握的向导。库恩发现，在不同范式之间做出理性选择是一件多么困难的事情。传统似乎不能是一种简单的、理性的替代品。

但是，没有传统就没有开始，语言自身就已经将其大部分封装起来。我们可能应该担心维特根斯坦对语言的先入之见。对语言而不是思想的强调，立即会将关注点放在社会而不是个人上。我们在一个社会环境中学习语言，而且如果公共语言被认为是优先于私人思想，那么就会减少个体的作用。德国哲学家伽达默尔就特别强调传统中语言
219 的优先性。来自诠释哲学的传统，他特别关注意义的重要性。不像把意义定位于个体意识的现象学家，伽达默尔把意义直接定位于传统。这个学科用这种方式来强调语言的作用，原因在于我们居住在一个语言世界。诠释者不能说自己处于一种优先地位，因为他们自身也处于传统之中，必须承认他们的解释依赖于他们所处的语境。一开始，诠释学是作为一种关注解读《圣经》和法律文本的学科。但是，现在，它已经有了更广泛的应用，因此很多人认为，诠释问题对于社会科学来说具有核心重要性。事实上，它已经引起了统称为后现代主义的运动，即认为诠释者的历史处境和被诠释的对象同等重要。

第二节　诠　释　学

诠释学的重点是关于理解和交流的。它反对社会就是寻找一般定律和规则的所谓更加科学化的说法。诠释学以及它任性的继承者后现代主义，其范式就是文本解读。在诠释学的例子中，文本就应该是传统的，问题在于，对于在和我们完全不同情境下书写的一些事物，如何在我们自己的语境中实现对这些事物的理解。一个恰当的诠释必须允许两种语境的相互作用。伽达默尔在“视域融合”中提到了这点。问题是，对历史本质主义的理解把我们束缚在自己的传统之中，而文本也退回到了自己的传统之中。诠释学似乎已经告诉我们，如何在二者之间建立一座桥梁。但是这又说明了，将传统视为一种主导作用的危险。它给了我们机会，同时也限制了我们。但是，如果将其视为一

座囚禁我们的监狱，那么问题仍然是，监狱外面如何与里面进行交流。问题实际上比这个更糟。在不同监狱的人们进行交流如何可能。伽达默尔将一种古代文本最初的古怪性，提升到了关于分解传统的争论之中。尝试视界融合是必需的，因为他已经将传统劈开，很大部分 220
原因是他对语言优先性的坚持。他提到了“思想和语言不可分解的统一体”，并且得出了语言传统形成了我们和我们思想的结论。他说：

> 诠释者并不知道他把自己和自己的概念带进了诠释过程中。语言构想是诠释者心灵的一部分，而他绝不会将其作为一个客体来看待。[1]

根据启蒙运动，理性是基于普遍性的一种主张。另外，语言又必须是特别的和有特色的。当语言创造了我们的思考范畴，任何试图理解这些用不同语言在不同时代写出的作品，都会充满疑虑。他们的思想必定受到他们历史情境的限制，就像我们受到我们时代的限制一样，再一次，伽达默尔强调了语言的优先地位。他说，传统“和语言是相称的”[2]，他用一种维特根斯坦式的怀旧语调说“人类生活共同体的形式全都是语言共同体的形式”[3]。因为语言创造了我们的世界，在某种意义上，不同世界的一种演替其实就是人类和语言的变化。他说：

> 历史上的“世界”是沿着历史的轨迹一个接一个地继承下来的，既不同于某一个的含义，也不同于今天的含义，但是不管在传统上我们认为它是什么，它总是一个人，也就是说，作为一种语言上的建构，世界将自身展现在我们面前。[4]

那么，“世界”就是语言的一部分，而不是其基础。伽达默尔拒绝任何关于“世界自身”的实在论观念，认为我们可以设定不同的世界观。我们绝无可能逃出我们自己传统的预设和偏见。我们希望最多的也就是，在我们传统的范围内包含另外一种版本的“世界”。伽达默尔写道：

> 对于我们自身世界图景连续拓展的标准，不能用超越一切语言的“世界自身”来给予。更进一步，关于世界的人类经验的无限完美性意味着，不管我们使用什么语言，除了不断拓展世界的“观点”外，我们不可能再完成其他事情。[5]

在失去把握客观世界的观念后，很容易导致我们把世界仅仅理解为我们自身观点的一种产物。看起来我们已经陷入了我们的语言世界，或者我们只能在一种不恰当的概念基础上来诠释世界。对社会科学来说，这一直是一种困境，而且过分强调传统的支配地位会进一步加重这种情况。在没有一种超越我们现有情境的能力下，甚至是停留在基于传统的判断时，社会科学变成了一种社会评论，并且这种评论还受到我们所处时空偏见的支配。甚至伽达默尔的“视域融合”也让两种观点真正融合存在背离的风险。这必然是挪用一种词项来理解另外一种。伽达默尔对我们世界语言特征的强调，可能促使语言从实在的束缚中解脱出来。它也将其从人类本性的任何基础上排除出去。他消除了不同历史背景下不同人类之间任何相似的思想。他认为，没有“先天性”这回事能够把文本的创作者和诠释者结合在一起[6]。

221 为我们自身观点的一种产物……

所有这一切的结果就是我们受社会的约束，并且只有在它的作用下才能知道我们是谁。我们的理性也根本不是我们自己努力的结果，只是一种反射，即便是无意识的，也是一种我们自身历史情境的反射。知识社会学家不能找到比这更好的表达事物的方式。结果就是，笛卡儿的自我概念，或者康德（Kant）无语境的理性，都被踢出去了。我们现在是以一种整体论的方式而不是个人方式来表达一个社会的传统的。实际上，理性已经被传统所取代，而不是通过理性的授权来看待的。随后，伽达默尔铺好了一条关注历史情境的道路。再也没有给公平无私的理性以超越局部环境的可能性。甚至是我们对其他传统的理解，也受限于我们自己的预想。真正的对话或者交流从来没有发生，因为一切都是从我们自己特殊的历史立场上来看的。当这点在社会科学哲学中经常出现时，这种带着几分平庸的老套观点可能会成为一种重要的思想。

第三节　抵制启蒙运动

启蒙运动被当今的许多哲学家所嘲笑，并被视为构成了后现代主义反抗的现代性。康德的著作证明了，启蒙运动希望一种纯粹的理 222
性，可以被所有理性生物坚持的普遍性，可以用来实现人类社会的“进步”。理性被看作是诸如像天主教会或者绝对君主那样任何传统和权威的解毒剂。人类可以通过这种理性的系统应用获得自由。他们将变得自主。康德试图构建一种道德，使得个体可以摆脱传统的枷锁。理性被看作个体所有，因此能够将理性优先用于社会关系。尽管乐观主义认为，理性可以治愈人类所有的病痛，可仍然存在一个重要问题。甚至随着现代科学的进步，现代科学大部分都被看作启蒙运动纯粹理性的一种工具，在社会和个体之间所有理性人应该确切相信什么，在这点上还远远没有达成一致。特别值得注意的就是道德范畴，也就是康德试图说明每个理性人应该坚持的。太过于明显的诱惑是，通过重新复辟一切都是传统决定的观点来回应启蒙对传统的轻视。这演变成了个人主义和整体论之间的战争，个人主义是基于个体的信念，而整体论关注的是一种传统，或者社会如何支配我们思想的方法。

对于康德主义来说，理性的中心地位可能非常重要，同时历史主义强调我们形成过程中传统持续而重大的影响力，二者都忽略了实在和人类本性的概念。如果不坚持一个关于我们所处世界的实在论观念，不坚持人类本性的重要信念，一种文化或者一个历史时代的人们能够理解另外文化或者历史时代的人，这简直就是不可思议的。康德的“物自体”学说让世界看起来是难以达到的[7]，而且让其继承者仅仅去关注不同概念体系的事实。通过他的“哥白尼式革命”，他给了我们自己的观点而不是被观察对象以优先权。在是观察者围绕天体旋转而不是其他方式的这种哥白尼发现，与他自己对概念和实在关系的理解之间，康德勾画出了一条平行线。他希望看到，物体是如何符合我们的知识，而不是相反的。他相信，对于所有理性人来说只有一种可能的概念图式，但是他却把赌注压在了关注概念而不是实在上。

223 特别是作为一种经验研究的结果，他的一些继承者不能忽视信念和理解的连续变化。那么，他向强调传统之间差异迈出了一小步。人类的理解可以不再按一些理性的普遍标准来形成，而是按照特殊的、局部的时空环境来形成。实在已经退出了，任何用于连接不同社会之间的桥梁也可以被废弃。很可能二者都是在不同环境下用非常不同的方式构建出来的。那么我们就有可能得出一种结论，我们的真正身份不是来源于一种普遍的人类本性，而是来源于一种地方性传统的特殊环境。

这种身份观念的一种主要知识库就是国家的概念。马克思主义被看作是启蒙运动通过知识驱动进步的一种应用。但是，它并不能作为启蒙运动关于个体自主愿望的一种表达。然而，在那方面，马克思却倾向于一种“自我实现”[8]的浪漫观念。结果就是政治团体的一种分裂。国家被认为是最为重要的，这就损害了关于普遍人性的所有观念。这个过程不仅发生在政治世界。要求普遍人性的哲学基础已经受到了质疑。当很多人希望防止一个国家用呼吁人权的方式来破坏另外一个国家时，这就变成了一个非常棘手的难题。如果传统以及身份的来源是优先的，那我们可能会用一切代价来保护我们的传统，不再考虑不属于此的其他人。确实，我们可能希望正好摧毁他们，因为他们威胁到了我们自己的立场。

后现代主义一贯怀疑一种普遍的理性要求，认为应该关注它们可能受到的历史限制。甚至“理性”都可以看作是一个特殊历史时期的产物。实际上，它会说，启蒙运动的理性。但同时，很多人仍然希望将启蒙运动中的人权和美国以及法国大革命的基础联系起来。但不能二者兼而有之。要不就是理性超越了革命，而身份不是完全由我们的历史背景决定的，否则我们就是时空的产物。如果是后者，人权的概念就不能被使用了。如果是前者，理性就应该被理解为一种个体的属 224
性，并可能受他们环境的影响和限制，但是其本质不能用它们来得到完全解释。

那么，国家是什么？关于国家的概念是非常有争议的。语言，一段共同的历史，或者是种族，这些都只是所要求的众多因素中的一部分。当国家和州组织的边界不一致时，或者其领土有争议时就会出现严重问题。给出一个清晰定义的困难表明，不管所要求的背景是什么，都要依赖于地方性的环境。这一代看似不重要的差异，在下一代可能会突然变得很重要。类似地，一个时期的荣誉到后来可能就变得没什么关系了。国家之间的差异是不能虚构的，但是其重要性在不同的时代可能变化非常大。换句话说，在决定什么可以成为国家时，存在一个叫作社会建构的巨大因素。有一点，18 世纪的美国人大多把自己看作是英国人，后来才有所变化。同样，对于一些苏格兰人或者威尔士人，能否代替英国人这个问题也很有争议。

社会实在的概念再次回归。传统很重要，并且和意识到一种国家身份关系密切。我们之所以是我们，是因为我们的集体性来源于一个地方。我们说着相同的话，庆祝着相同的节日，有着同样的英雄，这些都依赖于我们的起源。任何忽略这点情况、假装我们全部都是理性的并且没有预设和偏见的必定会忽略人类社会生活的重要部分。这些想法是危险的，仅仅是因为我们可能在一个特定社会和一种传统的谆谆教导下成长起来，我们就不能从所处的环境中剥离我们自己并对它做出理性的判断。不应该在传统和理性，或者整体论和个人主义之间做出选择。我们不只是运载偏见的工具。我们确实从一种能够部分影响我们的社会实在而来。如果我们不小心，那它就会对我们的偏好和选择有着决定性的影响。

个人用一种自主方式使用理性的启蒙运动观自身并不能摆脱批评。在很多方面，这种把消费者看作来源于市场的原子个体的以市场
225 为导向的观点，可能需要忍受这个观点的一些缺点。二者都倾向于用一种工具主义的态度来看待理性，以通过手段达到目的为根本所在。二者在关于目的价值的理性上都是令人不安的。看起来，市场就是提供人们所需的东西。几乎不需要去询问他们该不该想要这些东西。的确，在真正的启蒙运动浪潮中，甚至只是提问都可能被认为是对个体自主的一种挑战。这样的结果之一就是，核心问题变成了某人想要多少东西，并且假定他准备支付多少的简单问题。由于这种选择而产生的那种社会被认为是无关紧要的。

我们不是不受任何重大影响的孤立的行为个体，我们不能忽视我们行动的社会结果。同样，我们也不只是传统的运输工具。传统流传下来，并且成了善与恶的主要来源。保守主义将其看作是一代一代积累的经验和判断知识的仓库。另外一些人则非常怀疑，认为传统就是为一些特殊利益和权力集团服务的。不过，没有人能摆脱传统的影响，因为传统形成了我们现在所做决定的社会环境。同时，我们也不

是传统的囚徒。教导人类拥有自主权的人们，应该可以将这个权利拓展到我们可以决定是坚持传统还是超越传统。有时候，当启蒙运动被过去误导而可能对理性独立的能力过于乐观时，为了筹划更好的未来，这些攻击理性观念的人正在采取一种自我毁灭的策略。所有社会科学和所有社会批评，必定是基于理性的。任何一种可能与理性相分离的社会科学正在用一种惊人的方式渐渐破坏自身。

甚至社会科学可能进一步超乎想象地受到其传统或者“范式”的制约。那并不意味着它不再能够进入社会的实际运行层面，相反，一群社会科学家可能早就倾向于认为它可以。像其他形式的实在，社会实在的观念要求我们能够用一种超然和客观方式分离出我们理性的能力。我们可能不会经常达到这个目标，但假设否认一种社会科学的可能性是不可能的。这就否定了我们从构建的实在中脱离出来并观察它特点的能力。如果我们总是受限于它，那我们就永远不可能理解它或者和其他社会进行对比，那么社会科学自己就像是启蒙运动的另外一个产物，从而作为一种幻觉被抛弃。

罗蒂仅仅是众多拒绝实在可以被研究或者进行寻找真理的代表人 226
物之一。他拒绝真理是探究的一个目标，并且主张：“探究的目的就是人们之间对做什么达成协议，并且对完成的目标以及完成这些目标所需要的方法取得一致。”[9]因此，他用一种真正美国人的实用主义风度，希望替代关于实在的协议和关于真理的一致性。只要人们同意，达成协议看起来似乎无关紧要。政治就是一切。但所研究的实在概念总是能够说明，协议为什么可能总会形成。存在一个限制我们选择的客观世界。我们所相信的不是任意的，这和社会科学展现的一样真实可靠。我们是能够超越我们社会的个体，但是不能忽略围绕在我们周围的实在。社会科学的任务就是告诉我们关于社会本质的一些东西。

在某种意义上，社会科学研究的一种实在就是人类对其本质构成的理解。但实在不是由一种社会科学构成的。应该把正在研究的东西和我们所研究的分离开来。不过，仅仅因为我们可以检验人类心灵的最终产物是什么，我们就能假设社会科学应该寻找可理解的社会。这可能有点复杂，并且可能超出了我们的理解范围，我们不会发现，我们生活中的实在，对人类来说原则上是不可理解的。它是我们的家，或者是与我们非常相像的人们的家。这可能是显然的，但是仍然有一个主要的哲学问题，我们为什么能够发现可理解的物质世界。它拥有一种内在秩序，或者为了理解它，我们必须被推向，我们概念框架是优先的这样一种康德式的观点上？如果它有一种根本的秩序，那么为什么是这样的秩序呢？像这些诅咒经验主义的形而上学的基本问题，并不需要在社会科学中出现。为什么人类心灵能够把握人类心灵所创造的存在，这点并不神秘。那就是为什么从研究者中分离出被研究对象的实在论，能够和对社会本质更进一步的人类中心主义的理解同时存在。社会并不是像一些外在的或者从我们分离出去的事物一样，但是在某种意义上注定反映了我们的本质。如果我们自己没有形成它，总有一天会由像我们的人们形成，它的持续依赖于我们自己的贡献，包括个人和与其他人合作两个方面。

227 第四节 中间道路？

对于任何政策观点来说，个人和社会关系的争论都是很关键的。一种“新自由主义”的个人主义会强调市场的作用，特别是作为消费者意愿信息的来源，而老旧的集体主义已经在反对马克思主义的一般回应中被晾在了一边。但是，这些都太过于极端，每个都只能通过其他观点的错误来获得自己的可信度。一方说社会中结合的个体和分开的个体没有什么差别，另一方则夸大社会结构的地位，而忽视其成员的作用。不难想象，很多思想家为了避免极端的诱惑而寻找第三条道路。这是一个理论性的问题，甚至是一个哲学问题，但它已经包含了我们社会是如何组织和管理的。撒切尔式的新自由主义可能不喜欢强调集体性的老旧社会主义者，但是对于都不赞同的政治倡议都会感到忧虑。

安东尼·吉登斯（Anthony Giddens），是一个关心社会“结构”和“能动性”关系的社会学家。在所谓的社会结构之间有什么关系，哪种结构可以支配我们的行为，以及我们作为行动者（agent）的选择？两者之间有区别吗？很清楚的是，对于从个体理解或者以一种他们没有意识到的方式来限制他们选择的社会结构而言，个人主义肯定会拒绝存在这样的社会结构。另外，集体主义将会在损失个体能动权力的情况下肯定这种结构。我们也总是担心在给定语境背景下，“结构”意味着什么。一个马克思主义者总会用经济学的词项来看待结构，而其他人可能更倾向于用一种看得见的制度来看待它。虽然明确强调社会方面存在一种弹性，但是在特定时机上如何准确使用这种词项变得更加模糊。

这一切都构成了社会理论争论的背景，吉登斯在其中扮演一个主要角色，这个背景在现代政治争论中也是非常重要的。确实，吉登斯提出了一种第三条道路，并且宣称“已经放弃了集体主义，第三条道路的政策就是要寻找个体和社群之间一个新的关系——一种权利和义务的真正定义”[10]。但是，很明显地，一种是在社会真空中个体用已经给定的偏好和其他人一起行动，另外一种是完全拒绝个体自由和责任的作用，在两种极端立场之间可能存在很多条“第三条道路”。吉登斯 228
是作为一名社会民主主义者来写作的，但是其对传统和习俗的保守抵消了对市场的崇拜。保守主义者可能倾向于信任他们，正如一个激进的人倾向于怀疑他们，个体生活在一种由不间断制度形成的语境之下。那些允许我们选择受存在社会制度关注和限制的人，也接受我们有改变或推翻它们的自由。我们可以尊重制度传统中包含的传承下来的经验，同时也能接受个人的自由。这无疑是一种保守主义，而不是新自由主义的立场。但是，它一定是不相信市场的，在市场中一切有价格，一切都被量化，就像是集体主义者用荣誉来攻击个体一样。它仅仅是从理论观点出发的、在对立立场之间的第三条道路。

名字和口号并不重要，但关键是有时候，比起勾画出一条合适的中间道路，确定极端立场的错误更加容易。但是不管什么样的主张都会产生重要的政治影响。关于社会组成的理论必定关系到政治的核心。我们看待自己组成的眼光最终会影响我们实际的组织方式。我们关于社会是什么的观点，到最后一定会改变世界。这本身就揭穿了一种严格集体主义的谎言，它拒绝接受社会成员的信念确实可以影响社会。它不会让极端个人主义很舒服，因为它认为存在社会这样一个事物，我们来源于它并受它的影响。我们的信念和行动可能改变未来一代出生的环境和社会语境。但是，认为政治和经济安排对个体没有影响似乎显得有点幼稚。参与政治的这些人会假设，在某种程度上他们可以真的改变社会安排，从而让社会成员获益。对这种可能的改变，社会的不同观点会有不同的评价。如果人类的能动性几乎没有影响，那么结构方面的改变就能达到很多目的。但是有这样野心的政治家可能感觉，他们自己的个人能动性能够完成这种变化，因此和他们的基本假设相矛盾。他们可能不接受，他们自己是一种已经存在社会的一种反映。类似地，那些拒绝结构存在的人和假设能动性彻底优先性的
229 人，不会低估他们负责任地创造让个体繁荣的条件时自身的作用地位。但是，这又引出了一个问题，这里的条件是什么，可能是扼杀或者鼓励个体责任的社会气候或者氛围。这就意味着，不管我们希望的自由和责任是什么，我们仍然可能是依赖于环境的。

这些讨论与哲学中最基本的问题紧密联系在一起。比如，一直存在的关于人类本性作用的问题，就像18世纪启蒙运动的哲学家所希望的那样，的确有一种使得社会“改善”的能力，而这取决于我们对人类本性的塑造能力。唯一的变化就是乐观地假设，从根本说人类不是自私的，或者在他人利益方面抵制真正的合作。经常说，左派思想家倾向于否认存在一种难以控制的人类本性存在，或者对管理它的能力感到很乐观，而右派思想家对违背人类本性感到很绝望，倾向于接受事物本来的样子。确实，市场经济将其作为最终的出发点，确定了人类偏好的本性，而集体主义者强调了它们是由特殊社会构成的。

我们回到人类社会本质的考虑，并对社会科学把握其本质的能力做一评估。阿彻把她的一种实在论的社会理论又向前推进了一步。她试图表明，社会科学如何在两种极端立场中小心地确定自己的路线，背叛其中一个，迷惑另外一个。她写道：

> 我们应该背叛我们自己，就像我们的读者一样，通过提供任何形式的科学主义“定律”，这些定律不会受到我们对自由的使用和滥用的影响，这使得道德责任毫无意义、政治行动毫无价值、自我反省毫无作用。同样，通过假装社会就是由我们简简单单选择的和组成的，不管是现在还是任何一代，这样我们就可以迷惑另外一个了。[11]

社会可以逐渐变革，但是即便这样它还会抗拒我们个人和集体的努力。它是发生了变化，但不是按照任何人所想的方式来变化的。这太复杂了，不管我们做什么，事实就是，无意识的结果总会伤害我们。结果，存在本体论和方法论两种方面的含义。我们不得不面对，230
是否存在与行动者理解相分离的社会实在这样一个问题。我们也必须说明，哪种类型的社会科学才是必需的，因为社会科学依赖于对其本质优先的哲学理解。这方面并不总是很明确，但实际上，在没有哲学关于社会本质、它和其组成成员的关系，以及我们如何确定所要研究的这些因素等诸多假设的情况下，没有社会科学能够发生作用。

结构和能动个体相互作用的影响就提供这样一种元素。正如阿彻评论的“作为同步媒介和行动结果的结构，这个最重要的观念是吉登斯结构理论的核心”[12]。但是一旦时间要素被引入，事情显然就不会这么简单。部分社会结构是从其先辈那里继承下来的。他们可以通过我们所做的被加强或者发生变化，而将两种元素结合在一起，正如阿彻所说的：“不可能对它们的相互关系，或者一个对另外一个的影响，以及对任何特定时间内稳定和变化的相对贡献的任何状态进行检验。”[13]我们只能在社会语境下行动，但并不因此就能说我们的行动创造了情境，至多不过是语境引起了我们的行动。我们所做的可能会引起一些条件，或者使条件变得更加困难。但是，条件自身可能会超出我们的控制，甚至我们恰当地理解，就像我们的行动可能会改变其他人未来的选择。一种实在论的社会理论坚持认为，社会实在实际上是一个涌现的层次，我们不能超出其存在，将其还原为其组成的个体来进行分析。当我们描述每个成员个体的行动时，并没有对社会给出一个真正的解释，但重要的是他们可能使社会延续。他们的行动不能解释他们所出现的语境。

第五节　群 体 选 择

很多人在谈论个体之上的一个层次中涌现出的实在时并不感到轻松。他们更加关心个体价值因此会莫名其妙地减弱，因为个体的绝对自主成了一个问题。但是，这种是在假设，个体自由是一种绝对类
231 型，因此我们要么有这种自由，要么没有。在这个或者那个方面，我

们全部被自己的物理环境所限制了，所有这一切都认为，我们的社会环境会对我们的选择造成影响，并且会给他们提供一种感觉非常合理的语境。正因为我们所在的各种群体在我们生活的形成中有着重要的地位，所以不允许我们有任何不负责任的行动。关心照料仅仅是我们生活中的一个重要方面，也就是说，我们所在的社团对我们的影响和我们对社团所做的是一样的。

通过他们的群体资格来确定人的身份也存在普遍的怀疑。按照人们的等级划分来莫名其妙地确定人的价值的做法令人非常担心。种族主义理论就是为此而受到强烈批判的。但是很奇怪，在追求政治利益的过程中，人们很多时候都希望按照某个群体或者其他群体的成员资格来标榜自己。这可能是有些自相矛盾，即便是种族群体也可能希望去纠正存在的不满。然而，很多群体经常或多或少地体现出一种无组织类型的特点。社会科学的挑战就是，对一种个体聚集的任意分类和对有着重要社会意义功能群体的识别之间做出区分。

然而，提到群体，再一次出现了群体选择的生物学问题。我们在第八章看到，当代生物学如何想当然地认为选择发生在个体层次上。确实，近些年极端个人主义一个强有力的来源就是，社会生物学及同盟对“自私基因”的强调。正如社会生物学及进化心理学已经受到了博弈论和基于理性选择理论同样思想模式的影响，因此它们也影响着社会科学。许多还原论生物学家，像爱德华·威尔逊就是如此，但还原论的问题恰恰是它并不顾及层次。换句话说，它可能以社会为代价来确定个人，但是它关注的又是个体基因的复制，这就意味着个体除了是基因的一些模糊运载工具之外，甚至可能完全忽视了个体。可是，一旦认识到个体要想发展必须要有基因的合作，那么只对最低层次的关注并不总能说明接下来要发生的事情。比如，坚决主张选择是在个体层面而不是在群体层面的问题是，为什么选择不是发生在更低层次的特殊基因上。

232 近些年，把文化自身看作像基因一样的复制单位，使得事情变得更加复杂。这些单元被理查德·道金斯（Richard Dawkins）称为“模因”，其主要思想是，为了复制模因，模因选择会驱动观念的演化。这就是假定所发生的和生物学的选择机制非常类似。把基因视为我们DNA的真实部分看起来是可信的。将文化分割为可认知的和稳定的单元，那么各个单元就可以更容易且更好地在社会和每一代之间传播。用一种明显的机械论方式来看待文化，会使得理性和个体选择没有容身之所。人类确实会模仿其他人，也会受到群体内关注压力的影响，但这并不意味着一切都能按照非个人化的模因来传播。后者是人类创造的定义，正在被具体化，并且给它们自身一种自主性的生命。我们的文化环境可以提供一种基因传播成功或失败的语境。但是，这对于打破环境能够变为驱动人类行为的任意包装来说，并没有什么帮助。苏珊·布莱克摩尔（Susan Blackmore）说道，在“模因论”中，“我们应该期望发现一些对模因有利的行为，就像为基因服务的行为一样”[14]。但是，这是在用一种完全非法的手段将我们与我们文化的内容分离开来。我们可能会受到我们文化语境的影响，就像我们每个人对它的贡献一样。它离开我们不会存在，它能塑造我们的优势。

因为模因可以被共享，它们就被视为对群体的适应性有所贡献，同时实际上还会增加群体之间的差异性。这可能会帮助我们为群体选择提供一种新的例子。但其他人也会争论说，这又给生物学的不可信地位提供了一个新例子。基因在同一个个体内相互竞争，作为一个整体并没有对有机体的利益做出贡献。索博（E. Sober）和大卫·威尔逊（David S. Wilson）坚持认为“如果基因层次的选择强于个体层次的选择，那么基因的发展将会使得个体适应性降低”[15]。这就出现了一个问题，这样的基因能否成功地传承下去，并且作为增加个体作为运载工具重要性的例子。索博和大卫·威尔逊认为，如果这样的话，个体层次的适应就可能得到说明[16]，但把群体作为适应单位观念的门一直敞开着。他们问道："如果个体是选择的运载工具，那么为什么群体不是？"他们开始争论群体在相关选择过程中的重要性，比如，他们认为："随着利他主义的进一步发展，利他主义者和非利他主义者将聚集在不同的群体之中。"[17]那么，他们应该希望利他主义者群体比对手要做的更有意义。他们认为，"实际上个体是运载选择的极好工具，可以管理、抑制他们自身内部的进化，并且人口结构也可以自身进化"[18]。他们说，选择可以在不同层次上发生。就像个体和基因同样重要，类似地，群体的存在可以说明要求个体选边站队的特征。一些特性，如利他主义，可以提高群体相关的适应性，而这就是群体选择的意义所在。这并不是对个体选择的改变，而是对它的补充。 233

关于这种群体选择观念的合法性的争论非常激烈，但是它与社会科学的关系是清晰的。如果生物学家接受一个社会群体不仅与生物学相关，而且可以被用来说明基本的生物机制，那通过关注基因和它们的运载工具所形成的强烈个人主义倾向就会成为一个问题。关键不在于，我们用群体代替了对个体的强调，而是有时候要求群体的存在可以说明一些行为，并且确实能够对其产生限制。即便是一些生物学家也开始正视，也许有社会实在这么一种事物。老生常谈的问题还是，如何用一种不那么任意的方式来把人们分成不同的群体。人们总是试图通过对不同群体成员资质的要求来说明基本的社会差异。但如果是差异定义了群体，那么这就变成了循环论证。

然而，基本的问题仍然存在，那就是所有一切能否用个体行为来说明，或者行为本身是否受限于行为发生的公共语境。即便社会不能谴责我们的行为，至少它能限制我们所做的，也就是给自己一个机会，使得个体不能各自生产。仅仅是社会组织以及社会控制和规则装置的执行，就可以说明一些人类行为。正如索博和大卫·威尔逊指出的，“人类群体像简单的基因组，可以通过组织起来防止从内部受到破坏来完成他们的联合”[19]。他们的结论是“群体选择并不是人类进化的
234 唯一力量，但是多半它已经是一种有着惊人威力的力量”[20]。即便是在生物学领域内，坚持用个体来说明一切现在看起来也成问题的。

注 释

1 H. -G. Gadamer, *Truth and Method*, 1975, p. 364.
2 Ibid., p. 351.
3 Ibid., p. 404.
4 Ibid., p. 405.
5 Ibid.
6 Ibid., p. 277. 也可以见我的著作 *The Shaping of Man*, 1982, p. 55ff.
7 见我的著作中关于康德的章节 *Ideas of Human Nature*, 2nd edn, 1999.
8 Ibid., p. 131.
9 R. Rorty, *Philosophy and Social Hope*, 1999, p. xxv.
10 A. Giddens, *The Third Way*, 1998, p. 65.
11 M. Archer, *Realist Social Theory*, 1995, p. 2.
12 Ibid., p. 13.
13 Ibid., p. 14.
14 S. Blackmore, *The Meme Machine*, 1999, p. 154.
15 Elliott Sober and David Sloan Wilson, *Unto Others: The Evolution and Psychology of Unselfish Behaviour*, 1998, p. 90.
16 Ibid., p. 88.
17 Ibid., p. 26.
18 Ibid., p. 97.
19 Ibid., p. 332.
20 Ibid., p. 333.

第十二章 社会科学的哲学基础

第一节 批判实在论

社会科学不能忽略哲学假设，因为哲学假设能有助于管控（govern）社会科学关注的焦点。比如，一种实在论的社会理论会坚持认为，社会世界先于结构而存在。它的特征并不是全部依赖于现有的一致、同意，甚至是现有社会参与者的理解。因此，用个人在市场上谈判的方式来分析社会必定是不完善的。这就是为什么社会群体的概念与之相关。正如罗伊·巴斯卡（Roy Bhaskar）自己提到的，行动者“总是在一个受到结构约束和他们无法制造机会的世界中来行动”[1]。巴斯卡工作的影响，已经引起了社会理论中被统称为“批判实在论”的运动，并且他对社会自然本质的分析，和他所认为社会科学应该采取的方法论密切相关。他说，必然会出现一种“分析二元论”，即认为行动发生的条件和行动自身应该保持一种分离状态。社会和组成它的个体不是一回事，就像个体行为也无法自己说明一下国际金融运行的情况一样。巴斯卡写道：

> 那么，社会结构，既是过去到现在的条件，也是人类个体意

向性连续繁殖的结构。因此，人们不会和核心家庭生育结婚，或者是为维护资本主义经济而工作。但是，这就是非预期的结果（也是无法改变的结果），对于他们的行动来说这是必要条件。[2]

236 在前文中，我们已经看到，除非有一个社会的婚姻制度认为必须如此，否则人们不会去结婚。同时，除非人们结婚，否则婚姻就不会像制度一样连续存在。当越来越多的人聚集在一起生活，却没有看到对这件事任何正式公共承认的需要，那么它就会慢慢凋零。它将不会传给下一代，即便它是由上一代传承下来的。一些人可能非常喜欢这种结果，一些人则对此漠不关心，还有一些人则对这个社会结果非常害怕。因此，个人选择是非常关键的，即便它受到外部环境的限制。针对已经存在的社会背景，我必须做出选择。在一些社会环境下的犯罪要比其他环境下更加猖獗，但也可以反过来说是环境引起了犯罪。在某些情况下，一些行动变得更容易，而另外一些变得更加困难。类似地，在一些社会背景下，一个人可能比在其他社会背景下更容易获得良好教育。尽管在他们的道路上放置了社会障碍，但这并不意味着，一些人不准备为受教育支付一定的成本（不一定必须是财务上的）。“社会”不会引起行为，但是它能让一些行为更容易或者代价更高。那么，能否抓住机遇克服障碍来说，个人的决定和责任就非常重要。社会结构常常是真实的，但个人选择的事实也同样是真实的。社会科学在其实践性和哲学性两个方面都面临着挑战，也就是不能以一方为代价来强调另外一方，二者都必须被严肃地对待。这至少就是批判实在论所要传递出的信息。

我们来自已经存在的且我们可以复制和变革的结构，对这个事实的强调来源于对社会系统涌现特征的认识。这就给了社会科学一个真正的功能。对于社会来说，人类的观念和理解形成了一个出发点，但是正如巴斯卡指出的，“行动者”的理由既可修改，也受到未获承认的条件、本身的技能和无意识动机这些存在因素的限制。[3]因此，在这个立场上，社会科学就会主张，要离开所有这些而去研究到底发生了什么。也就是说，因为他们研究的是一个独立存在的实在本质，“社会科学就可以成为和自然科学一样的‘科学’，只是在研究对象上有些不同（和特殊）”[4]。

社会科学的实在论有一点和物理科学的实在论有很大不同。在某种意义上，社会实在是人类中心主义的，但是在物理科学中则没有这 237
个问题。即便现在的社会实在不全是由我们自己创造的，那它肯定也是由人类创造的。它的机制也并不是和我们相异的，因此也不大可能超出我们的控制范围。但是这并不意味着，社会科学家能够发明它的本质而不是发现它的本质。因为其复杂的本质通过一代又一代的延伸，能够科学地以及超然地理解社会问题的这些人，应该可以确定在社会进程中参与者可能完全没有意识到的机制。经济学家可以确定金融市场的行为模式，而那些每天进行交易的商人可能并没有发现或理解，这点并不奇怪。

巴斯卡和一些赞同批判实在论的人有一个更为远大的目标。就像马克思主义者想通过消除压迫的社会制度来寻求解放和自由的可能性一样，在批判实在论中也有一些人，希望能够准确识别加在我们活动上的一些限制条件，这样我们就能排除这些条件。事实上，批判实在论的观念认为，仅仅关注社会中事件的实际状态是不够的。这其中有解放的种子。那就是希望知识能带来自由。之所以这样，是因为我们关于社会结构增长的知识会包含这一点，正如阿彻指出的，是在发现“并不依赖于他们意识的性质的因果效力”[5]。换句话说，社会中存在一些可以发挥它们影响的条件，但是远远超过了人类意识的建构能力。我们已经看到在实际中，权力的残暴使用是如何控制宪法的形成和运行的。大量兵工厂的存在已将远远超过理解或者社会谈判的需要。过度依靠军事化力量的原油威胁，根源来自权力和财富的问题，这在某些方面限制了社会，而哲学观念论者所谈的“社会建构”已经无法应对。正如阿彻所说的，“根本就没有理由把社会原因限制在心理或者意义领域”[6]。

批判实在论的解放潜力，有点类似于马克思主义。然而，理解是什么产生了一种可能会给我们做一些事情能力的情境，这点肯定是真的。确实，如果在应对我们所处的世界上没有什么帮助，那么未来的社会科学也就没有什么意义。可是，如果过多强调解放和自由的议题，必定会出现社会科学如何是“科学”的问题。难道是“价值”说
238 的太多了？它能够在意识形态的战争中变成一件武器，就像批判实在论所建议的，保持一种对实在超然的、客观的判断？看起来，批判实在论所说的时常都带有一种启蒙运动的强烈味道。另外，我们能轻而易举地知道我们有权介入一些事情吗？在无法治愈疾病的情况下，我们也能知道疾病的原因。我们可能设定一条将来有一天能够治愈的道路，而不管这条路距离我们到底有多遥远。但知识自身并不是解放的必要条件。

通过知识获得解放，本质上是通过人类意识的媒介而发生的一种过程。但是，巴斯卡却希望在实在中寻找一种因果秩序，即一种超出人类意识的运行机制。这就是批判实在论的全部观点。他相信，社会是任何意向性人类活动的前提条件，同时他认为，社会形式的已存形式“作为科学研究的可能研究对象，建立了他们的自主权”，同时“他们的因果力量建立了他们的实在性”[7]。作为一种独立变量，社会行动创造了我们可以行动的背景，同时也限制了我们的行动。然而，如果它对我们的意识有一种因果影响的话，这样的社会结构实在必须早于我们的意识。它不能是理解、知识或者语言的产物。拒绝社会的本体论，并且其形成过程逻辑上依赖于我们的知识，这就是巴斯卡称为

“认识谬误”的一个例子。确实，不管在什么情况下，没有实在论者会赞同，将已经知道的实在和我们关于它的知识掺和在一起。否则，受实在限制的“我们的世界”和“世界”就变成了同义词。那么，在实在和我们（且不管“我们”可能是谁）关于实在的概念之间就没有区别了。在没有区分有什么和我们能够知道什么之后，我们突然被定义成了可疑的全知者。

这种知识和实在的所有模糊性显然都是基于一种观念论哲学，很多人认识到，不能按照这种方式把物理世界看成是依赖于意识或者语言的。但是在社会科学哲学中也不是很清晰，因为有时候社会实在又处于这些参与者的理解和控制之外。即便在这个层次上，批判实在论也绝不允许，实在和知识、结构和意识，可以以某种方式结合在一起。但是，事实仍然是，在某种意义上，社会实在必定是人类的创造 239
物，而树枝和石头却不是。

存在的权力和其他物质约束，表明人类制度和社会安排自身，只是一些超出人类意向因素的结果。它们可以影响我们，但是它们自身受到包括人类生物性和像天气这种自然环境要素等外部环境的约束。对形成独立发展社会的有利因素来源于很多方面，人类的设计和目的可能只是其中之一。这就是为什么它们能够有一种独立存在和自主性的一些东西。时间是一个微妙的问题，它们的持续性对参与者有一种主要影响，社会科学也希望能够说明这点。但是，所有这些都会让解放或者自由的迫切要求难以实现。有一些结构看起来是压迫性的，同时我们会认为如果它们能够被彻底改变或者消除，我们的处境就会更好。我们可能更加在意对我们的限制。但是社会结构的自主性以及它对于我们意识的相对独立性说明，对我们有很大影响的不断增长的知识，对于能够控制它们来说还是不够的。作为一个实在论者必须要承认，一旦接受结构的这种实在性，就意味着赋予了它一定的自主性和因果权力，我们必须认识到，那它就不一定总是在我们的控制之下。我们可能会尽力去变革并提升它。我们可能会转向革命性的变化。但是，原则本身就暗含了这些都是不够的，即便我们一直记着，这种结构一旦脱离了例示，它们的实践就无法存在。

越是把知识看作是一种社会产物，越会显示出结构对知识的支配作用，而不是其他的作用方式。这就是太过于强调社会语境就会弄巧成拙的原因。对于批判实在论而言，社会科学家能够从他们的环境脱离出来，并且不是只作为特殊社会制度的运载工具，这点非常重要。他们可能被其背景所激活。对社会科学而言，一个有一定财富水平的特殊类型的社会一开始可能是必需的。最终，社会科学不能被看成是人们在社会语境中的下意识反应。社会科学，像物质学科一样，需要一种使用理性的能力，虽然会受到其背景的影响，但是却能克服这种影响。

240 ## 第二节 理性和实在论

一旦强调理性的地位，有些人又会抱怨说，我们又回到了启蒙运动时代的理性概念，而没有给予我们的理解历史和社会条件以足够注意。但如果我们的判断不只是被限制而是被我们的环境决定，那我们就不能逃避相对主义。巴斯卡说，“批判实在论认为其能够将本体论实在论、认识论相对主义和批判理性整合在一起，使之协调一致”[8]。他这是在走钢丝，而且随着他接受我们知识的相对性会招致灾难性的后果。众所周知，在某种意义上我们的知识总是受到环境限制。在我们能够发现什么，以及怎么发现方面总会存在一定的限制。但是，如果我们的知识是按照社会的标准和规格确定的，那么这就让我们又回到了一种知识社会学。当这点困扰我们时，我们必须有充分的理性来认识实在。越强调一种独立的因果秩序，我们越需要能够义不容辞地认识它。如果我们不能的话，所有科学就是不可能的。

无论是物理科学还是社会科学，没有科学团体会主动回应这种刺激。科学家必须做出理性的判断，反过来，科学要求一种理性自我的观念，能够评价证据和认识真理的可能性。这样的观念受到了很多人的嘲笑，被后现代主义作为另外一种启蒙运动的幻想，一种特定时代的产物而去除。然而，即便是这种去除本身也未必只是花言巧语。这是由那些不认为自己只是简单重复他们时代偏见的人提出的一种很有说服力的论点。实际上，这样的人在争论中会觉得，他们能够观察到什么是实在。在没有了理性主体，认为这些只不过是各种独立因果链条的结果，那就不存在理性。

正如托马斯·内格尔（Thomas Nagel）所说的："不论是谁要求理性去发现其自身范围内权威的来源，这些不仅仅是个人的或者社会的，更是一种普遍性的要求，也就是必须得说服其他人愿意听它的。"[9]他相信："任何思想形式的客观性必定基于，关于事情是怎样的一些绝对（unqualified）思想之上。"[10]这就把理性作用的问题和实在论紧密地联系在一起。

不再需要假设我们是绝对正确的，甚至是通常正确的。关键在 241
于，我们的理性必须以实在为基础。为了再次呼应内格尔，我们不能忽略一些思想。[11]我们支持它们，是因为我们相信那就是世界的本来样子。我们不支持它们，是因为我们是一个群体、社会或者生活形式的成员。问题最后就是关于世界（包括社会世界）的本质，不仅仅是人们关于世界的信念特征。内格尔说："我们一开始就有一些关于世界是什么的观念，并且我相信，没有其他易懂的观念能够取代这种观念。”[12]

批判实在论必须接受这一切，因为没有实在论的观点能够通过怀疑我们从自己特殊社会语境中抽身的能力，来承担起破坏自身的后果。在使用像知识相对性这样的措辞时必须非常小心。如果我们能够获得知识的话，那它就是实在论的一个基本信条，对于每个人来说它就是知识。如果它只是一个社会中流传下来的知识，那它就不是真正的知识。但是实在论者必须坚持，如果知识是可以获取的这点不是一个空洞理论，那么理性就不仅仅是历史性的境遇。历史学家对理性可能超越语境的攻击，必然也是对一种实在观念的攻击。

一种实在论的科学哲学观念总是有意地去打击实证主义的残余主张，并且去应对从诠释学角度下对社会科学理解的发展。因此，它有两个敌人，它们这些年来占据社会科学哲学大多数领域。它们仍然很活跃。实证主义的合法性在社会科学中自始至终都存在，特别是在其粗心大意的角落。对测量和量化的不断强调可能是有问题，但是它必然地暗含了，如果某些事物不能被测量，那它就不是真正存在的。反之，如果它是存在的，那此时此地就必定能够测量它。把实在还原为我们当下检查的能力，这是纯粹的实证主义。在任何层次上，没有实在论者会支持这点。像制度这样的社会结构，按照定义就不属于存在领域，因为只有当我们测量和量化个人行为的时候才有可能把握它。实证主义一定是个人主义的，同时也是还原论的，通过破坏复杂的关系和交互网络而还原为它们的组成部分。

另外，反对实在论的立场来源于实证主义的反对者，也就是诠释
242 学和它们的继承者。对意义而不是因果的强调，对整个社群而不是个体行动者的强调，在没有要求一种客观实在作为约束条件下，必定会导致后现代主义对我们理解的历史境遇本质的强调。不再把理性看作是一种独立的媒介和所有思想及语言的预设，而是把理性仅仅看作是

一个特定时代带有偏见的运载工具。如果我们不再共享这些偏见也并不奇怪，但我们是如何进入前辈的思想过程就会变得不清晰。确实，类似于维多利亚时代的探险者遇见了“原始”部落，过去就像任何遥远的事物一样陌生。

实在论可以介入，不限制科学的实证主义和强调不同传统事实的后现代主义整体论二者之间的战争中。把科学作为一种方法和信念本身来关注，在没有相应强调科学研究什么的条件下，必然会导致关于世界本质的一种人类中心主义的观点。那些强调解释，而后又指出其根源在于时代连续不断流逝的预设，这些做法都非常相似。他们关注人们判断的事实，而不是判断的内容。他们表明了人们的理解如何随时代的变迁而变化。我们留下了一种多样化的传统，并且可能在说明我们是谁以及我们理解和信仰什么方面有些重复。但是即便我们假设说，有时候我们能够从自己的语境中充分地抽象出我们自身，但也可以说存在不同的传统。至少在感情上，后现代主义隐含地把变化的传统视为社会结构，这种结构必须像任何批判实在论者所认为的那样真实。

当我们足够了解不同的语境，以及我们和我们信念是由其构造时，上帝之眼的观点再次被一些思想家贬低。我们可以从能够看清它们是什么的预设中充分抽象出自己来。我们已经对那些看起来和我们不同的其他传统有了足够的了解。确实，如果这些都是不可能的话，那么社会科学的任何结构都必须被放弃。将后现代主义的论点用于自身会非常有吸引力，它自身仅仅是当代思想一个特殊阶段的体现（outworking）。有人可能会列举社会中的一些情况，比如，宗教信仰的崩溃很多时候会引起虚无主义的绝望，这些在后现代主义更为极端的版本中都是很明显的例子。但是这种类型的知识社会学，以及社会建 243
构思想的分析在起源和目的上本身都是科学化的。它认为，理论可以回到它们自身的语境中，能够不带偏见地看待它或者其他人。这种科学类型与很多后现代主义的目的差得太远了。

第三节　新实证主义

像很多其他类型的对手一样，实证主义和后现代主义可以相互信赖，因为它们能够看到各自的缺点。爱德华·威尔逊，社会学的奠基人，站在科学一边进行了强力的争论。实际上，他展示了启蒙运动和后现代主义者思想的很多极端之处，比如他说“启蒙运动的思想家相信我们能够知道一切，同时激进的后现代主义者认为我们什么都不知道”[13]。因为他相信“科学是启蒙运动的引擎”[14]，所以他是科学的支持者，认为科学就是对可检验定律和原则的寻求，因此他站在了科学一边。他义无反顾地从事这项事业，并且接受了从其出现的还原论，并将其定义为自然分裂为其自然组成的过程。他的目标是其所称的“完全的一致”（total consilience），也就是他说的“坚持自然是由简单普遍的物理规律所组成，其他的定律或者原则最终都可以实现还原”[15]。这就是“科学唯物主义的目标”（scientific materialism），它认为不同组织层次的存在对科学来说仅仅是个挑战，只要最终能够从最基础的层次获得复杂性的一种可预测性。

所有这些对社会科学来说都是一种挑战，爱德华·威尔逊很快得出这个结论并不奇怪。像维也纳学派一样，他正在寻找科学中一种基本的统一，对于他来说，物理学就是占统治地位，是科学的基础层次。他写道：“已经证明，一个与其他可验证知识学科相符合的学科的整体和流程一向都优于那些不相符的理论和实践。”[16]这意味他没有给当前构成的社会科学留下什么余地。他抱怨道，“绝不——我们不认为存在一种强有力的词语，能够让社会科学家将他们的叙述嵌入人类生物学或者心理学的物理实在中，即便它就在那里，且不是从文化中出来
244 的星界”[17]。那么他就假定了这样一个事实，基因已经让我们能够建

立文化和社会，这意味着一切重要的事物都可以说成，这些建构必须都用我们的基因来说明。在与理性完全相同的模式下，当然会这么认为，因为意识来源于大脑，而大脑是物理的，所以每个信念和精神内容全部可以用基础物理学的过程来说明。实际上，这点在学科之间不太符合，是对每一个支持物理学的公认科学的破坏。爱德华·威尔逊对社会科学中缺乏他所要看到的明显进步，并且与医学研究中的进展对比之后感到绝望。他的解释是，医学科学家“建立起了分子和细胞生物学之间的一种连贯性基础”[18]。他说，社会科学家很少注意到科学心理学和生物学。结果就是“社会科学与自然科学，甚至是彼此之间渐渐地无法沟通”[19]。

有些人相信社会科学就应该做好预测和控制，爱德华·威尔逊就举了一个很好的例子。他说：“除了社会科学家之外的人们……理解他们生活并控制他们未来的知识。他们想要预测的能力……如果社会选择一条行动路线而不是另一条会发生什么。”[20]他非常轻视社会科学当前的不充分性，即便社会科学能够预测到一些重大历史事件。他的解决之道是，将社会科学和自然科学明确联系起来，因为他相信即便是社会制度的运行也能还原为物理学定律。正如他所说的，“一致性世界观的主要推动力，以及由此得出的人类物种的独特品质，只有与物理科学的因果说明联系在一起才会有道理”[21]。他认为，我们遗传的人类本性深深地影响了文化和社会。

那么，所有这一切的危险就是，被一种生物决定论所统治，而拒绝了真实选择的事实。实际上，爱德华·威尔逊想两者兼而有之。他主张一种理性选择的启蒙运动观，同时又赞扬科学在理解万物中的地位。他主张称之为“一种强大的保守伦理”[22]，认为能够科学地预测人类行为。但是，要么我们可以自由地选择，要么拒绝一种特殊的伦理，要么我们被一些超过我们知识和控制的力量所决定。通过科学，

245 将它们带到我们知识的范围之内，却没有一种确保控制它们的能力。爱德华・威尔逊写道："启蒙运动的合法性在于，我们在自己完全知道和将会知道、理解和将会理解的信念，是非常明智的选择。"[23]这就是一些人的信条，这些人真的相信，启蒙运动就是一种用科学方法实现的知识进步，同时伴随着信念的发展甚至道德的提升。但是，这样的计划已经有内在矛盾，这点在科学所信奉的决定论和道德选择必定会显示出自由这两者之间尤为突出。因为康德时代经常出现一种难以解决的难题。爱德华・威尔逊似乎在暗示，他只是谈论了限制，像生物学是来源于人类本性，而不是因果关系。在那个例子中，他强硬的还原论程序肯定无法完全达到它所希望达成的目标。人类自由和不可预测性的事实可能意味着，人类社会作为不可预测选择的产物，其自身可能不是那么容易能够预测的。另外，如果我们的选择是被决定的，对真理进行理性追求的启蒙运动的版本和负责的道德选择自身必定也都是不确定的。那么，我们的理性评价可能会被认为受超出我们知识范畴的环境所限制。这种通过科学理解的智慧的启蒙运动计划，要求理性自身不在因果说明的范围内。科学自身必须是人类理性的一种表达，也必须预设它，不需要再说明理性。

后现代主义，如其名一样，可能更多的是反对而不是赞同。它反对知识可靠基础的思想，事实上就是在反对一种知识主客体分离的观念。因此，假设知识不断积累的启蒙运动思想，就像伽达默尔和维特根斯坦一样，也是在强调我们完全陷入了语言之中。福柯受到法国结构主义思想的影响，但却以拒绝主客体之间的任何区别而闻名。知者和被知者在同一历史情境中一起奔跑。他论证到，他所称为的现代"知识"（episteme）或者知识框架，已经存在了近 200 年，这和对客观性的强调关系非常密切，而不是以语言本身为目的。现在，强调语言地位，他问道，是否应该给予语言一种超过人性观念的优先性。

他问道：

> 难道我们不应该放弃人的思想，或者干脆让与我们关心的语言相关可能一样紧密的、所有关于人的科学的可能范围全部消失？[24] 246

福柯对语言以及他所称的无层次实践的不同历史形式关注，并不是要寻找任何普适性的语言理论。他和任何世界的实在论理解，或者优于语言存在的一种主观存在意识的任何概念都没有什么瓜葛。我们必定全部会陷入我们自己的社会假设之中。福柯解释了他的目的“就是在我们的文化中，通过人类的主观性来创造不同模式的一种历史”[25]。他进一步宣称概念化“不应该基于一种客观对象的理论”，但是“我们必须知道那些促使我们概念化的历史条件”[26]。因此，按照福柯的看法，一个主观概念也就是一个特定社会的产物，正因为如此，他研究了显然是强加在个体范畴上的权力形式。他从我们分析社会权力关系的论证中退了回来，这些论证引导我们走向理智并且引导我们做出区别。我们不再被看作是试图理解客观世界的自主主体。取而代之地，我们被看作是受权力的控制和支配。可是，福柯已经看到，强加于我们之上最成功的权力形式并不是依靠威胁和坦克。它们是对我们思想的方法和我们使用范畴的支配和统治。那么，我们被塑造成了一种人，我们会把特定事物看作是自然的和对的，因为我们已经被教育成了用这种方式来看待。对知识主客体区别的破坏，结合对权力运用的强调，对启蒙运动的基石，即一种人类组织的乐观信念形成了巨大挑战。在这方面，福柯和他怀疑的诠释学一起受到了尼采很大的影响。

第四节　后现代主义

福柯是当代一项整体运动思潮的早期代表，这种思潮发起了强调

247 社会语境优先性的相对主义。他把关注点放在了一种社会环境下普遍行使的权力。但是福柯自己如何能够避免这种实践的影响？越是表明我们的文化如何构建出了一个由主体（subject）和客体（object）组成的世界，自返性问题就越发凸显。如果实在是由文化用一种特定方式所定义的，那么文化的个体成员如何让自身远离它的影响？为了从理论上来谈实在，福柯必须亲自这么做。一旦我们的文化实践赤裸裸地放在那里，并且我们客观化和主观化地看到它们时，我们必定已经是从文化中提取出来的。看起来，我们似乎可以从塑造我们是谁的实践活动中撤离出来。所有形式的社会研究要求就是，我们能够不受社会条件限制地反映出我们社会的特点。福柯自己评论说，“可能今天的目标不再是发现我们是谁，而是否认我们是什么”[27]。这有点老套，但也可能非常恰当，还可以加上否认我们是什么的一定是我们。在社会的这个例子中，我们自己和事物方式之间的区别仍然是非常重要的。

爱德华·威尔逊对科学的信仰，依赖于科学无法说明的一种理性自主，但这种理论也有先天的不稳定性。他需要假设他所希望拒绝的事物。他必须假设，有人能够理解社会的运行方式和人们受历史条件限制的方式。但是，那种理解自身是不能受历史条件限制的。福柯的全部理论都预设了他本想取代的主客观区别。作为知识拥有者的我们自身，和我们以前不知道但又逐渐了解的文化，在没有区别二者的情况下，我们不能理解我们自己的社会，只是单纯拒绝它的影响。一旦我们不再把我们社会的预设视为理所当然，并且不再接受我们先前受到的限制是真实的，从而我们再次肯定了，事物是怎么样的和我们是怎么看它们二者之间的区别。我们可能认识到了，我们对特定范畴不加质疑地接受，以及我们的“客观化”，只是一种特定权力关系集合的结果。如果这被作为拒绝我们是什么的一个理由，那一定是因为我们认识到了，实在甚至是社会实在，可能并不像我们习惯想的那样。确实，如果拒绝了客观实在的概念，那就没有理由再把我们习惯所想的作为例外了。没有什么和它一较高低。它仅仅是一种任意的事实。福柯对权力运作揭露的全部方式，只能给实在论而不是他鼓励的相对主义提供一种承诺。否则，他就会被看作是一个特定社会类型的代言人，受各种权力形式支配的一种主观看法。那么，就不再需要把他的观点和其他观点进行区分对待。他们不再主张真理，而我们也没有理由相信他们。福柯大概是希望，从他自己关于监狱或者性关系的观点中，发现一种关于这些的历史事实。他试图写的是一部历史的组成，而不是自传。一旦实在和它的概念相互崩塌，我们必定会陷入自相矛盾的泥潭中。 248

类似的争论可以用在罗蒂的作品中，这些作品从美国实用主义的角度调侃了后现代主义。他在说到实用主义时说，“我们希望用有用和没多大用处之间的区别来代替实在-表象的区别”[28]。但是，这种争论和柏拉图相对主义者的变迁一样古老，曾经受到普罗塔哥拉（Protagoras）的欢迎，还是不能逃脱表象和实在之间的区别。这不是关于某些事有用或者没有用的问题。对于特定目的可能是有用的，但对他们也真的是有害的。

罗蒂坚定地站在了攻击启蒙运动的一边，“用一种叫作‘理性’的准神圣能力的观念”[29]代替一些超自然类型指引的观念。这样的理性就是海市蜃楼，和历史语境结合在一起，继续启蒙运动的世俗主义，并可能将其作为其他的逻辑结论。一旦不是实在而是人类判断才是真理的仲裁者，那么道路就向那些指出其历史变化的本质人敞开。社会建构和实在之间的任何区别都已经被丢掉了，我们不能从它们是什么中分离出我们的信念。罗蒂的哲学和后现代主义都强调语言的目的不是表征实在。对于我们多样性的目的来说，它是一种工具，而不是一面镜子。他说，“一旦我们放弃那种话语是要精确地表示实在的观念，我们就不再有兴趣去区分社会建构和其他事情”[30]。取而代之的是，他支持我们应该仅就其他建构的效用进行争论。一切都是一种显著的社会建构，因为所有这些都是我们的目的。确实，因为人性概念自身就是一种建构，所以使得我们是谁变得非常不清晰。

249 社会建构的观念是靠不住的，因为整个社会一定是被建构的。“社会建构主义”或多或少是一个纯粹的论题，不仅指出了社会对人类的从属地位，而且认为我们整个的世界图像，以及实际的“世界”本身，都是一种社会建构的产物。原子是社会建构的大胆主张不会蒙蔽这样一个事实，那就是按照定义，社会的很多特点是属于社会性的建构。社会实在的建构不应该等同于，像实在是社会性建构这样的不同主张。后现代主义强调，社会建构可以吸收不同类型和层次的实在。这不仅认为把一切都作为一种社会建构、一种我们意识的人工产物，而且社会科学家把建构社会实在作为其研究的对象。对理性的攻击变成了对所有学问或者科学可能性的攻击。由社会理论家提出的范畴，不管是像“宗教”这样广泛的范畴，还是像一种特殊经济理论这样特殊的范畴，不再可能说明实在，因为所有的表征都被认为是不可能的。最终，我们不得不理所当然地认为我们的观念是最好的，因为没有外在的标准来评判它们。罗蒂自己用一种美国方式优越性的假设背叛了这类自负。在谈到对柏拉图意义上所尊重的确定和永恒之物的可能替代时，他说：“当代美国的这些发现，说实话，到目前为止是最棒的。”[31]按照定义，他的这种判断标准并不具备普遍性，但大概是从美国实用主义中出现的。他的评论实际上是循环论证。按照美国的标准来判断，美国是最好的。

第五节　结　　论

我们能够避免人类中心主义，这点看起来是不言自明的。如果有可能的话，社会科学应该通过对比不同社会来鼓励进行客观公正的研究。但是这肯定会涉及关于理性可能性和实在本质的预设。这就需要小心对待不同层次实在之间的区别。一旦一切都按照一种社会建构来分类，甚至包含社会科学自身的行为，那么每一种讨论都变成了一种政治性的谈判，而不是对实在的一种独立研究。当社会建构的概念是一个模糊的词汇时尤为如此。由社会参与者理解所投射的一种理性主 250
义观念，和实际上是通过一代代人持续努力所构建制度这种更加强健的观念，这两者之间很难区分。这里关于“社会”一词也存在一种模糊性，它既可能是社会中的一种建构，也可能是由社会进行的一种建构。前者更倾向于一种现实在论的解释，而后者则又回到了观念论。不管启蒙运动的理性概念中可能有什么缺点，我们只能运用理性来发现它们。对启蒙的不信任不能转化为对所有理性的不信任。对理性可能性的全面攻击破坏了所有科学的可能性，包括社会科学。把实在等同于我们能够理解的，在这方面实证主义者可能过于乐观了。后现代主义者通过消除任何知识的可能性进行了回应。

社会科学的困难之一就是，社会实在的组成本身就有很大争议。甚至是后现代主义者也必须生活在物理世界，依赖它的规则，无论他们多么希望谈论其社会建构。即便是最偏执的后现代主义者也相信，他们旅行时飞机真的可以将他们带到目的地。这里存在一个关于社会实在更深层次的问题。这个争论不仅影响到了整个哲学层面，而且回到了所有概念是否有考虑不周的问题上来。在充满争议的社会实在本质基础上，一些人认为，尤其是社会学和一般的社会科学都不是合适的知识学科。这其实就是在说它们不是科学，因为它们没有什么可研究的。关键的问题还是我们生活所在的全部语境。这不只是在那些认为科学就是一个对预测和控制的狭隘研究，与认为意义和解释重要性二者之间的争论。那也是实证主义和诠释学之间传统的划分。也是在争论社会是否就是一种个人行动的聚合。

对于个人主义而言，社会实在的地位一开始就受到了怀疑，因为它限制了个人。但是对于那些特别想通过立法提升社会的人来说，这个争论至关重要。社会语境变化对个人到底有多大影响？制度或“结
251 构”到底有多大关系？除了个人和他们对其的承诺，难道他们只能通过其他的方式来培养？难道有一种叫作“社会”的层次能够自上而下地影响个体，即便个体也能够自下而上地影响它也行？这就是关于社会科学哲学争论的主要部分，也是政治论战的中心问题。在社会主义、自由主义和保守主义之间这点争论至关重要。相对于个体而言，社群的首要地位就会导致共产主义。个体地位的提升、个体选择和自由的核心地位会直接导致自由主义，甚至被称为自由意志论。对个体责任更加谨慎的尊重，与对传统和持存制度价值的认识，会导致保守主义。所有这些都和社会科学哲学一起发生作用，不仅仅是政治哲学。他们关于社会功能的观点，直接支配了他们所认为的他们能够介入其中的方式。政治不仅仅需要一种社会科学哲学。它总是伴随其中。实际上，哲学总是最危险的，当其没有被认识到和没有被明确的辩护。

当然，这和社会科学自身的真理是一样的。到底有多少种关于社会和个人地位的不同观点，能够支配整个研究计划是非常值得关注的。我们把社会看作如其所是，而不是我们希望的样子，这点至关重要。而社会“如其所是”自身就背叛了实在论所强调的重点。但是关于社会实在的存在和构成的全部争论，就是关于那里存在什么的一种

争论。甚至是社会建构的观念也允许我们和我们的前辈，共同产生一些能够影响我们的事物，就像我们能够影响它们一样。后现代主义的建构观点，倾向于认为建构仅仅是我们社会的一种投射，甚至暗示了它们就是“小说”，只是用来指引我们的观念而已。关于社会实在的争论不是关于其是否是建构的。而是关于它在多大程度上是我们意识的一种反射，能产生多大程度的影响，就像一栋高楼会影响其临近的天气和风速。即便这是最好的建筑师和建造者的计划，也会出现这种情况。后现代主义者可能把我们视作传统的傀儡，但是他们不愿意用独立于人类理解的因果作用来思考。另外，实证主义者非常乐意这么做，但是倾向于在个体相互影响的基础上分析情境。为了让“社会实 252
在”看起来发挥了作用，他们不得不将其还原为个体，那么就是物理学的术语。另外，批判实在论，严肃地看待人类建构主义的观念，但是乐于承认社会建构也确实能影响我们，也受我们影响。可是，这让其冒了很大风险，为了强调社会结构而牺牲了任何实质性的自我概念。不管社会如何限制我们，我们都不是它创造的。

这与我们采取了什么观点具有很大关系。如果一个人认为，预测和控制社会运转是社会科学的基本目的，这本身将会改变人可能的期望。关于社会功能的假设必定会涉及对一幅图景或者另外一种人类社会的承诺。在没有搞清楚我们所研究的对象到底是什么的前提下，我们不能研究任何事物，包括社会科学在内。因为我们自己是人类，我们将会找出人类需求相关利益最基本的概念。我们不能在没有人类本性的一些概念下去看待人类社会，并且如果我们试图这么做的话，我们会发现不同社会之间的对比，甚至是从另外一个社会的角度来理解一个社会都是不可能的。在没有面对“我”是谁的问题下，我不会成为一名社会科学家。这就与物理科学形成了很大差距。我可以正常研究物质对象的行为，不需要经常去面对面地看自己，以及在人类生活中我有什么重要和有价值的看法。

社会科学充斥着难以解决的争论。它可以研究“事实”的幻想，是避免这一令人生厌结论的一种尝试。一旦我们认识到社会科学的实践，不能从关于人们本性以及社会形成和变迁方式的哲学假设中脱离，我们就不应该为此而轻视它。距离成为一种“合适”科学不充分的复制品还有些差距，它和面对人性的一些最重要问题相纠缠着。经验的社会科学如果要成功的话，其自身必须从一种合适明确的哲学基础开始。无论哪种类型的量化分析和测量，在没有对被测量对象是什么和为什么如此的理解条件下，几乎没有什么作用。社会科学哲学并不是那些沉溺于不愿意继续真正经验工作人们的一种随意行为。它是所有社会科学不可或缺的出发点。

253

注　释

1 Roy Bhaskar, “General Introduction”, in *Critical Realism: Essential Readings*, ed. Margaret Archer, Roy Bhaskar, Andrew Collier, Tony Lawson and Alan Norrie, 1998, p. xvi.

2 Ibid., p. xvi.

3 Ibid.

4 Ibid., p. xvii.

5 Margaret Archer, “Introduction to Part II”, in *Critical Realism*, p. 199.

6 Ibid.

7 R. Bhaskar, *The Possibility of Naturalism*, 1979, p. 31.

8 Bhaskar, “General Introduction”, in *Critical Realism*, p. xi.

9 Thomas Nagel, *The Last Word*, 1997, pp. 3—4.

10 Ibid., p. vii.

11 Ibid., p. 13ff.

12 Ibid., p. 81.

13 Edward O. Wilson, *Consilience: The Unity of Knowledge*, 1998, p. 40.

14 Ibid., p. 22.

15 Ibid., p. 54.

16 Ibid., p. 198.

17 Ibid., p. 183.

18 Ibid., p. 182.

19 Ibid., p. 191.

20 Ibid., p. 181.

21 Ibid., p. 267.

22 Ibid., p. 292.

23 Ibid., p. 297.

24 M. Foucault, *The Order of Things*, 1970, p. 386.

25 Foucault, "The Subject and Power," in *Michel Foucault: Beyond Structuralism and Hermeneutics*, ed. H. Dreyfus and P. Rabinow, 1982, p. 208.

26 Ibid., p. 209.

27 Ibid., p. 217.

28 R. Rorty, *Philosophy and Social Hope*, 1999, p. xxii.

29 Ibid., p. xxvii.

30 Ibid., p. 85.

31 Ibid., p. 85.

术 语 表

本书并不准备详细介绍定义，仅仅是说明它们是如何在本书中使用的。

适应性（adaptation） 帮助有机体生存和繁殖能力的任何物理结构或者行为。

异化（alienation） 在马克思早期作品中表示人们在面对他们社会行为产物的去人性化。他们的劳动变成了一种商品，显然独立于生产者。

利他主义（altruism） 为了他人的利益而不顾自己的成本。

反实在论（anti-realist） 拒绝实在论任何关于实在逻辑的独立于人类意识和概念的主张。

原子论（atomistic） 人们或者事件必须单独来理解，不能作为更大整体的一部分来理解。反对整体论。

行为主义（behaviourism） 按照公共观察行为来分析像疼痛这样的私人的精神现象。

因果律（causal law） 两个相对独立事件类型的相关性，用一个事件的发生来解释另外发生的事件。

因果关系（causation） 一件独立事件来引起另外一件事件的过程。

集体主义（collectivist） 把人们作为群体而不是个体来对待。

概念（concept） 我们思考和辨别事物的范式。概念可以被共享并且有时可以用一种语言的词汇来确定。

概念相对主义（conceptual relativism） 认为我们概念的本质依赖于我们所属的特定社会。一个社会的概念不能被翻译为其他社会的概念。

概念图式（conceptual scheme） 我们概念的全部集合。争论的焦点是人们是否拥有不同的体系，或者是不是所有人都必须分享同意体系。 255

意识（consciousness） 关于世界的私人感知，被个体用其他人无法获取的方式直接占有。

语境论者（contextualist） 强调任何实践的社会背景作为其意义来源的人。

反事实条件（counterfactuals） 假定如果在某些重要环境不同情况下可能发生的情况。他们与因果律的建立有关。

批判实在论（critical realism） 在一个社会世界中的个体行为是被建构的，并且可以反过来建构社会。

文化（culture） 通过教导一代代流传下来的任何事物，但不是遗传的。

文化决定论（cultural determinism） 文化对人类是唯一影响的观点。

文化物质主义（cultural materialism） 文化的根基在意一种物质基础，因此可以说其特征可以根据经济学因素来解释。

文化相对主义（cultural relativism） 强调只能按照各自的文化标准来评判每个事物。比如，非洲文化就不能按照欧洲的标准来评判。

演绎（deduction） 从前提能够逻辑推导出结论。一个人不能在没有自相矛盾的情况下承认前提而否认结论。

决定论（determinism） 认为每件事都有一个原因的观点。

二元论（dualism） 主张物理的和精神的是两类不同的事件，因此其中一个不能还原为另外一个。

利己主义（egoism） 只按照自身利益来评价一切。

涌现性质（emergent properties） 一个实体或者实体集体才能拥有而非其组成部分拥有的特征。

经验性的（empirical） 与人类经验有关，一个经验性的科学能够从观察和实验这样的经验中得出知识。

经验主义（empiricism） 认为所有知识都是从人类经验中获得的主张。

启蒙运动（the Enlightenment） 一场人类理性取代权威和传统，大大提升人类理性核心重要性和自主性的运动。一般认为是出现在 18 世纪，由美国《独立宣言》和法国大革命引起的。但是其根源是来源于 17 世纪像剑桥柏拉图主义者那样的思想家。

附带现象（epiphenomenon） 一种没有因果影响的经验或者特点。

认识论（epistemology） 对我们知识基础进行哲学研究的学科。

民俗方法学（ethnomethodology） 从经验上对社会实践中产生了意义的诸种方式进行检验的一种尝试。坚持所有知识都是社会创造，甚至包括社会本身。

256 **动物行为学（ethology）** 研究动物行为的学科。

优生学（eugenics） 一种后来名声非常不好的科学，强调生物遗传的重要性，希望提高人类基因的质量。

评价（evaluation） 经验主义者经常与描述相区分的一个词，因此不论评价什么都是非事实的。它包含了一种价值判断。

进化（evolution） 不同物种通过自然选择获得其特征的过程。

存在主义（existentialism） 强调个体主观或自我对于意义和价值源泉核心重要性的一种哲学立场。所有理解都源自某人自我和情境的经验。

表现的（expressive） 显示了对世界的观点，与言说世界相对。

事实（fact） 一些事件的实例。与价值相对，基于事实是世界构成的一部分而价值不是。

虚假意识（false consciousness） 对一个社会特征的误解，因此实际上并没有意识到社会实在。

可证伪性（falsificationist） 强调能够反驳一个理论要比彻底验证它更为重要。

适应性（fitness） 一个与生物体生存和繁殖能力相关的词汇。拥有最大适应性的种类在群体中将更为盛行。

生活形式（form of life） 维特根斯坦提出的语言嵌入特定实践的一种方式，并且不能脱离这种实践来理解。

基础主义者（foundationalist） 认为知识依赖于一种根深蒂固和确定基础的认识论立场。

搭便车的人（free-rider） 从公共政策中获益但又没有做出任何贡献的人。

自由意志（free will） 一种不受因果限制但又可以理性选择的能力。

功能主义（functionalism） 人类制度的一种解释，作为一个整体按照其对社会有益贡献来解释。

基因（gene） 遗传的基本单元，由 DNA 组成。

基因-文协同演化（gene-culture co-evolution） 认为基因和文化可以相互作用的一种理论。

基因决定论（genetic determinism） 认为社会的重要特征只需要用基因来解释。

群体选择（group selection） 相对于个体选择的另外一种有争议的选择方式。它是一个生物进程，与其他群体相比，一个群体内的个体会给这个群体留下更多的后代。亲缘选择就是一种已被接受的群体选择形式。

诠释学（hermeneutics） 试图用所有人类行为的类比来说明古代文本最初的意义。

257 **整体论（holism）** 坚持认为社会必须作为一个整体而不是其组成个体来理解。因此，个体特别是事件必须在其社会背景下才能理解。

人文主义者（humanist） 反对自然主义而强调人类独立于自然的一些人。

假说（hypothesis） 在科学中，一种受欢迎并会接受经验检验的可能性。

观念论（idealism） 逻辑上存在依赖于意识知觉的观点。

意识形态（ideology） 证明一个既定群体利益合理的思想体系。这个词一般会假定他们的虚伪性，但是在更为一般的定义实在性时可以被使用。

不可通约性（incommensurability） 一种理论和另外一种理论的词汇对比或者交换的不可能性。

个人主义（individualism） 与作为整体的社会相比更加强调个体，因此社会必须依照其成员来理解。

个体选择（individual selection） 通过演化形成了个体不管怎么样都喜欢直系后代的生物过程。

基础设施（infrastructure） 造成和引起显著社会特征的任何事物。

亲缘选择（kin selection） 以可能拥有相同基因亲属关系为基础的一种个体行为。因此，如果能够使得亲属保持不受伤害，甚至通过自我牺牲达到传播基因的目的。

语言游戏（language-game） 维特根斯坦提出的说明语言嵌入人类行为过程当中多方面受规则支配的方式。

合法化（legitimation） 让制度得到解释和被证明是合理的社会过程。

唯物主义（materialism） 一切事物，甚至包括显著的精神，都是由物质组成的或完全依赖于物质的学说。

形而上学（metaphysical） 超越物理科学范畴并能够被理性所理解的任何事物。实证主义者拒绝任何形而上学的可能性。

模因（memes） 一种类似基因一样能够复制的文化单元。

方法论（methodology） 关于一个学科目标和过程的理论。

自然选择（natural selection） 不同基因类型会产生多或少的后代，而是适应性最强的将成为主导的生物过程。

自然主义者（naturalist） 在社会科学语境下，那些相信社会可以用研究物质世界相同方法来研究的人。通常并不一定要和实证主义联系在一起。

虚无主义（nihilism） 可能不合逻辑的观点，认为没有任何物质存在，也没有像真理这样的事物。因此，事物之间的区别就是相信或者不相信。 258

客观性（objectivity） 不管人们物质概念可能是什么都存在的一种事物的属性。也用来说明从所有特别观点中分离出来。

本体（ontology） 关于存在什么的理论。

范式（paradigm） 库恩用来表示在提供传统科学研究出点的“常规科学”的科学实践中的范例模式。

现象学（phenomenology） 对人类意识或主观经验的分析，悬置真理问题。

种系发生（phylogeny） 一个有机体或物种群体的演化历史，与“个体发生学”相对比，涉及了一个单有机体其全生命过程中的发展。

物理主义（physicalism） 认为一切都能够按照物理定律来解释的学说。

多元论（pluralism） 认为不同理论和生活方式必须接受它们本来的情况，不应该去寻找最高地位或者支配的观点。

实证主义（positivism） 认为科学方法是通向真理的唯一途径。其反对任何形而上学。

后现代主义（postmodernism） 对启蒙运动理性概念的反应。其反对人类知识基础的思想，或者一种独立实在。所有的判断必定来自一种特殊的管段或者传统。

私人语言（private language） 一种只能被一个人理解的语言。这种可能性被维特根斯坦所攻击，其强调语言的社会特征。

公共物品（public good） 超过一个人能够享有的利益（比如路灯）。

理性选择理论（rational choice theory） 通过测量人们的偏好，用最大化收益、最小化成本来分析人类行为。

理性（rationality） 人们思考什么是符合事实结论的推理能力。仅有无知并代表非理性，但不一致却是非理性。

实在论（realism） 认为实在是客观的且和所有信念以及关于它的概念相独立的观点。

互惠利他主义（reciprocal altruism） 对他人有好处并期望能够得到类似的回报行为。

归谬论证（reductio ad absurdum） 为了反驳一种观点，通过说

明从这种观点下得出的荒谬结论的一种论证方式。

还原论（reductionism） 试图说明一类类型实体的状态在实在层面上是另外一种类型。比如，意识的状态即使上都是身体的。

自返性（reflexivity） 一种陈述或者理论对其自身的应用。如果所有信仰都是受社会约束的，那么关于信仰是什么的信仰也是如此。 259

物化（reification） 人类产物好像是独立于人类的一种实体的观点。

相对主义（relativism） 存在不同的、可能独立的、传统的生活方式，每一种都只能按照其自己的标准来评价。

仪式（ritual） 为了自己目的的一种实践表现，而不顾任何与之相关的信仰。

怀疑论（scepticism） 怀疑我们能够获得知识。

科学（science） 一般意义上任何形式的知识，但是更特殊的是经验知识本身是通过观察和实验获得的。

科学革命（scientific revolution） 库恩为描述科学全景中的一个主要变化提出的词汇，一个受人欢迎的理论替代另外一个被丢弃的理论。

感觉材料（sense-data） 对于很多经验主义者而言，是感觉经验中的基本元素。它们被认为在不同理论和解释以及形成经验知识的基础而言是中立的。

社会建构（social construction） 制度、概念甚至可能是实在通过集体而非个体的形成过程。

社会实在（social reality） 人类性的建构环境，由信念和期望所形成，与物理实在相对比。

社会结构（social structure） 有时候是一个含糊的词汇，用来表示在经济或者其他形式中对社会和个体的一种外在的约束和影响。

社会（society） 相互合作个体的一个群体。争论的焦点在于涌现性质能否归因于它。

社会生物学（sociobiology） 对包括人类在内的所有有机体社会行为发展的生物学研究。

唯我论（solipsism） 拒绝任何超越自我和我的经验的任何实在性。

知识社会学（sociology of knowledge） 试图发现信念的社会根源的一门学科。

主观（subjective） 用来和“客观”相对比，涉及对于一个人来说什么是可理解的或者对于一个人来说什么是有效的。

象征主义（symbolist） 在人类学中，对于像一种雨舞这样的行为所要表达的强调，作为认为其可以作为到达欲望目的方法的替代物。

白板（tabula rasa） “一个空白的石板”。与经验主义关于我们生下来就不带任何遗传倾向的信仰有关。

理论（theory） 在科学中，试图解释和预测可观察现象的定律和假说的一种系统。

理论负载（theory-laden） 任何词汇或者理论只能在特定的理论语境下才能被理解。在没有改变其意义的情况下无法在另外一个理论内部正常使用。

260 **不完全决定性（underdetermination）** 奎因使用的词汇，指出一个理论可能不会从经验证据中推出但是却可能超越它。

普遍性（universal） 所有一类个体都拥有的一种属性。红色是普遍性的，因此所有红色物体皆如此。

效用最大化（utility maximizing） 在一个情境下达到最大可能结果的过程。效用（字面上就是代表任何一种喜好）结合获取它们的可能性来评价。理性行为就被认为是最大化期望效用。

价值（values） 经常被认为事关个人选择和偏好，与可以获得一致认可的“事实”相对应。

价值无涉（value-freedom） 在没有价值入侵情况下对事实进行评价的理想。

可验证主义（verificationism） 实证主义所采纳的可验证和意义之间联系的观点。

意义的可验证理论（verification theory of meaning） 认为构成我们知识意义的陈述其真值可以被验证的学说。

***理解*（*verstehen*）** 韦伯在研究社会科学实践中所提出的一个术语，即对人类主体以及与他们自身行为意义的解释理解。

261 # 参考文献

Alexander, R. D., "The Search for a General Theory of Behavior", *Behavioral Science*, 20, 1975.

Archer, M., *Realist Social Theory: The Morphogenetic Approach*, Cambridge, 1995.

Archer, M., Bhaskar, R., Collier, A., Lawson, T. and Norrie L. (eds.), *Critical Realism: Essential Readings*, London, 1998.

Barnes, B., *T. S. Kuhn and Social Science*, London, 1982.

Beattie, J., *Other Cultures*, London, 1964.

Berger, P. and Berger, B., *The War over the Family*, London, 1983.

Berger, P. and Kellner, H., *Sociology Reinterpreted*, London, 1982.

Berger, P. and Luckmann, T., *The Social Construction of Reality*, London, 1967.

Bhaskar, R., *A Realist Theory of Science*, Hassocks, Sussex, 1978.

——*The Possibility of Naturalism*, Brighton, 1979.

Blackmore, S., *The Meme Machine*, Oxford, 1999.

Bloor, D., *Knowledge and Social Imagery*, London, 1976.

—— *Wittgenstein: A Social Theory of Knowledge*, London, 1983.

——"A Sociological Theory of Objectivity", in S. C. Brown (ed.), *Objectivity and Cultural Divergence*, Cambridge, 1984.

Bloor, D. and Barnes, B., "Relativism, Rationalism and the Sociology of Knowledge", in M. Hollis and S. Lukes (eds.), *Rationality and Relativism*, Oxford, 1982.

Braithwaite, R. B., "An Empiricist's View of the Nature of Religious Belief ", in I. T. Ramsey (ed.), *Christian Ethics and Contemporary Philosophy*, London, 1966.

Buchanan, A., "Revolutionary Motivation and Rationality", *Philosophy and Public Affairs*, 9, 1979-80.

Cohen, R. S. and Wartofsky, M. W. (eds.), *Epistemology, Methodology and the Social Sciences*, Dordrecht, 1983.

Cupitt, D., *Taking Leave of God*, London, 1980.

Cupitt, D., *The World to Come*, London, 1982. 262

Davies, N. B., "Competition for Scarce Resources", in *Current Problems in Sociobiology*, King's College Sociobiology Group, Cambridge, 1982.

Dore, R. P. "Function and Cause", in A. Ryan (ed.), *The Philosophy of Social Explanation*, Oxford, 1973.

Durkheim, E., *The Elementary Forms of the Religious Life*, London[1915]1971.

——*The Rules of Sociological Method*, ed. S. Lukes, London, 1982.

Evans-Pritchard, E., *Witchcraft, Oracles and Magic among the Azande*, Oxford, 1937.

Fay, B. and Moon, J. D., "What Would an Adequate Philosophy of Social Science Look Like?", *Philosophy of the Social Sciences*, 7, 1911.

Feyerabend, P., *Science in a Free Society*, London, 1978.

——*Philosophical Papers*, vol. I, *Realism, Rationalism and Scientific Method*, Cambridge, 1981.

——*Philosophical Papers*, vol. II, *Problems of Empiricism*, Cambridge, 1981.

Flew, A., "Human Choice and Historical Inevitability", *Journal of Libertarian Studies*, 5, 1981.

Foucault, M., *The Order of Things*, London, 1970.

—— "The Subject and Power", in *Michel Foucault: Beyond Structuralism and Hermeneutics*, ed. H. Dreyfus and P. Rabinow, Brighton, 1982.

Frazer, J., *The Golden Bough*, London, 1922.

Freeman, D., *Margaret Mead and Samoa: The Making and Unmaking of an Anthropological Myth*, Harvard, 1983.

Gadamer, H. -G., *Truth and Method*, London, 1975.

Garfinkel, H. and Sachs, H., "On Formal Structures of Practical Actions", in J. C. McKinney and E. A. Tiryakin (eds.), *Theoretical Sociology*, New York, 1970.

Giddens, A., *The Third Way*, Oxford, 1998.

Graham, L., *Between Science and Values*, New York, 1981.

Grandy, R., "Reference, Meaning and Belief ", *Journal of Philosophy*, 70, 1973.

Grene, M., "Dogmas of Empiricism", in R. S. Cohen and M. W. Wartofsky (eds.), *Epistemology, Methodology and the Social Sciences*, Dordrecht, 1983.

Haan, N., Bellah, R., Rabinow, P. and Sullivan, W. M. (eds.), *Social Science as Moral Inquiry*, New York, 1983.

Habermas, J., *Knowledge and Human Interests*, London, 1972.

—— "Interpretative Social Science vs. Hermeneuticism", in N. Haan et al. (eds.), *Social Science as Moral Inquiry*, New York, 1983.

Harris, M., *Cultural Materialism*, New York, 1979.

Hempel, C., *Philosophy of Natural Science*, Englewood Cliffs, NJ, 1968.

Hesse, M., *Revolutions and Reconstructions in the Philosophy of Science*, Brighton, 1980.

Hirsch, F. and Goldthorpe, J. H., *Political Economy of Inflation*, London, 1978.

263 Hollis, M. and Lukes, S. (eds.), *Rationality and Relativism*, Oxford, 1982. Holmstrom, N., "Rationality and Revolution", *Canadian Journal of Philosophy*, 13, 1983.

Homans, G. C., "Bringing Men Back In", in A. Ryan (ed.), *The Philosophy of Social Explanation*, Oxford, 1973.

Hume, D. *Hume's Ethical Writings*, ed. A. MacIntyre, New York, 1965.

Kahn, V. Saifullah, "Pakistanis in Britain: Perceptions of a Population", *New Community*, 5, 1976.

Kuhn, T. S., *The Stmcture of Scientific Revolutions*, Chicago, 1962.

——*The Essential Tension*, Chicago, 1977.

Levi-Strauss, C., *Structural Anthropology*, New York, 1963.

——*The Savage Mind*, London, 1966.

——*Structural Anthropology*, vol. II, London, 1977.

Luckmann, T., *Life-World and Social Realities*, London, 1983.

Lukacs, G., *History and Class Consciousness*, London, 1971.

Lumsden, C. and Wilson, E., *Genes, Mind and Culture: The Co-evolutionary Process*, Cambridge, Mass., 1981.

——*Promethean Fire: Reflections on the Origin of Mind*, Cambridge, Mass., 1983.

MacDonald, G. and Pettit, P. *Semantics and Social Science*, London, 1981.

McPherson, M. S., "Want Formation, Morality, and Some Interpretive Aspects of Economic Inquiry", in N. Haan et al. (eds.), *Social Science as Moral Inquiry*, New York, 1983.

Malinowski, B., *A Scientific Theory of Culture*, Chapel Hill, NC, 1944.

Mannheim, K., *Ideology and Utopia*, London, 1936.

Marx, K., *Capital*, New York, 1967.

——*A Contribution to the Critique of Political Economy*, New York, 1970.

——*Early Texts*, ed. D. McLellan, Oxford, 1971.

——*Grundrisse*, ed. M. Nicolaus, Harmondsworth, 1973.

Mead, M., *Coming of Age in Samoa*, 1928, reprinted London, 1943.

Mehan, H. and Wood, H., *The Reality of Ethnomethodology*, London, 1975.

Meltzer, B. N., Petras, J. W. and Reynolds, L. T., *Symbolic Interactionism, Genesis, Varieties, Criticism*, London, 1975.

Merton, R., *Social Theory and Social Structure*, New York, 1968.

Nagel, T., *The Last Word*, Oxford and New York, 1997.

Neurath, M. and Cohen, R. S. (eds.), *Otto Neurath: Empiricism and Sociology*, Dordrecht, 1973.

Passingham, R., *The Human Primate*, Oxford, 1982.

Phillips, D. Z., "Primitive Reactions and the Reactions of Primitives", Marett Lecture, Exeter College, Oxford, 1983.

Popper, K., *The Poverty of Historicism*, London, 1957.

Quine, W. V., *Word and Object*, Cambridge, Mass., 1964.

Rawls, J., *A Theory of Justice*, Oxford, 1972.

Reynolds, V. and Tanner, R., *The Biology of Religion*, London, 1983. 264

Rorty, R., "Method and Morality", in N. Haan et al. (eds.), *Social Science as Moral Inquiry*, New York, 1983.

——*Philosophy and the Mirror of Nature*, Oxford, 1980.

——*Truth and Progress: Philosophical Papers*, vol. 3, Cambridge, 1998.

——*Philosophy and Social Hope*, Harmondsworth, 1999.

Rosenberg, A., *Sociobiology and the Pre-emption of Social Science*, Oxford, 1981.

Rubinstein, D., *Marx and Wittgenstein: Social Praxis and Social Explanation*, London, 1981.

Runciman, W. G., *A Treatise on Social Theory*, vol. I, Cambridge, 1983.

Ryan, A. (ed.), *The Philosophy of Social Explanation*, Oxford, 1973.

Saussure, F. de, *Course in General Linguistics*, London, 1974.

Schutz, A. *Collected Papers*, vol. I, *The Problem of Social Reality*, and vol. II, *Studies in Social Theory*, The Hague, 1962.

Searle, J., *The Construction of Social Reality*, Harmondsworth, 1995.

——*Mind, Language and Society*, London, 1999.

Sen, A., "Rational Fools", *Philosophy and Public Affairs*, 6, 1977.

——*Choice, Welfare and Measurement*, Oxford, 1982.

Sober, E. and Wilson, D. S., *Unto Others: The Evolution and Psychology of Unselfish Behavior*, Cambridge, Mass., 1998.

Stigler, G. and Becker, G., "De Gustibus non est Disputandum", *American Economics Review*, 67, 1977.

Taylor, C., "Rationality", in M. Hollis and S. Lukes (eds.), *Rationality and Relativism*, Oxford, 1982.

Thatcher, M., *The Downing Street Years*, London, 1993.

Trigg, R. *Pain and Emotion*, Oxford, 1970.

——*Reason and Commitment*, Cambridge, 1973.

——"Thought and Language", *Proceedings of the Aristotelian Society*, 79, 1978—9.

——*Reality at Risk: A Defence of Realism in Philosophy and the Sciences*, Brighton and Totowa, NJ, 1980.

——*The Shaping of Man: Philosophical Aspects of Sociobiology*, Oxford, 1982, and *New York, 1983.*

—— "The Limits of Science", in H. P. Duerr (ed.), *Science and the Irrational*, New York, 1984 (also in H. P. Duerr (ed.), *Der Wissenschaftler und das Irrationale*, Frankfurt, 1981) .

——"The Sociobiological View of Man" in S. C. Brown (ed.), *Objectivity and Cultural Divergence*, Cambridge, 1984.

——*Rationality and Science*, Oxford, 1993.

——*Rationality and Religion*, Oxford, 1998.

——*Ideas of Human Nature*, 2nd edn, Oxford, 1999.

Turner, D., *Marxism and Christianity*, Oxford, 1983.

van den Berghe, P., "Human Inbreeding Avoidance: Culture in Nature", *Behavioral and Brain Sciences*, 6, 1983. 265

Weber, M., *Theory of Social and Economic Organization*, trans. A. Henderson and T. Parsons, London, 1947.

——*Selections*, ed. W. G. Runciman, Cambridge, 1978.

Wilson, E. O., *Sociobiology: The New Synthesis*, Cambridge, Mass., 1975.

——*On Human Nature*, Cambridge, Mass., 1978.

——*Consilience: The Unity of Knowledge*, New York, 1998.

Winch, P., *The Idea of a Social Science*, London, 1958.

——"Understanding a Primitive Society", in *Ethics and Action*, London, 1972.

Wittgenstein, L., *Philosophical Investigations*, Oxford, 1958.

——*On Certainty*, Oxford, 1969.

——*Remarks on Frazer's Golden Bough*, ed. Rush Rhees, Retford, 1979.

Young, L. A. (ed.), *Rational Choice Theory and Religion*, New York, 1997.

索　引